为人父母的陷阱

[美国] 纳特·G. 希尔杰 著
殷圆圆 王喆 译

译林出版社

图书在版编目（CIP）数据

为人父母的陷阱 / （美）纳特·G. 希尔杰 (Nate G. Hilger) 著 ; 殷圆圆, 王喆译. -- 南京 : 译林出版社, 2025. 1. -- (译见丛书). -- ISBN 978-7-5753-0320-0

Ⅰ. G78

中国国家版本馆CIP数据核字第2024AR3676号

著作权合同登记号　图字: 10-2022-169 号

为人父母的陷阱　[美国] 纳特·G. 希尔杰 / 著　殷圆圆　王　喆 / 译

责任编辑　王瑞琪
装帧设计　薛顾璨
校　　对　戴小娥
责任印制　董　虎

原文出版　The MIT Press, 2022
出版发行　译林出版社
地　　址　南京市湖南路 1 号 A 楼
邮　　箱　yilin@yilin.com
网　　址　www.yilin.com
市场热线　025-86633278
排　　版　南京展望文化发展有限公司
印　　刷　南京新世纪联盟印务有限公司
开　　本　880 毫米 ×1240 毫米　1/32
印　　张　10.25
插　　页　2
版　　次　2025 年 1 月第 1 版
印　　次　2025 年 1 月第 1 次印刷
书　　号　ISBN 978-7-5753-0320-0
定　　价　59.00 元

献给

我的父母，朱迪斯和克里斯多夫；

我的妻子，宝；

以及我们的儿子，菲利克斯。

目 录

引 言

过去20年间，许多行业为保经济利益，不惜砸重金多方游说。美国商会豪掷15亿美元为商业利益护航。工会拨出7亿美元保障劳工利益。各房地产、医疗、制药、航空及石油公司共花费30多亿美元。美国退休人员协会（AARP）也拿出了3亿美元支持老年群体。[1]

有一个主要行业不在上述榜单上。以诸多标准衡量，它都是美国最大的产业。但由于游说失败，该行业几乎没有得到任何政策支持。行业内大量工人只能孤军奋战，既得不到承认，也得不到补偿。他们的辛勤劳动从未被计入官方数据，好像见不得光或不合法似的。也不存在能为他们争取利益的集中组织。相较于其规模，长期以来，投入于改善该行业现状的研发资金简直微乎其微。行业的潜在产能只有极小一部分得到了开发，行业内的工人们忙得焦头烂额，却仿佛总是在做无用功。

到底是什么行业如此巨大，却形同鬼魅？是育儿。

育儿的两面性

人们普遍认为，育儿并不是一个“行业”，父母也不是“工人”，有这种想法是情有可原的。父母自愿承担了育儿工作。这是他们自己想要做的，且非常乐意免费上岗。从多方面来看，育儿已不再是一份“工作”，而是一种爱或生活方式。然而，即便是为爱发电，却依然产生了难以估量的文化与经济价值。正因如此，从某种角度来说，育儿完全称得上是一个重要行业。

美国的父母每年为7 400万儿童提供全方位的儿童发展服务，如同干了份全职，甚至还要加班的工作。按市场价——市面上类似服务的报价——计算，这些父母创造的年度总产值已逾5万亿美元。[2]这样算来，育儿就是美国最大的行业，位居第二的医疗保健行业年度总产值不足4万亿美元，差距不可谓不明显。回过头想想，如果我们把父母视为一个（非常）重要的行业的成员会怎么样？在这样的职位上，父母需要承担两大类责任。

一是**关怀**孩子。关怀是育儿中较个体化的一面。父母会尽其所能地给予孩子爱、庇护、良好的生活条件以及欢乐，为孩子遮风挡雨。关怀子女的父母还会把自己珍视的文化习俗、传统礼节和信仰传承给孩子，为孩子的生活提供丰富的精神食粮。

二是**培养孩子的技能**。这是育儿中较专业化的一面。子女的技能发展道路的方方面面都留下了父母煞费苦心的投入。所谓技能，绝不只是数学、阅读之类的“书本智慧”，还包括了诸如力量与灵敏、自信与智慧、坚忍与纪律等一般性品质，以及打橄榄球或打网球、下象棋或弹吉他、补轮胎或生火等具体技能。种种技能都将为孩子们在成年后的独立发展保驾护航。

技能是财富，是“资产”。久而久之，所有类型的资产都将为其所有者带来经济价值。比如，股票能够产生股息和资本收益，房地产能够产生租金，汽车能够提供交通服务……技能从更高的收入、职业满意度、健康和**快乐**的形式产生价值。

尽管技能多种多样，但都具有一些关键的共同点，使其明显区别于其他类型的资产。或许其最为关键，同时也最为奇怪的特点是，技能乃**传授**或**学习**的产物，而非以固定价格即买即得的商品。学习技能的过程很复杂，不同的人会付出不同的时间和努力，经历不同程度的内心挣扎。

我们把技能与其他类型的资产做个比较。比如股票，任何人都能在纽约证券交易所里以实时价格（目前每股为2 349美元）购得谷歌公司的股票，然后就能开始赚取股息和资本收益。汽车也是一样，任何人都能以大约3.3万美元的价格买到一辆全新的基础款福特探险者，然后就能立即把车开走。[3]年产数千辆探险者的工厂把货卖给经销商，经销商再把装配完整的汽车卖给你。技能的获取过程与之大相径庭。你可没法从经销商或交易所那里以实时价格购买“基础款”读写能力、坚忍或吉他演奏技能。要想掌握这些技能，你必须寻求老师、社区或指南的帮助，进而学习、观察、遇到难题并练习，在这个过程中，你会焦虑，寻思进度缓慢是否正常，寻思无底洞般的投入是否值得。因为技能是传授或学习的产物，而非买卖交易的商品，所以技能要比其他资产的获取过程更加复杂，也更容易走偏。

经过岁月的沉淀，我们将关怀和技能培养融合成一个词：**育儿**。不过，在现实中来看，鉴于技能的特质，关怀和技能培养其实天差地别。

关怀是平等的，大多数人都能做得很好。但请注意，这并非绝对。也有父母会恶劣地虐待、疏离自己的孩子。有一个名为“由自恋狂抚养”的网络小组，其成员已超60万名。从《麦克白》到《玛蒂尔达》，文学作品中也不乏冷漠的父母。不过，大多数人在为人父母之后，还是会对自己的孩子承担照顾的责任。在纯粹爱意的驱动下，许多父母甚至能够激活某种关怀孩子的天赋。

与之相比，培养技能就没那么平等了。并非所有父母都能胜任。即便是关怀孩子得心应手的父母，在技能培养方面束手无策的也屡见不鲜。

看到这些文字，你是不是觉得很焦虑？我是在责怪某些父母**无能**、**不称职**吗？我并没有这个意思，但我也很能理解你为什么会有这种感觉。我们总是想当然地以为，爱孩子的父母都应当具备培养技能的能力，任何不这么认为的人一定是在质疑这种爱。在我看来，这种偷换概念就是“为人父母的陷阱”，许多父母都会因此自缚手脚，从而无法思虑周全，帮助自己的孩子成年后获得成功。

为什么“为人父母的陷阱”长久存在？因为它是维护一代代人类社会最深层权力等级制度的存在。富人和白人的成功只能是因为他们更加优越，而非因为他们在童年时期更容易接触有利于技能发展的精英资源。长久以来，除了儿童培养，各行各业都在有意淡化女性的地位，这也只能是因为男性更加优越；因此，儿童培养必然会被归于简单且本能的工作。

在本书中，我将聚焦于当今的美国。经过数十年的发展，某些技能的价值仍在持续上升。[4]但实际上，将儿童的技能培养交托给其父母这一延续数千年的惯例，已然成为助长不平等的温床。因为孤立无援的父母忙于生计，根本无力培养复杂的技能。正如心理学家乔治·斯托达德所述："国王的核心优势并非血统；而是从出生起就能享受全面的保护和教育的权力。人们时常忽略这一点。"[5]纵观历史，不同的技能都伴随着更多的机遇和财富，但这样的发展由父母决定，因此被默认为精英专属。从中世纪欧洲的读写和计算能力，到中国古代的科举考试，再到封建社会的体力与脑力建设，这种模式始终存在，只是形态发生了一些变化。[6]

许多技能的培养都超出了大多数父母的能力范围，若你会对此做出情绪化的反应，其实就是因为受到了几个世纪以来混乱且剥削式的常态潜移默化的影响。你甚至可能会萌生出一丝羞愧——为自己的育儿方式感到羞愧，或为自己的傲慢、对其他父母的指指点点感到羞愧。这种羞愧感正是错误观念存在的原因。我们的语言本身也是其中的一部分，这个错误观念定义了一个词：**养育**，而**养育**一词涵盖了两种截然不同的概念——**关怀**和**技能培养**。一旦有人质疑父母在某一方面是否具备同等的能力，就会被扯到另一方面上，认为这好像是在说，许多父母都不关心自己的子女。

这就是为人父母的陷阱。在本书中，我们将去探索如何辨别、避免及解决为人父母的陷阱，怀揣对更美好现实的希望，把焦虑转化为政治力量。事实就是，父母能够且应当以关怀子女为主——这样就够了。

技能的力量

技能是经济的基石，因此，技能培养尤为重要。2020年，从大豆、手机到外科手术、冲浪课，商品和服务为美国经济贡献了约20万亿美元。这些有价值的东西都是从何而来的？一部分来自对土地、建筑和器械等“资本”的利用，但大部分都来自“劳动力”，或人类的技能——这一部分约占三分之二，即年均14万亿美元。[7]

技能是整体收入增长的推动力，也是收入不平等的帮凶。运气、社会关系、倾向，以及从工会到最低薪资等一系列制度和政策，都会受其影响。技能的核心地位显而易见，尤其是在两种最令人忧心的不平等现象中：一种是针对不同阶层的儿童，另一种是针对不同种族的儿童。[8]

如今在美国，与后25%的贫困家庭的孩子相比，前25%的富裕家庭的孩子每年大概能多赚5万美元。这样算来，富家孩子的优势就相当于在18岁时继承了一笔近100万美元的信托基金。黑人与白人的收入差距基本在年均3.6万美元左右。与劳动力市场的歧视和社会关系等其他因素相比，技能在就造成阶层和种族层面的差距方面有多重要？要想解答这个问题，办法之一就是比较不同阶层和种族的孩子长大后的收入，且前提是他们在童年时期掌握了相类似的技能。[9]

当然，技能的判定也颇有难度。武装部队资格测试（AFQT）算是一种方法，它类似于智商测试，局限性明显。这类测试判定的是通常被称为“认知”技能的一小部分，比如基础数学、阅读理解和图形识别。自控等行为技能、自信等社交技能或坚忍等情感技能则都不在测试范围内。不过，如果在青少年时期参加这种认知技能的测试时，富裕和贫穷家庭的孩子表现得一样好，那么他们未来收入的差距就会缩小70%。虽然富裕家庭的孩子最终还是会更富有些，但深究起来，也是因为AFQT并不能体现他们全部的技能优势。[10]

正如我们所料，黑人和白人的收入差距在AFQT分数上的体现没那么夸张，没有70%，而是大约50%。虽然很多人都是仅凭一项小测试对技能的判定去说明种族收入不平等的现象，但这其实已经佐证了歧视在美国社会依然力量强大。日常生活中的侮辱行为就是一种歧视，比如在商店购物时被“重点关注”，在过人行横道时需等待更长的时间，以及在就业、医疗保健、刑事司法和诸多保障经济发展的系统中遭遇严重阻碍等。事实就是，长期的歧视也会让有色人群更难掌握技能。[11]

AFQT揭示了一些重要的东西，但这充其量只是一项小小的测试，其分数完全不足以体现技能不平等对经济不平等造成的全部影响。要想探究更广泛的技能，可以观察对象群体是否上过大学，以及就读大学的类型。通常来说，上一所好大学不仅需要在类似AFQT的SAT和ACT等考试中拿到较高的分数，还需要优异的平时成绩、教师推荐信、申请文书，以及体育、音乐或社会活动等课外活动经验。除了入学所必需的技能以外，好大学还会提供更丰富的教育资源，帮助学生掌握更多的技能。[12]

因此，更全面地评估技能作用的一种有效方法是，选择就读于同一所大学的同一专业，且表现相近的富裕和贫穷家庭小孩，或黑人和白人小孩，比较他们后来的收入状况。不过，因为需要大量儿童作为研究对象，并搜集非常详细的数据，所以还是很难把握。但在2017年时，有一个经济学家团队率先采用了一组惊人的新数据，开了个好头，本书中也将反复用到。他们开创性地比较了出自同一所大学的富裕和贫穷人家孩子的收入状况。[13]其研究结果显示，在全美数千所大学中，19岁时考入同一所大学的富裕和贫穷学生，其未来的收入差异会缩小约80%。换句话说，大学同学的职业生涯似乎会奇迹般地在一种**几近平等**的竞争环境中展开。

这些关于大学和测试分数的发现表明，在当今的美国经济环境中，技能是保障经济安全的关键因素。对于贫穷人家的孩子来说，这显然是对的，但对黑人和其他少数族裔的小孩来说，就没有那么绝对了。我们在本书接下来的章节中将会看到，尽管歧视依然存在，但技能对种族不平等的影响要比这些数字所呈现的更大，因为群体技能和个人技能的运作方式也存在差异。

技能在提高经济收入方面功不可没。如果能设法拓宽获得技能发展资源的途径，就能大幅提高整体收入，从而尽可能地消除美国不平等现象中危害最大的因素。

谁去培养技能？

那么，如果不考虑父母，**应该**由谁负责培养这些宝贵的技能呢？和其他复杂的任务一样，应该交给专业人士去做。就像公共服务行业的教师、导师、顾问、教练、护士和医生那样。

但我们不是已经这样做了吗？这说的不就是**学校**吗？学校里有教师、顾问、教练和护士。为人父母的陷阱之所以存在，是因为学校是技能的主要培养者。没错，向所有家庭开放的公立学校确实雇有培养技能的专业人士，**但他们只能培养孩子们所需技能的冰山一角。**

这是社会中存在的一大误区。想想看：因为技能是传授或学习的产物，而非可以买卖的商品，所以技能发展所需的主要原材料就是**时间**。从胎儿到18岁，把孩子们待在正规公立学校的时间加起来，其实也只占整个童年时期的10%。这怎么可能呢？作为公众免费获得教育的唯一渠道，公立学校只招收5岁以上的学生，每年只有一半的时间开放，每天只有三分之一的时间给学生上课。相比从前，时间已经长了很多。在大约150年前，孩子们在公立学校上学的时间只占整个童年时期的3%。即便如此，目前10%的比重依然遗漏了大量的技能培养工作。[14]

校外住宿真的很重要吗？这些时间也该被算作技能培养的一部分吗？当然算。睡眠质量好的孩子能掌握更多的技能，且睡眠质量会因家庭环境的不同而天差地别。噪声、缺乏隐私、炎热、安全隐患、霉菌、烟雾、空气污染、蟑螂、老鼠……夜晚的各种因素也处处彰显着不平等。[15]

剩余90%的校外时间均由**父母**监督、安排与管理。正是在这90%的时间里，孩子们必须掌握学校因教学时间有限而不得不简化教导的身体、社交、情感和认知技能。

时间是孩子技能培养过程中最关键的因素，但并非唯一因素。此外还有钱。公立学校在孩子们身上投入了很多资金，但远不如父母花的钱多。除了直接支出，父母为孩子付出的时间也等同于一笔巨款。如果我们把这些投资加起来，学校承担的份额只占15%。[16]

真正“野蛮的不平等”

如果你把学校视为孩子们学习技能的地方，自然就会关注公立学校资源不平等的问题。这很合理。在美国历史的大部分时间里，富人和白人小孩与少数族裔的小孩相比，就读的学校拥有的资源要多得多。[17]但如果你真的在意如今美国孩子之间的技能差异，就不能只纠结于K12公立学校的不平等。因为大部分的技能都需在家庭内培养，所以我们也要关注家庭间的不平等。

表 0.1

学校与家庭的不平等

技能培养资源	学校差异	家庭差异
学生人均教育支出	2%	700%
教师技能（获得四年制大学文凭的百分比）	~ 0%	256%
教师技能（测试分数）	~ 10%	150%
指导时间*	~ 0%	23%
班级规模*	~ 0%	21%

注：差异指以特定的技能培养资源为前提，富裕孩子对比贫穷孩子的优势百分比，且父母收入排在前四分之一即为富裕，排在后四分之一即为贫穷。鉴于数据的有效性，带星号项表示父母获得大学文凭和父母仅有高中学位的孩子之间的差异，而非以收入高低区分。按种族区分的资源和相关差异请参阅附录表A.2。

请看表0.1。这张表格集合了多种数据源，探究在学校和家庭这两种环境下，富裕孩子和贫穷孩子之间的资源差异。首先第一行，关注点在于教育支出。对学校来说，这是总预算上的差异；对家庭来说，则是在诸如书籍、电脑、家教、体育运动和夏令营等“拓展”支出上的差异。在公立学校里，富裕和贫穷孩子的人均教育支出差异为2%，也就是说在学校里，富人家的孩子能比穷人家的孩子多拿到2%的资源。而在家庭中，富裕和贫穷孩子的人均教育支出差异能达到700%。[18]

多么不可思议！可事实就是这样：在占比90%的校外时间里，富裕家庭拓展支出的额度是贫穷家庭的7倍。

再看第二行：富裕和贫穷孩子在学校里的老师都有大学文凭。但富人家的孩子在家里的老师（其父母）也有大学文凭的可能性要比穷人家的孩子高256%。第三行：有条件的富人家孩子在家向老师学习，这些老师在针对特定认知技能的普通测试中，分数要高出150%。

不止如此。在学校里，平均来说，富裕和贫穷孩子都能拥有等量的教学时间，在相同规模的教室里学习。回家之后，在辅导家庭作业、参观博物馆和大声朗读等项目中，富人家的孩子能多拥有23%的“指导时间”。因为和父母双方住在一起且兄弟姐妹较少的可能性更高，所以富人家孩子在家里的“班级”规模小21%。白人和黑人小孩的情况差不多：[19]与美国各族裔群体之间的巨大差异相比，如今K12公立学校的资源差异几乎可以忽略不计。[20]

很多人都不敢相信，平均来说，如今美国的贫困和少数族裔儿童就读K12学校所耗费的资金其实差不多。更令人瞠目结舌的是，他们并不相信这个事实，原因也显而易见。许多新闻工作者振振有词地叙述着种族和阶层造成的学校资源差异，像乔纳森·科左尔的《野蛮的不平等》(*Savage Inequalities*)等书籍也对比了美国部分地区富人和穷人家孩子就读的学校类型。[21]

事实上，虽然确实有不少案例证明各学校的资源存在差异，且值得大家关注，但这并不能作为当今美国学校的典型。如果真是这样，为什么会引发这么多困惑？有几个原因。首先，很多人在对比时漏算了联邦政府的拨款，这些资金主要流往面向贫困儿童的学校。就像在计算个人收入时没加上小费或奖金一样，无法展现全貌。算上联邦、州和地方的拨款，学校间资源的差异就会消失，甚至局面还可能逆转。[22]

引发困惑的另一个原因在于，旧观念根深蒂固，难以迅速转变，美国各学校的平等化难以继续推进。一切皆有缘由，这已是法律和政治活动人士通过不懈努力换来的结果。一百年前，因为阶层和种族问题，公立学校的资源分配存在巨大差异。然而，时至今日，州和联邦政府的支出比地方财产税收入发挥了更大的作用，且更循序渐进地分配教育资源。[23]

最后一个引发困惑的原因是：学校资源差异的均值只能反映典型情况。而均值背后必然存在许多非典型情况，若是单拎出来看，任何先入之见都有据可依。

举个例子，《华盛顿邮报》上有一篇影响力很大的文章，《23个州的富裕学区比贫困学区获得更多的地方资助》(“In 23 States, Richer

School Districts Get More Local Funding Than Poorer Districts”)。作者并未将联邦拨款计算在内，且只着重考量了23个州的情况。所以标题也可以这样写：27个州的贫困学区比富裕学区获得更多的地方资助。事实上，如果算上联邦政府的资助，2012年有42个州在贫困学区的投入超过了富裕学区。对比学区内的各个学校，情况也是一样。[24]

可能许多读者仍对此深表怀疑：肯定是你扭曲了数据！那我就说得更具体些吧。让我们来看看美国那些学生人均支出非常高和非常低的极端学区。你猜哪里人均支出最高？是普林斯顿或帕洛阿尔托吗？再猜猜看哪里人均支出最低？是布鲁克林的贝德福-斯都维森或芝加哥南部吗？

并不完全如此。大型城市中心区的人均支出最高，比如纽约、波士顿和巴尔的摩。这些城市在教育方面投入了大量资金，且无论贫富，皆一视同仁。至于人均支出最低的学区，说起来有点复杂，但并不是贫穷的内城街区。其中许多都位于……犹他州。这是为什么呢？因为有大量的摩门教徒定居于犹他州，而摩门教徒的家庭规模都很大。州和地方政府同样承担了绝大多数的教育经费，但平均每个有工作的成年人要照顾的孩子更多，犹他州的学校花在每个学生身上的资金就更少。这样的资金缺口或许部分解释了为何犹他州虽富裕，在学术成就上却只能勉强达到甚至低于平均水平。[25]

塞普利斯-费尔班克斯和康罗是得克萨斯州教育支出非常低的两个学区。这些学区因优异的学术成绩而备受赞誉，且学区内家庭的收入高于州平均水平。其低支出似乎体现了良好的管理和低廉的生活成本。[26]还有几个教育支出极低的学区，比如加州的卡皮斯特拉诺联合学区，这些学区其实只招收有限的贫困或少数族裔学生。主要原因是公共政策方面的严重错误持续了数十年，使得加州的教育支出整体都偏低。[27]

对低收入家庭、少数族裔的孩子进行大班教学，授课的老师拿着微薄的薪水，缺乏书籍或实地考察等拓展资源，在美国历史上的大多数时间里，这都是常态。如今，这样的现象已十分少见。[28]尽管学校为穷人家的孩子提供更多的资源确实大有裨益，但父母们也无须对此太过在意，反而忽略了更重要的东西：设法消除目前富裕和贫穷儿童之间的技能差异。[29]

不平等的根源并非公立学校，而是近在眼前却被我们忽视了的、最重要的技能培养者：父母。和"家庭差异"相比，K12学校的差异简直不值一提。事实上，在吉姆·克劳"隔离但平等"的荒诞原则下，黑人和白人分校所导致的K12学校差异也没家庭差异的影响大。

别误解我的意思。我可不是说现在的学校在各个方面都能一碗水端平。尽管低收入家庭和少数族裔的儿童也能获得相似的资助，但在教师经验、资质和整体素质上仍存在显著差异。不过，这些资源差异虽值得关注，但与家庭差异相比，就又显得没那么重要了。如果说当今K12学校的品质差异就像人行道上的裂缝，那么家庭差异就像阻断整条道路的大坑。更关键的是，目前仍存在的学校差异很大程度上都是由家庭差异所致。这是为什么呢？因为老师更喜欢教准备更充分且得到更多支援的学生。也就是说，在技能培养方面更有优势的家长所在的社区，在吸引并留住最好的师资力量时也更有优势。[30]

总的来说，在K12学校度过的短暂时间里，孩子们因阶层和种族而存在的技能差异几乎不会扩大。在进入K12公共教育系统之前，阶层和种族导致的巨大技能差异几乎就已彻底暴露，那时候他们已经在完全不平等的技能培养环境中度过了5年。进入相对有保障的K12学校之后，技能差异的扩大速度渐趋缓慢，且真正拉开距离的主要是**校外时间**。[31]

问题很简单。需要父母负责自我技能培养的90%的时间里，获得资源少的孩子就会落后。也就是说，和我们一直以来的认知不同，K12学校并非机遇不平等的帮凶。它们其实是更庞大的技能培养系统中最微小且最平等的一环。一旦了解了这一事实，我们的认知将被彻底颠覆。

更好的方法

换一个新角度才能发现错误所在。“在校就读”的时间只占整个童年阶段的一小部分，这样的划分也并不严谨，所以在探讨培养孩子们茁壮成长所需要的全部技能时，不能只关注这段时期，而是要考虑整个**童年**阶段的资金储备和技能培养。

机遇也不难找寻。我们讨论的是简单、实惠的高质量早期教育，创新性的课后和暑期项目，以及更全面的大学和早期职业支持系统。新项目将扩充“公立学校”的定义和职能，让高质量的技能培养氛围覆盖更高比例的童年时间，对父母的时间、对金钱和专业知识的要求也将有所降低。但这并不是要把父母排除在外；只是给他们保留喘息的空间，把更多的精力分配到他们最擅长的事情上，即以旁人无法或不愿做到的方式照顾孩子，并扮演好伙伴、朋友、守护者、创造者和工作者等成年人的角色。与商业、房地产等传统投资相比，技能培养方面许多意向投资的经济回报要更为显著，且大部分收益都将归于工薪和中产阶层家庭的孩子。

这不是做慈善，而是集体中个人利益的冷酷的计算。无论是否喜欢这个事实，我们都是自己孩子的股东。技能水平高的孩子将发明新的技术、创造新的艺术作品、制定新的地缘政治策略、成立新的公司，为我们其他人带来数不清的价值。有人养育了阿尔伯特·爱因斯坦、托妮·莫里森、富兰克林·罗斯福或塞雷娜·威廉姆斯，可能是父母，也可能是其他守护者，他们付出了努力。如果你的孩子得到了所需要的投资，因此拥有了收入更高的职业生涯，**我们所有人**就都能享受到这份新财富的三分之一，即税收。你掌握高级技能的孩子将为道路、军队、医疗、学校、退休金和政府提供的其他一切买单。

那为什么我们还没有更进一步？需要的投资也并非遥不可及呀？其实，行动已经开始了。最初就是19世纪和20世纪初美国率先发起的设立免费公立学校运动，然后在20世纪60年代的反贫困斗争期间加速推进该运动。尽管你可能听说这些系统创造出了奇迹，但它们依然称不上完善。阻碍进步的重重关卡可以追溯到美国奴隶制的原罪，如同大山般难以逾越。然而，我们也将看到，父母们会像企业、劳工和老年群体为了更大的共同利益而抛开分歧那样，通过政治上的团结来跨越这些障碍。

个人观点

写这本书的念头始于十多年前，当时我和另一名研究生丹尼·亚甘（现就职于加州大学伯克利分校）有幸被一群世界顶级的经济学家聘用，加入了一个新项目。哈佛大学的拉吉·切迪、伯克利大学的伊曼纽尔·苏索和现任职于布朗大学的约翰·弗里德曼达成合作，最终根据美国国税局的美国人纳税记录，制作出了世界范围内有史以来关于父母和子女的最全面（匿名的、超级安全的）信息源。研究启动的第一年，我们待在马萨诸塞州波士顿那幢无聊的联邦办公楼里，不分昼夜地挤在被戏称为“牛棚”的小房间里工作。日子一天天过去，覆盖数亿鲜活且相互关联的美国家庭、好几代人的数十亿条记录，以及几十种错综复杂的税单，终于变成了一份统一的数据集。我们称之为数据银行。

数据银行能为与税收执法和企业融资、失业和退休、职业塑造和创业、商业循环和财政政策，以及其他诸多领域相关的广泛性经济问题提供新的思路。但要说数据银行提供的最大突破，还得是童年环境对孩子的影响方式。到最近为止，绝大多数关于儿童的社会科学研究都还在探讨诸如测试分数等短期成果。而对不平等现象存在影响的，同时也是所有父母和社会科学家真正在意的则是诸如收入、就业、健康和寿命等长期成果。数据银行及其他所谓大数据为研究更广泛问题的**长期成果**搭建了一座桥梁。也就是说，研究人员们已不再坚持认为，某个孩子所处的环境，比如有位好老师，能让孩子的测试成绩在一年内有所提高。相反地，研究人员会转而探讨，一位好老师对孩子成年后的生计有何影响。

在对数据银行进行了几年的研究之后，我成为一名教授，在大学里教“美国的机会不平等”这门课。在总结最近为教学所做的研究时，我发现，过去二十年左右发布的许多研究结果皆表明，父母的教养方式在加剧经济不平等上扮演了极其重要的角色。这种模式目前尚未获得广泛的认知，但对目前关于私人和公共资源教养孩子作用的辩论意义重大。于是我准备写一本书来探究这些想法，并将其分享给更多读者。

然而，在给亲朋好友们传阅这本书的初稿时，我发现了一个问题。要分享育儿相关的重要研究成果，且不能让读者感觉我是在“责备父母”，似乎是个大难题。我本就无意责备父母，在面对各种背景的父母时，我只有尊重和敬佩。经过研究，我更加坚信父母所做的事比常规印象中困难得多，也重要得多。如果非要责备谁的话，该责备社会没有为父母们提供足够的支持，让他们如愿完成艰苦卓绝的工作。尽管本意如此，但在连续几轮的修改过程中，这本书会被说是在“责备父母”的想法始终困扰着我。回想起来，为人父母的陷阱也困住了我——谈论育儿的现实简直难于登天。这段经历算是一种启示。它明确了很多我认为需要向更广泛的公众澄清的关于育儿的问题，并为我的这本书提供了基本的概念。

等到终于定稿的时候，又发生了两大变化，进一步考验、深化了我的育儿观。其一是全球性的，其二是个人的。

全球性的变化是新冠疫情。全美各地的学校要么停课，要么改为线上授课。不仅仅是学校，托儿中心、夏令营、校外活动、公园和图书馆……都只能暂时叫停（关闭）或转移到线上。在这个全新的世界里，平等机会的薄外衣终于破碎。一些孩子的家里甚至没有稳定的网络来上网课，能有父母帮忙辅导、规划课程、为远程教学查漏补缺的就更少了。[32]

这场危机只会让我更加迫切地希望，尽快落实本书总结的概念。事实上，不只是在这场百年一遇的疫情期间，而是从几百年前直到现在，儿童的技能培养始终处于极不平等的状态。新冠疫情短暂剥夺了父母平衡生活所依赖的许多公共和私人资源，让更多富裕的父母陡然发现，在免费的公立学校系统覆盖之外的那90%的时间里（幼儿期、午后、节假日、暑假和成年早期），原来家庭需要肩负着如此沉重的担子。

个人的变化是，我和妻子宝升级成了父母。开始育儿的头几个月里，谷歌搜索记录反映出了我疯狂的自学经历：产后浮肿、婴儿体重下降、髋关节发育不良、吸奶器阀、婴儿胀气痛、侧睡、俯趴时间、佝偻病、止哭水、益生菌、泪道、儿童保育中心、儿科医生、出生证明。这就像一个高风险研究项目，需要24小时不间断的监管，到什么点就必须做什么事。

由于睡眠不足，我习惯性地忘记事情，连日常琐事都能搞砸。我开着车撞上了车库后墙，给菲利克斯剪指甲时剪下了他指尖的一小块皮，还被写字板的金属扣划破了手。有一次，我妻子问我几点了，我回问说："什么时候？"凡此种种都让我更加确信，"育儿"的许多方面都比人们普遍以为的复杂、困难得多。

父亲的身份也增强了我的危机感。凡是拥有更多科学知识或更好专业资源就能避免的重大挫折，我都不想让菲利克斯经历。每次看着他进入梦乡，胡乱挥动着他的小胳膊，露出傻乎乎的笑容时，即便通过研究已经有了心理预设，但一想到会有明枪暗箭让他在重要的成长过程中摔跟头，我的心里就充满了恐惧。

很多父母都察觉到了这种可怕的爱。这是一种满怀希望、甘愿付出的心态。最好的情况是能改变我们的日常惯例，以及对个人成就的追求。我在这本书里所倡导的改变正是基于这种心态，利用这种能量，寻找一种方法，从而建设一个更健康、更强大、更幸福、更繁荣的美国。

中心思想

本书将以一种全新的角度来看待人们的经济轨迹，即父母会在孩子的童年时期存下一笔无形的信托基金。这样的观念有助于重塑我们的个人身份，以及我们对身边不平等现象日益加剧的看法。它还能够引导我们从不同的角度看待自己的父母、伴侣和孩子，把他们视为一个巨大建筑工程中的合作方，整个项目将由更广泛的社会选择来决定每个人的职责。

本书也不仅是给好奇的人的智力训练。我的目标是让更多的人意识到父母作为公民尚未享有的政治权力，以及开发为更多孩子灌输更全面的经济安全观念的潜力。我一方面希望能诊断出不平等的病源，另一方面希望能通过投票、社会运动、游说、倡导和立法开出治病的药方，为年轻人提供其他更为典型的利益群体已经掌握的资源。

该有个像AARP（美国退休人员协会）那样的组织为父母提供帮助，可惜没有。该有像联邦医疗保险（Medicare）那样的政策为儿童技能发展提供保障，可惜没有。该有一部分支出用在关于儿童技能培养的研究和开发工作上，可惜没有。只要父母们对自己和孩子错失的东西有所了解，就可以在政治层面上解决所有这些问题。

本书将列举证据和历史记录来证实几个关键的概念。

现如今在美国，技能就是保障经济安全和向上流动的关键。不管什么背景的孩子，只要在青春期积累足够的技能，在学业测试中取得好成绩，然后进入一所不错的四年制大学或参与精心挑选的职业培训项目，基本就不必为成年后的经济状况担忧。在当今的美国，尽管偏见、精英主义和歧视始终存在，但技能无疑就是那个重要的均衡器。

现如今在美国，父母依然是培养孩子技能的主力。在儿童技能培养过程中，当今的公立学校系统的作用并没有人们通常所认为的重要。

只要给予孩子更多的时间，老师和顾问等专业的技能培育者就能显著提高孩子技能发展的水平。早在第二次世界大战前，就有走在时代前列的研究人员记录了这种模式，但并没有得到关注。直到一系列偶然事件让非凡的新的社会实验终于证明了那些几乎已无人记得的早期研究确有其价值。这些实验的意义显而易见：如果美国社会能将技能培养的职责更多地交给专业人士而非父母，就有望消除富人和穷人家小孩之间的技能差异。

一个多世纪过去了，训练父母更高效地培养其技能的概念始终未得到公众认可，现如今也依然看不到什么希望。尽管有些父母培训项目的效果确实很不错，但并没有多少父母愿意报名参加，即便报了名，也不一定能坚持到最后——尤其是那些有望从中受益最多的父母。

要求父母承担超量的儿童技能培养工作，就相当于要求他们同时扮演儿科医生、营养师、大学顾问、辅导老师、房地产中介和首席执行官的角色。与其他职业对比可知，若是要求父母完成这些苛刻的任务，他们会错失一些足以改变人生的机遇。

深层次的经济因素合力降低了父母培养儿童技能的效率。这些因素早在数十年甚至数百年前就为经济学家们所深刻了解，且在其他经济领域也有体现，但在以家庭为基础的儿童技能培养过程中，这些因素却发挥了不同寻常的作用。我们将看到我们可以从不太可能的来源，包括天花、限制令和国家彩票，了解父母努力培养技能的情况。

有效技能培养项目的关键是降低而非提高对父母的要求。我们必须要把技能培养的重担从父母身上转移到专业人士的身上，不能继续强迫父母用更多的时间、培训、努力或金钱去解决这些压倒性的问题。

在社区中，父母在技能培养方面的劣势成倍增加，正因如此，

学校种族隔离取消、反歧视法案生效数十年来，种族收入不平等的现象几乎毫无改变。亚裔美国人为曾遭受过的严重歧视努力抗争，最终取得了成功，我们将从中吸取有效经验，帮助非裔美国人、美洲原住民、拉丁裔美国人及其他曾被边缘化的群体寻找最光明的道路。关键在于：为儿童技能培育提供更结构化、全社区化的专业支持。即便其他方面的偏见愈演愈烈，只要投入更多关于技能培养的公共援助，覆盖从胎儿到成年早期的整个时间段，就能够消除收入和财富方面的大多数种族差异。

先前未能对技能培养进行投资，但父母们若能团结起来，为争取孩子们的最大利益发声，我们随时可以开始行动。未成年人没有投票权：他们是美国规模最大的无权少数群体。和所有其他被剥夺了投票权的群体一样，儿童实际获得的资源比他们应得的要少。破局之法在于父母的行动主义，可以效仿AARP，建立一个拥有大量会员的非营利性“全国父母协会”（National Association of Parents）。

受诸多流传甚广的谬论影响，父母们未能达成共同的政治意向。有些父母认为，规定的公共项目都太过昂贵，但事实上，若是没有这些项目，要花的钱会更多。纠结于藤校录取等狭隘问题的父母们认为，自己是在和其他父母进行一场“零和博弈”，但事实上，所有父母都是一场大规模“超和”游戏的参与者，其他孩子的成功对自己的孩子也有助益。有些父母认为，先前扩大机会的公共项目都以失败收尾，但事实上，那些投资都获得了显著的成效，从政府的角度来看，基本都能“为自己买单”。本书将通过实证，鼓励父母们采取更加统一的政治行动。

我们的故事要从艾奥瓦州开始。100多年前，有一位不知名的先驱在那里发起了一项探索，旨在帮助父母们更好地履行自己的职责。

1

另一种现实

动　荡

在美国，就算只是个孩子，也可能遭遇意想不到的危险。1900年，学龄前儿童的死亡率为20%，即五分之一。部分城市甚至高达三分之一。可怕的事实如同梦魇般缠绕在父母们的心头。再没有比失去孩子更令人无法承受的事了，而似乎谁都逃不过这个命运。[1]

差不多也是那个时候，政治权力开始向女性倾斜。早在1920年获得选举权之前，妇女组织就已开始改变国家优先事项。女性的关注点似乎与男性不同。她们尤其重视儿童和孕产妇的健康问题，而在某种程度上，那些由男性主导的机构往往会忽视这些。

女性力量的早期浪潮开创了多个“首次”。世界上首个专为儿童服务的全国性公共机构：美国儿童局，1912年由美国最为声名显赫的一群女性领导人建立，还有如同一张大网般笼罩全国的妇女组织提供支持。首任局长茱莉亚·莱斯罗普也是首位领导联邦机构的女性。甫一成立，儿童局就启动了一项史无前例的婴儿死亡率研究，跟踪记录宾夕法尼亚州约翰斯顿市的每一个新生儿在一个自然年里的生活经历，在那之后的十年间，儿童局又在美国其他十座城市重复了这项研究。越来越多的人开始分析研究结果，并发现存在一种既令人兴奋又令人不安的可能：或许我们的孩子并不是非死不可，母亲的死亡率也有望下降。

更多个"首次"出现了。1916年，蒙大拿州的珍妮特·兰金成为首位获得国会席位的女性，上任后，她提出了首个旨在改善婴儿和孕产妇卫生保健质量的联邦法案。1921年，《母婴法》（又称《谢泼德–汤纳法》）正式通过，这也是联邦政府首次以立法的形式确保人们的基本需求得到满足，这类法案此后都被统称为"社会保障"。

经济大萧条袭来之时，儿童局随即着手调查各家庭的就业、收入等状况。赫伯特·胡佛总统向美国人保证，只需稍微注意节俭，再做点慈善，就能渡过难关。茱莉亚·莱斯罗普的继任者、儿童局局长格蕾丝·艾伯特却从局里统计的硬数据中发现，总统的说辞并不可信。黑压压的乌云已笼罩整片土地：漫长的失业潮压垮了仅存的希冀，储备的食物消耗殆尽，发展陷入停滞，病毒肆虐。选民们同意艾伯特的看法，认为胡佛无力控制局势，于是选出了富兰克林·罗斯福取而代之。儿童局迅速行动，协助罗斯福推行了所涉甚广的新政，为儿童和母亲提供支持。

但反对派很快就盯上了这些"首次"。男性医生和存在竞争关系的联邦机构负责人都不愿看到有人挑战自己的权威。他们说，儿童局是共产主义的堡垒。他们说，让政府机构围绕儿童，而非涵盖广泛的医疗保健和养老金等开展工作并不合适。或许最关键的是，他们说，儿童局的举措对他们自己的生计造成了威胁。美国医学协会的一名医生就曾向国会委员会发问："如果你们要用公共经费去拯救所有的妇女儿童，那还有什么能促使年轻男性去学医呢？"[2]

儿童局的第三任局长凯瑟琳·伦鲁特想竭力保全儿童局，她强调儿童的特殊性：他们没有投票权。如果再没有一个能为"全体儿童"强势发声的联邦机构，对成年选民的关注就会将儿童的利益搁置一旁。

伦鲁特失败了。反对派逐渐掏空了儿童局，将其职能拆解并划分给了其他几乎只为成年人服务的机构。有历史学家表示，儿童局使命崇高，是"最好的政府机构"，还有历史学家称之为美国史上最"受信任和爱戴的"政府机构，现如今却势单力薄，再也看不出曾经的雄心壮志。[3]伦鲁特预料的不错，制定联邦政策时，儿童仍被视为二等公民。

几乎就在女性政治权力不断上升，从而创建儿童局的同时，还有另一个旨在为父母及儿童服务的机构也应运而生。该机构的创办人是一位女性，但她的知名度仅限于当地社区，更别提其他州了。与儿童局相比，该机构规模较小，号召力较弱，特殊性较强，但有着一大优势：游离于国家监管之外，无须承担应对当前最紧迫问题的压力，可以专注于尝试各种可能。也就是说，这个新组织着力于探寻儿童幸福生活的上限，而非苦苦坚守下限。

先　驱

科拉·博西·希利斯晚年时，有当地的历史学家问她，她创建的这个机构——作为她一生中最伟大的职业成就——是如何建立的。她回答时带着几分迟疑，因为“如果大家知道创办人是女性”，就会对该机构的专业性产生质疑。[4]

希利斯本质上是个战略家，她通过一步步的计划，最终打开了通向另一种现实的大门。那里不会根据种族和阶层将人划分成不同的群体。她的努力激励了一代又一代的研究人员，逐步构建、描摹出这个现实。这不是什么乌托邦式的幻梦，而是我们可以停驻的真实。

1858年的夏天，希利斯出生于艾奥瓦州的布洛姆菲尔德。不久之后，亚伯拉罕·林肯和斯蒂芬·道格拉斯在伊利诺伊州边境进行了关于奴隶制前景的辩论；就此拉开了美国内战的序幕。作为当地的商界领袖，希利斯的父亲塞勒斯·博西投入联邦军总司令尤里西斯·辛普森·格兰特麾下，以准将身份被授勋，后来又成为艾奥瓦州的参议员。就是这样一个始终拥有社会地位和影响力的家庭，培养出了希利斯的个性。她的眼睛很大，嘴唇平直且厚实，神情泰然，似乎注定能成就一番事业。她在日记中写道：“我感觉到体内积蓄着一股力量，将来一定能令我有所作为。”

后来，因为两段重要的经历，希利斯确立了一个宏大的志愿。先是在她12岁时，妹妹劳拉确诊了脊椎病。医生们的诊疗方案各不相同，却一致认为劳拉必须长期卧床休养，且就算这样，也活不了几年，完全没必要让她学习知识。科拉不信。她对劳拉关怀备至，只要有机会就在家给她上课。劳拉顺利学完了高中课程，17岁考入大学，过着“快乐、有用的生活”，一直活到了34岁。

第二段经历更加漫长而痛苦，是同时代许多父母都没能逃脱的梦魇：希利斯生了五个孩子，其中三个都早早夭折了。艾萨克死于阑尾破裂。菲利普抗住了脑膜炎的折磨，却没能躲过火车事故。1907年元旦，猩红热疫情带走了希利斯最小的孩子多丽丝，大女儿艾伦侥幸存活。多丽丝的死就是压垮希利斯的最后一根稻草。那时候，为了争取母亲和儿童的利益，妇女运动浪潮迭起，希利斯也是一名政治组织者。但那一整年里，为了照顾艾伦，同时拯救心灰意冷的自己，她搁置了其他一切事务。

这两段经历让希利斯确信，“父母要靠自己”的观念**是不对的**。大家似乎都不知道该怎么养育孩子。一年又一年过去，她逐渐发觉，这并非巧合。相反，这体现了一个糟糕的事实：人们都没有投入足够时间去学习关于儿童问题的知识。

“我买了书和杂志，”希利斯回忆道，“我读了能找到的所有著作，我向医生和教育从业者求教，我查阅了海量的理论教科书。但我感觉，作者大多都是没有实际接触过少年儿童的大学教授或上了年纪的老师。”她总结道：“他们给的都是些理论性知识和实验性建议。”

农业作为艾奥瓦州大部分家庭都关注的另一个话题，人们对它的认知正呈井喷式增长，相比之下，人们在育儿方面实在太过愚昧。

希利斯发现科学对她的妹妹和孩子们没什么帮助，全国各地的农场主们之前也发现科学对歉收的庄稼和染病的牲畜没什么帮助。但后来联邦政府出手了。先是1887年的《哈奇法》，再是1906年的《亚当斯法》和1914年的《史密斯–利弗法》，美国人决定通过投资农业科学研究来解决"农耕问题"。在全美境内，包括艾奥瓦州，农业试验站如同雨后春笋般涌现。

这些试验站创造了奇迹。历史学家爱丽丝·斯曼兹写道："这些试验站对家畜育种学、营养学和病理学，以及土壤分析、作物改良和乳制品工业各环节进行的实验性研究，为美国农业带来了突破式变革，也为农场主们创造了丰厚的收益。"研究上的投资轻松提高了农场主们的收入，还为公众带来了更多的食物。[5]

希利斯看到这些奇迹，并提出了一个问题：为什么不"借鉴对农作物和家畜的研究方法，对正常小孩进行同样的科学研究？我们可以去探究正常小孩的身体、心理和精神的发展方式，逐渐建立起一门育儿的科学"。[6]

疑问引导着希利斯开始了一场严谨的探索。她试图"建立一间合格的儿童福利研究实验室，为这片土地上的父母提供帮助"。她知道上帝也会站在自己这边。她把设想中的试验站当成"另一个孩子"，从自己的痛苦经历中汲取力量，避免悲剧在他人身上重演。

建立实验室的前提是，艾奥瓦州要制定新的法律。希利斯似乎找到了自己的使命，决心要为实现这个目标倾尽余生。最开始时，研究人员、政客、活动家等其他任何人都不看好这件事。几乎所有人都觉得此举太过轻率。就连父母们也表示不感兴趣。希利斯回忆道："我去一个生育率很高的州宣讲新理念时，大多数母亲都坚信自己已经掌握了关于育儿的一切知识。"[7]

不到二十年，她的理想就变成了现实。她先是在1900年时向全国母亲大会——如今全国家长教师协会（PTA）的前身，早期的儿童权益保障组织——提议，在十七个城市中选择得梅因作为年度大会的举办地。后来，她将小小的种子培育成了遍布全州的妇女和农场主组织，并反复宣扬自己的理念，即育儿必须采用农业所实行的科学方法。

数年间，她接触了四所大学的校长，希望仿照农业研究站，建立一个儿童研究站。四人都否决了她的建议。其中一位建议希利斯换个方向，帮学校筹集资金买一套新的排钟。在第五次尝试中，她在与艾奥瓦州立大学的沟通中取得了突破性进展。希利斯坚持认为，设想中的儿童研究站应该包含一间幼儿园研究室。真正落实后不久，全国各地的大学就都借鉴了这个绝妙的想法。

计划的实行需要艾奥瓦州立法机关提供资金。1914年12月，希利斯为此成立了一个新的游说组织，与州内近四分之一的成年选民进行了接触。希利斯还在州内的各个主要媒体上做了投放。有份报纸刊登了一幅漫画为该提案做宣传：一边是在先进的州立实验室的科学指导下，遵循数据驱动原则繁衍兴旺的农场动物之家；另一边则是试图用"老邦克斯博士牌粉色强力安眠药"和腌黄瓜来抚慰生病婴儿的人类家庭。[8]

提案未能通过，但在下一年里，希利斯又再次发起了新的运动。

当她摔倒受伤后，她就躺在床上通过电话沟通组织，最后拄着拐杖、瘸着腿走进了州议会，向关键议员充分展现了自己的人格魅力。希利斯迅速锁定了参议院中那几个最关键的反对者：“一个是悲观主义者，另外两个是文化程度低、眼界狭隘的老顽固。还有一个坚信，母亲天生知道该如何养育自己的孩子……其他的人也都抱有一定程度的偏见，这需要时间才能消除。我从未直接与这些先生对话，但我知道在那之后的十天里，他们收到了许多意想不到的电话和信件。”

1917年4月6日，美国对德国宣战。有天早晨，希利斯从当地报纸上看到，艾奥瓦州的大部分征召入伍的人员都没能通过入伍体检。她立即花几个小时给艾奥瓦州立法机关的每个人都写了一封信，表示这些“被拒绝的爱国者”之所以存在身体缺陷，与其父母过度依赖“传统”和“天性”、缺乏科学指导脱不了干系。儿童研究站应被定义为“目光长远的具有爱国精神的国家服务机构”。

提案终于得以通过。战火纷飞之中，几乎没人注意到这件事，但希利斯并不介意。她觉得自己的人生目标已经实现。“我也曾感到迷茫，”她写道，“我会在整理材料的时候迸发出一些灵感，就像在整理我过世孩子的衣服一样。这份工作占据了我生活的很大一部分。”

然而，希利斯平静的生活太过短暂。早在努力的作用彻底显现之前，她就被一场车祸夺走了生命。而艾奥瓦儿童福利研究站（简称“艾奥瓦研究站”）作为她一生中的最大成就，其故事才刚刚开始。

艾奥瓦研究站

艾奥瓦儿童福利研究站有什么作用？它促使美国人对儿童成长的设想发生了结构性的改变，即把对天性的专注转向对更优质的育儿方式的追求，从而将科研的重点从生育及对基因纯度的病态关注转移到了育儿、医疗保健和教育上。

艾奥瓦研究站将开展一连串的研究，以确保人类的经济技能——年度经济产能总值的三分之二都仰赖于此——能够通过更好的管理和技术来培养，就像培育农业和其他工业产出一样。因为技能是个人经济安全的基础，所以我们可以从一些新近研究中看到，大量不平等现象的存在彰显了我们社会有意压低对某些群体儿童发展的投资。

希利斯将育儿和农业进行类比，这在战前的艾奥瓦州是一项非常高超的营销策略，其中许多内容真实不虚。当然，人不是农作物或牲畜，人要复杂得多。他们不能被随意支配，也需要更多时间去成长。研究站的作用不能一蹴而就，也不能被刻意操纵。在那之后的五十年里，研究站的重大意义才逐渐浮出水面。

研究站的第一场风波起于最初的负责人伯德·鲍德温得知女儿帕特里夏在例行的智商测试中，拿到了一个低得出奇的分数。当时，这类测试分数特别低的孩子都不能上普通学校，只能去附近专门招收“低能儿童”的机构。鲍德温不愿意。他让女儿进入了研究站内新成立的试验性幼儿园，该幼儿园是希利斯当初费尽周折才通过审批的计划。入学一年后，帕特里夏的测试分数直线上升。鲍德温认为，幼儿园起到了一定的作用。当时美国研究人员普遍认为，人的心智能力在出生时就已有定数，鲍德温对此产生了怀疑。帕特里夏的经历还影响了核心研究员贝丝·威尔曼的观念。在鲍德温的第一任妻子去世后，威尔曼同鲍德温组建了新的家庭，并在鲍德温因一场离奇的意外离世后，取得了帕特里夏的抚养权。和希利斯一样，在与自满的男性"守门人"的厌女观念和讥讽态度相抗争时，威尔曼身为研究员的个人驱动力最终还是取得了胜利。

威尔曼从1928年开始与研究站的第二任负责人乔治·斯托达德合作，希望能更系统化地探究学前教育对学生们的影响。那时，他们就察觉到手中掌握的宝藏：从1921年起，研究站的工作人员就一直在勤恳地记录数百名儿童的测试分数。

1932年，威尔曼发布了她的分析报告，以测试分数衡量学前教育对儿童认知发展的影响。威尔曼没有设置自然对照组与未获得学前教育的儿童相比较，而是以相当新颖而惊人的现代化方式获得了一些见解。她发现，孩子们的测试分数在幼儿园上学的那几个月里往往会不断提高，在暑假期间则陷入停滞。她发现，全日制学生比半日制学生分数提升的速度更快。她还发现，相比于尖子生，这些因素对成绩落后的学生影响更大。

当时有很多人都在质疑，幼儿期的测试分数是否具有实际意义，但威尔曼的研究证明，这些分数确实体现了一些关于技能培育的重要信息。近期的诸多研究也证实了她早先各项结论的正确性。[9]

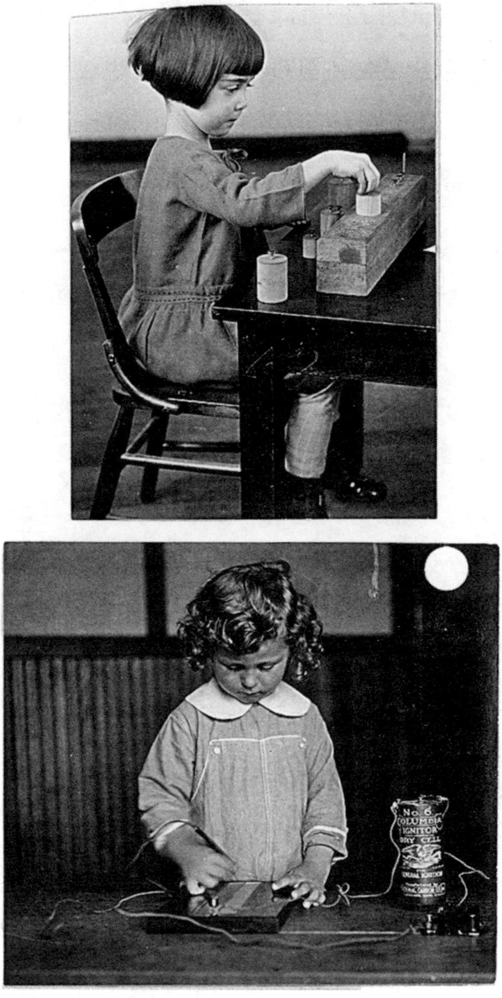

图 1.1

20 世纪 20 年代，艾奥瓦儿童福利研究站幼儿园的女孩们正在“整理线轴”（上图）和“用电池做实验”（下图）。资料来源：弗雷德里克 · W. 肯特合集，索书号: RG 30.0001.001，艾奥瓦城艾奥瓦大学图书馆。经艾奥瓦大学许可使用。可在线查看照片：http://s-lib012.lib.uiowa.edu/ictcs/icwrs.html 和 https://digital.lib.uiowa.edu/islandora/object/ui%3Aictcs_7585。

新揭露的事实证明了一个简单的道理：孩子们在艾奥瓦研究站幼儿园比在校外学到的知识更多，尤其是那些在家里得不到充足学习资源的孩子。幼儿园就像一剂药方，可以促进儿童的智力发展。只要剂量够大，越是学习条件差的孩子，智力发展的速度就越快。

这些研究成果引发了公众的好奇心，记者们绘声绘色地诠释了关于“控制智商”的故事，但大多数育儿学者仍固守着“智力是遗传且无法改变的”这一观念。但随后又发生了一些不寻常的事件，让人再也无法对艾奥瓦研究站最初的研究成果视而不见。

孤儿院

20世纪30年代初，艾奥瓦州达文波特的一对名人夫妻从当地的“军人之家”孤儿院收养了一个孩子。随着孩子逐渐长大，她出现了重度残疾的迹象。夫妻俩非常生气，觉得孤儿院欺骗了他们，于是将艾奥瓦州负责监管孤儿院的管理委员会告上了法庭。

案件虽以庭外和解告终，却让管理人员感到一阵后怕。要是养父母觉得孩子的发展不如意就能得到巨额赔偿，次数多了，州政府可承担不起。于是，管理委员会找到了艾奥瓦研究站的新负责人乔治·斯托达德，征求他的建议。

斯托达德觉得这是个机会，便提出了合作。研究站将为孤儿院聘请一位临床心理学家，为孤儿院的规则制定提供指导，最关键的是，将对孤儿院的所有儿童进行智商测试等多方面的评估，以此建立一种尽职调查机制，以免州政府再因相关问题被养父母起诉。

早在二十年前，科拉·希利斯就对此有所预见。她在给一位同事的信中写道："要想对孩子进行彻底的研究，就必须选出一组孩子，将他们置于研究站的完全监管之下。鉴于我们资金有限，与州政府的管理委员会合作，在一些孤儿院内做实验，可能是个好办法。"[10]

在那个年代，希利斯的言论着实令人骇然：研究人员"利用"孤儿院的孩子"做实验"。但其实，与历史上对囚犯、战俘、少数族裔及其他弱势群体进行的残忍人体实验完全不同，艾奥瓦研究站以合作的形式，始终把孩子的最大利益放在首位，帮助他们之中的许多人过上了更富裕、更圆满的生活。

斯托达德聘用了一个名为哈罗德·斯基尔斯的男子作为孤儿院的首个临床心理治疗师。这个决定既体现了他独到的眼光，也算是一种幸运。斯基尔斯曾师从斯托达德和威尔曼，不过资历尚浅。他负责对几百个孩子进行评估和分类，这似乎是项枯燥乏味的工作。但事实证明，斯基尔斯是位非常优秀的、有创造力且执着坚毅的研究员，他能发现令人意想不到的规律，并利用它们进行更广泛的发现。斯基尔斯后来成了20世纪研究人员中的翘楚。

"军人之家"孤儿院里的孩子大多都有着糟糕的原生家庭。他们的父母基本都没正式结婚，没受过多少教育，生活不稳定，薪水也很低。甚至许多人还深陷药物滥用、犯罪或精神疾病的泥沼。当时的主流观点认为，这些孤儿注定会走上父母的老路。斯基尔斯也认为他的评估结果将证实这个预测。

但后来，他决定用数据说话。工作的第一年，他对73个孩子进行了智商测试，这些孩子"幸运地"只在孤儿院里待了最多6个月。

在孩子们和养父母一起生活了大约2年后，斯基尔斯给他们做了智商测试。这也是迈向永久收养的一步。

养父母的社会经济状况与孩子的亲生父母截然相反。他们是合法夫妻，学历高，收入也高，且经过了孤儿院的筛选。在一定程度上，他们也希望能领养到健康的孩子。

计算这些被收养孩子的平均智商时，斯基尔斯还以为自己弄错了。他们的智商远高于平均水平。事实上，相比于亲生父母，他们的智商水平与养父母更相近。

但他找不出错在哪儿。研究站又推行了一个后续项目。领养似乎会改变孩子的技能发展轨迹，但这种加快儿童发展速度的方法的可行性实在有限，因为绝大多数孤儿终其一生都不会被领养。那么有没有一种比较温和的方式可以改变这些孩子的人生？或许，可以让他们去上幼儿园？

研究团队已经在50英里外的艾奥瓦研究站总部开办了一间幼儿园，所以在“军人之家”孤儿院只需照葫芦画瓢就行。他们挑选了21个孩子，让他们每个工作日从上午8点到下午5点都去幼儿园上学。然后又挑选了21个在年龄、性别、测试分数和其他特征上都与之类似的孩子作为对照组，让他们照常待在人手和资源均短缺的孤儿院里。

这并不是一次理想的实验，因为把孩子随机分入实验组和对照组不符合惯例，但问题也不大。随着时间的流逝，因为有孩子被人领养，为了保持平衡，研究员往两个组里都加了人。平均下来，参与研究的孩子都能在幼儿园待上一年左右。[11]

第一个发现是，孤儿院的环境让这些孩子养成了不知满足、不守秩序、否定一切的性格。他们总是搞破坏，总是用暴力解决问题，谁都不信任，对外面的世界也一无所知。许多孩子都没接受过如厕训练。幼儿园的教职员工先前教的都是艾奥瓦城大学街区的孩子，对此有些猝不及防。他们迅速调整了课程，重点培养基本的社交、情感和身体技能。给孩子们打好基础之后，再像大学街区的幼儿园一样，提高各种认知和创造力练习的占比。

幼儿园的主导老师埃塞尔·斯图尔特回忆起项目初期的情景：

> （孩子们）每次拿到那些精美的铁皮玩具，都喜欢越过栏杆，把它们扔进地窖里，因为地窖有好几英尺深，玩具落到水泥地面会发出巨大的声响。对他们来说，坏了个玩具或少了个玩具根本无所谓。他们不是一定要玩玩具；原来在孤儿院里的时候就没什么玩具，更何况幼儿园里没弄坏的东西还多着呢。又不是非得玩哪一个。他们（尽可能多地）把玩具紧紧抱在怀里，大多只是为了强调自己的“所有权”。这些出了幼儿园就一无所有的孩子都有这样的执念。如果“所有权”受到了质疑，他们就会用玩具砸质疑的人。就连脏兮兮的纸巾也不愿往垃圾桶里扔，孩子们会把它们捡起来放进口袋里随身携带，或是紧紧地攥在手里，当成属于自己的小宝藏。向孩子们再三强调玩具是幼儿园的，不论今天、明天还是接下去的日子都会放在这儿，以后想玩就能玩也没用。这些孩子谁都不相信，老师说什么都不信。[12]

三年后，研究人员将上过幼儿园的孩子与对照组进行了比较。他们没有拘泥于智商的数值，而是采用了现如今被称为“全人教育”的标准，去评估孩子们的认知技能、信息意识、词汇和语言、运动技能，以及社交和情感技能。

对比发现，两组孩子在许多方面都存在相当大的差异。令人费解的是为什么会出现这些差异。其实，去上幼儿园的孩子并没有多大的进步，而是对照组的孩子表现更差了。“一直被视为符合标准”的孤儿院环境其实缺乏刺激，会导致儿童的水平衰退，幼儿园则阻断了这种影响。研究人员认为，这就是普通父母每天都在做的事，即孤儿院的孩子无法获得的丰富的刺激。

管理委员会大为震惊。此后，他们将所有孩子都送去上半日制幼儿园，并实施整改，加大了对儿童培育方面的投资力度。研究人员面临的下一个问题显而易见：首次被选中的教育实验对象都是三四岁的孩子，且过程简单，也没有完善的计划，既然效果如此显著，那么“如果给实验组提供从婴儿到青少年时期完整的模式化教育和规范指导，会得到怎样的结果呢？”[13]

负面影响

到20世纪30年代末，不只猎奇的记者，国家级的权力掮客们也注意到了艾奥瓦州的这些研究人员。作为富兰克林·罗斯福总统麾下的美国农业部长及实施新政的左膀右臂，亨利·华莱士了解到这项研究后，决定开始推广幼儿期教育。

这并不是美国政府首次在早教方面做尝试。早在艾奥瓦研究站得出结论的一个多世纪前，即19世纪20年代，一股“婴儿教育”的浪潮就曾席卷马萨诸塞州。波士顿某报发文称：“得益于婴儿学校，这些婴儿能够从最不利于成长的环境中解脱出来，逃离贫困与堕落的深渊，学到至少百倍的知识，得到百倍的幸福。”《女士杂志》则表示忧虑，如果只有贫穷的婴儿能接受教育，那么等到上小学的时候，“他们的知识储备肯定会把其他孩子远远甩在身后”。这个系统推广以来，截至1840年，州内40%的3岁小孩都选择进入公立学校就读——这一比例与两百年后的今天相同。[14]

但后来专家们的态度又变了。著名的内科医生阿马里亚·布里格姆警告称：“刻意开发儿童智力通常只会带来负面影响……试图在儿童六七岁之前开发并提高他们的智力，会对他们的身心造成严重且持久的伤害。”[15]类似的声音逐渐流传开来，到内战爆发时，马萨诸塞州的公立学校都废除了其早教系统。

为什么会如此反复？因为这两种观念都缺乏科学依据，没有相应的随机对照实验，甚至未曾把接受过早教和其他条件类似但未接受过早教的孩子放在一起，进行系统化的对比。没有证据支撑，对待孩子的态度就如同风中的树木般摇摆不定。随便搜罗一些案例、总结一些浮夸的理论，就能凭口舌之利掀起一场智力运动。

20世纪30年代，艾奥瓦州有证据表明，早教或许能帮助许多孩子过上更好的生活——和一个世纪前早教倡导者的观点一致。

坚持“智力固定论”的人也再次发起了反驳。作为美国智力固定论的创始人，心理学家路易斯·特曼表示，如果艾奥瓦研究站的结论能够得到证实，那就是“千年一遇的重大科学发现”，但他对此深表怀疑。特曼在斯坦福的盟友和门徒代表他发起了一场代理人之战。统计学家奎因·麦克内马尔提出艾奥瓦研究站在技术上存在漏洞，但奇怪的是，得出相反结论的实验也存在明显的技术问题，他却对此视而不见。

特曼的门徒芭芭拉·波克含糊地报告称：“（农业部长亨利·）华莱士决定停止‘采购’智力，即停止通过幼儿园的教育来培养智力。”[16]

斯基尔斯和艾奥瓦研究站的另一位研究员玛丽·斯科达克发出了严正抗议：“冷静、公正地评判有利或不利于某结论的证据，这才是科学的方式。而麦克内马尔单纯只是为了‘摧毁’‘推翻’艾奥瓦研究站的结论。”面对那些伪善的科学论调，贝丝·威尔曼深感厌恶，她当面对麦克内马尔说，特曼“荼毒了你的思想”。[17]

并非所有人都对研究结果不屑一顾。或许这些发现真的具有重大的科学价值，是能够改变历史轨迹的、千年一遇的发现。新一代的研究人员问道：我们真能如此深刻地改变人类命运吗？

探索者

考虑到第二次世界大战前文化偏见的严重程度，我们根本无法确定那些所谓“确凿”的证据是否受到了污染，更何况，艾奥瓦州的研究远非完美。整个美国社会——南方公然采用《吉姆·克劳法》，其他地区相对隐晦地采用该法，且所有顶级的精英职业都对女性有种默认的排斥——仍旧认为，白人天生优于其他人种，男性天生优于女性。成人的能力水平取决于在儿童时代获得的投资，这一发现可能会颠覆美国社会存在的核心前提。[18]

在社会科学方面，艾奥瓦研究站的研究人员已大致确认了“新大陆”的轮廓。越来越多的年轻研究员在争论中选择加入，站在前人的肩膀上继续研究，像探险家那样，在充满未知的荒原上开辟道路。

首位探索者名叫塞穆尔·科克，是位心理学家。他在北达科他州的一个小麦农场里长大，父母都是黎巴嫩移民，家里共有9个孩子。[19]早年间，他摸索出了教农场工人读书的窍门，后来便决心投身于教育研究事业。1939年，艾奥瓦研究站的哈罗德·斯基尔斯在密尔沃基州立师范学院开了讲座，他也在现场。听完整场讲座并与斯基尔斯当面交谈过后，科克被这些内容深深吸引，随后便进行了战后的第一项重要研究，尝试复现并推广艾奥瓦研究组的部分核心理念。[20]经过十多年的努力，1958年，成果总算得以发表。这项具有里程碑意义的研究仅参考了少数几个案例。一是《阿韦龙的野孩子》（*The Wild Boy of Aveyron*）这本书，讲述了1798年，有人在法国中南部的森林里发现了一个男孩，他浑身赤裸，一言不发地四处游荡，经过多年的努力，最终他也没能“变成”人类。二是斯基尔斯、斯科达克、威尔曼等艾奥瓦研究站研究员自20世纪30年代起的研究成果。[21]

科克为一个小组的学生制定了个性化的学前教育方案，并设置了初始条件相同的“对照组”，同时追踪两组学生的发展情况。他发现，幼儿园的教育对孤儿院的孩子产生了巨大且持久的影响，对在家中生活的孩子影响虽小，却同样显著。这项研究也没能解决艾奥瓦研究站当时存在的问题。儿童并非随机被分入实验组和对照组，且基本都会根据每个孩子的状况调整课程设置，无限提高了描述、改进或复刻整个方案的难度。不过，这项研究率先初步验证了艾奥瓦研究站的主要结论，并引领了更严谨的研究新浪潮。

1958年，就在科克公布其研究成果的同一年，27岁的前海军陆战队员及教育天才大卫·维卡特决定放弃攻读博士学位，进入密歇根州伊普西兰蒂的公立学校系统担任校内心理顾问和特别服务办公室主任。任职两年后，他提议开展一项实验，评估学前教育对伊普西兰蒂贫困儿童的影响。此时，艾奥瓦研究站的成果已问世二十年，但人们的观念仍未改变。该学区的管理人员坚持认为，当地的贫困儿童（恰巧都是黑人）之所以得不到帮助，是因为“测试分数已经说明了一切”。维卡特咨询了学术方面的专家，得到的回复都是：学前教育不仅帮不到这些孩子，还可能对他们造成伤害。因此，**这样的尝试是不道德的。**[22]

然而，艾奥瓦研究站团队的成果摆在那里，维卡特自己也是个经验丰富的学校顾问，他还是决定要推进这项实验。他找到了一个伙伴，是当地一所以黑人为主的小学的校长，“酋长”查尔斯·尤金·比蒂。比蒂曾是世界级的运动员，也是密歇根州第一位担任公立学校校长的非裔美国人。他一直致力于帮助学生克服偏见。比蒂同意让维卡特在自己的学校里进行这项备受争议的学前教育项目，并帮助维卡特获得当地父母们的信任。最终，维卡特从123名参选儿童中随机选出了58人。该项目被命名为“佩里学前教育研究计划”（下文简称“佩里计划”），每天都会有专业的公立学校老师带着孩子们有规划地玩耍两个半小时。参加的基本都是3岁的孩子，项目时长为两年。[23]

维卡特并非孤军奋战。或许是受到了民权运动热潮的感染，越来越多的人开始怀疑，关于儿童培育的主流观念是否正确。20世纪60年代，至少有12个独立研究团队在美国各地推行了小规模的早教试点项目。其中的大多数都和佩里计划一样，将注意力放在了低收入黑人家庭的小孩身上——许多美国人长久以来最想要忽视的孩子。

这些研究人员几乎都得出了同样的结论：艾奥瓦研究站的发现正确无误。优质且专业的学习环境能够大大提高低收入家庭小孩的技能发展速度。[24]认为针对性投资无法改变儿童技能发展状况的旧教条开始瓦解。哈罗德·斯基尔斯、贝丝·威尔曼等艾奥瓦研究站研究员的爆炸性发现在30年前备受奚落，如今总算得到了迟来的认可。[25]

大多数新项目都和佩里计划一样，选择三四岁的小孩，每天提供几个小时的指导。显然，大家都无法完全复刻上层社会父母专为孩子积攒的私人投资。部分研究人员又搬出了艾奥瓦研究站的前辈们曾考虑过的问题：如果加大投资的力度，会出现怎样的结果呢？如果让专业人士从父母手中接过技能培养的职责，在孩子出生后尽快开始全天候的指导，而非等孩子长到3岁才开始每天指导几个小时，又会怎样呢？

下一个科拉·希利斯

1921年，当艾奥瓦研究站的首任负责人伯德·鲍德温看着他的女儿帕特里夏在幼儿园里茁壮成长时，另一个女孩在马萨诸塞州的布鲁克莱恩呱呱坠地。与艾奥瓦研究站创始人科拉·希利斯如出一辙，这个女孩也会因为残疾姐姐的困境深受触动。和希利斯一样，她震惊于所谓专家对育儿的无知，并会在演讲中一遍遍地痛斥，母亲们“从医生那里得到的关注甚至不及牛从农夫那里得到的关注多”。[26]和希利斯一样，她凭借不懈努力、政治悟性和个人魅力，让自己的理想变成了难以撼动的法律。

但这个女孩与希利斯相比有着一些优势。具体来说，她的父亲是全美顶级富豪，她的哥哥是美国总统。她的名字叫尤妮斯·肯尼迪。

尤妮斯的姐姐罗斯玛丽，可能是因为在生产过程中缺氧，所以幼时就出现了发育迟缓的症状。不幸的是，在罗斯玛丽23岁时，她们的父亲约瑟夫·肯尼迪让罗斯玛丽接受了仍处于实验阶段的额叶切除术。这种治疗方法曾一度被寄予厚望，造成无数惨剧之后，才被全面叫停。手术结果非常糟糕。罗斯玛丽丧失了行走的能力，只能说些只言片语，行动能力也退化到了几岁小孩的水平。从此，她就被困在了疗养院里，靠着别人的照顾又活了63年。[27]

尤妮斯·肯尼迪从小就和罗斯玛丽最为亲近，姐姐的悲惨遭遇让她既内疚又愤怒。她将这份重负化为力量，投身于预防及治疗儿童智力缺陷的事业，为之奋斗了终生。

在当时，智力缺陷已不再被称为“智障”，而是“智力迟钝”。其定义不再局限于患有极端生理障碍的儿童，也包括了未成年时期认知或社交情感技能发展不达标的儿童。预防智力缺陷的探索有着更深远的意义，它其实是预防儿童技能发展不充分的探索。

1961年，尤妮斯的哥哥杰克成功就任总统，她也做好了行动的准备。接管肯尼迪基金会数年以来，她为这项事业付出了极大的心血。肯尼迪总统曾对助手说：“尤妮斯想要什么都行。”[28]

科拉·希利斯努力了两次才通过了一项小型提案，尤妮斯·肯尼迪的重大立法提案一次就过。短短两年内，联邦政府就在尤妮斯的敦促下成立了多个致力于儿童培育科学研究的新机构，包括国家儿童健康与人类发展研究所（NICHD）——2008年更名为尤妮斯·肯尼迪·施莱佛（NICHD）——以及12间位于美国国内各大学的新研究站构成的网络。

这就是扩大了的艾奥瓦儿童福利研究站。将通货膨胀计算进去后，每年拨给新机构的资金相当于希利斯1917年为艾奥瓦研究站争取到的资金的1 000倍。[29]

1963年10月31日上午10点，肯尼迪总统在白宫内阁会议室召开新闻发布会上描述了这些成就。他预测说：“只需要几年，我们就有望充分了解智力迟钝，从而在多数情况下预防它。”这倒是与路易斯·特曼的观念一致：若是能打破对人类智力的固有认知，就将是“千年以来最重大的科学发现”。总统称该法案是“美国国会及整个国家——我们的国家——有史以来走过最关键的一步”。他还说：“我认为，在未来的岁月里，每个参与了这项伟大事业的人都将获得无尽的荣光与满足。他们会发现，这项事业给无数人带来了福祉，而在自己的任职期内，能与之相比的事情简直屈指可数。”[30]这是肯尼迪总统批准的最后一条法案。三周后，他就遇刺了。

但他批准建立的新研究机构都还在，且一路繁荣发展，促成科学发现，致力于帮助各地的父母培养出更健康、技能水平更高的孩子。其创新成果包括：正式发现胎儿酒精综合征、将苯丙酮尿症和先天性甲状腺功能减退症纳入新生儿筛查项目、让孕妇增补叶酸以预防神经管缺陷、推荐新生儿仰睡以预防婴儿猝死综合征，以及开发新的早产儿护理措施等。

这些正是科拉·希利斯和尤妮斯·肯尼迪所设想的实用见解。然而，只有一小部分儿童能从中受惠。新生儿筛查项目创造了奇迹，能够有效预防足以毁掉整个人生的重症——患病率为三百分之一。叶酸补充剂可以预防新生儿神经管缺陷——患病率不到三千分之一。这些生物干预措施产生的最大影响或许就是，让更多民众了解胎儿酒精综合征。时至今日，其患病率仍高达二十分之一。这些发现虽意义重大，但并不足以大幅度地改变儿童成长和父母育儿的常态。[31]

所幸，尤妮斯·肯尼迪留下的宝藏远不止于此。最重要的发现是肯尼迪梦寐以求的理想，也是曾被特曼嘲讽的念头。它需要更多的时间，且并非寄希望于新的药物、补充剂或医疗手段，而是要更彻底地改变技能培养的方式，从孩子出生开始，细化到每日每夜、每时每刻。

校园角落里的临时小屋

如今，有近15%的美国儿童都在接受“特殊教育”。他们在常规学校里跟不上学习进度，更有甚者还会打扰到其他同学。许多面临着同样问题的孩子都没有被送去特殊教育学校。在美国每年出生的约370万名新生儿中，大概有100万人符合这一描述。[32]

这些孩子中的绝大多数都没有任何明显的生理疾病。如果能让他们掌握足够的技能，那么无论是对他们本人还是身边的同学和老师来说，上学的体验都会更好。我们也不至于急着帮忙，却始终不得要领。若是真有办法，我们将在很大程度上提高人类技能的发展速度。

1966年，北卡罗来纳大学的两位心理学教授共同创立了一间研究中心，这也是获得尤妮斯·肯尼迪的新联邦机构资助的12间研究中心之一。他们将其命名为弗兰克·波特·格雷厄姆儿童发展研究所。弗兰克·波特·格雷厄姆是北卡罗来纳大学的校长，引领了研究南方种族主义和贫困之间关联的新浪潮，备受人们拥戴。他支持维护劳动者权益，为建设社会保障制度劳心劳力，同时也是一名国会参议员。当时，一位出名的对手还曾说他是个“可爱的小杂种”。[33]

新研究所的创始人是哈尔和南希·罗宾逊，他们采取了不同于另外11间研究所的策略。相比于设法改善智力缺陷，他们更倾向于将其扼杀在源头。最关键的是，他们更注重与这些缺陷相关的社会和经济因素，而非医学和生物学因素。

他们决定为当地社区的父母们成立一间实验性的保育中心，和艾奥瓦研究站1921年建的幼儿园差不多。但有一个关键的不同：他们会从婴儿开始培养。

当时，婴儿保育还是个非常小众的概念。心理学家弗朗西斯·坎贝尔早先就凭借自己在婴儿认知发展测评领域的专业素养得到了这份工作。她回忆说，刚开始时整个项目一片混乱，只能凑合待在“校园角落里的临时小屋”里。研究人员怕婴儿们聚集在一起易发传染病，所以起初工作人员每天早上一进校，都会穿着防护服给孩子们换上消过毒的衣服。这样过了一段时间，孩子们只是偶尔生点小病，大家悬着的心才总算放下。[34]

这个初现雏形的项目并没有确立宏大的战略愿景，所涉及的儿童来自各个阶层，而非最有可能从中获益的特定群体。他们也没有在课程安排上花太多心思；只是大致尝试着好好利用时间。最大的问题是没有设置对照组，也没有随机分配，因此无法科学地评估该项目对孩子们究竟造成了什么影响。项目空有概念的骨架，但缺乏科学的血肉。

1969年，哈尔和南希·罗宾逊跳槽去了另一所大学。新的首席研究员克雷格·雷米顶上了他们的位置，并改变了研究方法。[35]

缔造者

克雷格·雷米出生于西弗吉尼亚州，他身形高挑，面容白皙，性格爽朗，气宇轩昂，有着和约翰尼·卡什颇为相似的男中音。他小时候就会在餐桌上和八年级后就辍学的父母讨论莎士比亚、弥尔顿和其他伟大的哲学家。他对帆船、滑雪、古董车和法国建筑都很感兴趣。但他乐观的外表下深藏着一种悲观的理想主义、对科学严谨性的崇拜，以及对人类技能发展起源的执着探索。

雷米深入探查了威尔曼、斯基尔斯和斯科达克在艾奥瓦研究站的成果、科克和维卡特的早期学前教育实验，以及从鸭子和猫头鹰到猴子和老鼠等一系列动物早期发展状况的研究。从成为研究生开始，他就希望能通过一场实验——经过合理且随机分配的、真正的实验——去改善弱势儿童的学习条件。他设想的实验对象不是已经出现发育迟缓症状的三四岁小孩，而是**婴儿**，要将落后的苗头“扼杀在襁褓中”。一天几个小时还不够，项目将采用全天候的模式。他认为，或许新的教育方式能够复现优势家庭为养育子女提供的成长环境。他想在教室里模拟富人家小孩享受的条件，但究竟能有几分相似呢？

对他而言，弗兰克·波特·格雷厄姆幼托项目是个机会，他也没有错过。起初并不顺利。谈入职的时候，机构向他保证，项目资金已经有了着落，但事实并非如此。等他到了那里，新成立的NICHD刚好驳回了研究中心的第一次拨款申请。雷米很震惊。他一度认为接受这份工作是一个巨大的职业失误。他花了一年才缓过神来：“两瓶苏格兰威士忌都喝完了。当时新大楼还没有完工，我就在（原先幼儿园的）小屋里，几乎不眠不休地趴在一张小桌子上重写方案，才通过了资金审批。”弗朗西斯·坎贝尔回忆说，即便如此，他们后来依然时常因为资金问题而焦虑，雷米也记得，有好几次“钱只够再用几天了”。[36]

启动资金到手，他随即开始整改原先毫无头绪的婴儿培育项目，以“正确的早教方式能够预防智力缺陷”为核心假设，从而推进测试。新项目仅招收来自低文化、低收入家庭的小孩，因为统计数据显示，他们得不到关键技能发展投资的概率最高。在教堂山，该标准指向的就是黑人小孩，这在一定程度上体现了人口聚居的状况，也反映出当地的低收入白人父母不愿让自己的孩子在多种族环境中成长的事实。

雷米还做了其他一些关键的改变。他采用随机分配的方法，确保实验组和对照组在平均水平上接近相同。他聘请了早期教育专家约瑟夫·斯帕林和伊莎贝尔·路易斯来设计并记录课程安排。一份正式的课程表能够清晰地体现出实验组获得了什么、对照组没得到什么，方便后续对实验结果进行复刻和推广。为了吸引更多家庭参与实验，并表达研究团队的善意，他做出保证，所有参与者都能从中受益。参与研究的共120名儿童都将获得优质的医疗保障服务、足量且免费的婴儿配方奶粉和尿不湿，且在申请社会福利时能得到帮助。但他们只会在这些孩子中随机挑选出一半，从他们出生后几个月开始，提供一整年的全日制学前教育。这就是实验的“支点”。[37]

他们将这项研究命名为“卡罗来纳初学者计划”（the Carolina Abecedarian Project）。Abecedarian 一词（读作“A-B-C-darian”，就像在背字母表一样）指的就是初学某样东西的人。它也代表着一种古老的诗歌形式，常见于宗教作品。最著名的就是《圣经》中的

《诗篇》119，包含22个诗节，每节对应希伯来字母表中的一个字母，仿佛是一场学习的狂欢。

> 求你使我明白你的训词，我就思想你的奇事。
> 我的心因愁苦而消化。求你照你的话使我坚立。[①]

坎贝尔回忆起被雷米招进新项目组后两人的第一次对话。他给她看了精简版的《诗篇》119。“我们要帮助这些婴儿，改善他们所处的环境，并促使他们在认知上有所进步。”她没想过真的能成功，更何况，那可都是黑人小孩。时至今日，她也不再遮掩：“说实话，我来自南方，在阿拉梅兹县长大，那里只有白人。我的父亲经营农场，但也没搞出什么名堂。我从小就没接触过黑人，上的也是实行种族隔离制度的学校……我曾有一种身为白人的优越感，觉得那就是理所应当的事。”

项目引发了一个全世界的父母都非常熟悉的重大问题：整天和孩子们待在一起，我们应该做些什么？他们每天有8个小时，从周一到周五，一年50个星期，连续5年，总共就是1万个小时。

其实不止1万个小时，因为他们还设了一条交通线，接送学生回家、返校。从孩子们上车到进家门的每一分钟，都属于技能培养的范畴。他们如实记录：“课程被调整为室内或室外玩耍，穿衣，吃饭

① 《诗篇》119:27–28，《钦定版圣经》。

等，正常情况下，一整天都排得满满的。”[38]

斯帕林和路易斯要对这10 000个小时负责。他们必须要为孩子们开发一套课程。

学习游戏

或许有一天，斯帕林和路易斯制定的卡罗来纳婴儿课程会被奉为20世纪的里程碑式创新。起初他们认为，孩子们会依靠本能的行为去学习，比如触摸、舔舐、观察物品，或是发出声音、扭动身体作为对某个事件的反应。但他们相信，成年人可以引导这些本能的行为，从而加速学习的进程，无须“听天由命”。于是，他们确定了“学习游戏”的概念。[39]

每一种学习游戏都是儿童和成人之间独立的、结构化的互动，且必须要满足一定的要求。首先，成本一定要尽可能低。比如，游戏道具可以是毛巾或纸板箱，但不能是精美的玩具或电子产品。其次，难度不能太高，要让绝大多数成年人都弄得明白。此外，还要确保经过一定次数的重复，就能以一种可控制、可观察、可评估的方式，改变孩子的行为模式。

为了填满这1万个小时，他们需要开发大量的游戏。斯帕林和路易斯写下了5个关键点：父母和孩子都看重的东西、专家的建议、现实情况、希望孩子掌握的技能（语言、运动、社交/情感、认知/感知），以及出现偏差时的警告提示。他们找了个没有窗户的房间，放了张大桌子，把数百个写着相关词语的小卡片贴在了一张令人眼花缭乱的巨幅挂图上。他们每天都会一起进入这个房间，往几张卡片上钉大头针，再试着根据这些卡片上的关键词开发一款学习游戏。他们会“倾听那面墙的声音”，把迸发的灵感都记在一张纸上，再附上说明和一张模拟互动的宝丽来照片。斯帕林是个热爱摄影且细致入微的观察者，他甚至联系了宝丽来公司，宣传了自己的项目，然后得到了一堆免费胶卷。[40]

在接下来的几年里，斯帕林和路易斯开发了约500款学习游戏。经过课堂实践，最终保留了200款。每款游戏都经过了严格的测试，成为合格的技能培养利器。

在学习游戏“什么不见了”中，老师会和一个蹒跚学步的孩子坐在一起，把一只蓝色的青蛙、一辆红色的小车和一个带条纹的盒子放在两人中间的地上。然后老师大声说出这些物品的名字，让孩子闭上眼，再把其中一样东西藏在身后。起初，孩子们很难确认到底什么不见了。通过不断练习，他们会越来越熟练，并且会为自己的进步感到高兴。斯帕林很喜欢这个游戏：“开始就要集中注意力，然后用一段时间记住全部信息，随后再利用这些信息，这是一条非常重要的学习原则，至少对于在校学习来说是这样。这项游戏能够以一种有趣的方式引导孩子完成这个过程。”

总的来说，这些课程的方向与大多数父母对待婴幼儿的方式有着很大的区别。在“对话式阅读”中，老师不会在意原书的情节，而是任由孩子天马行空，根据他们感兴趣的内容“组织语言”。“语言优先”的原则也可应用于积木游戏中，老师会拿出两组相同的积木，一组给孩子，一组给父母，再通过描述复刻出孩子堆的积木。

抱着宝宝，让他更好地观察

怎么做

* 成人：抱着宝宝，让他靠在你的肩上。将手放在他头部附近，但让他自己支撑头部几秒钟。抱孩子的时候多重复几次这样的动作。可以坐着或站着，让他越过你的肩膀去观察美丽的事物。抱着宝宝的时候，边和他说话边轻轻拍他。另一名家长可以站在你的身后和他说话。

* 婴儿：宝宝只能支撑头部一小会儿，然后就会垂下头靠在你的肩膀上。不需要多久，他自己抬头的时间就会越来越长。

* 道具：图片或任意彩色的物品。

为什么

* 目标：让他有东西可看，吸引他抬头。

* 作用：在学习独坐之前，宝宝需要先学会稳定地抬头。

图 1.2

学习游戏范例。[①]

① 资料来源：约瑟夫·斯帕林的个人收藏。

在“丰富的照料”中，老师会向孩子们介绍换尿不湿、吃午餐等日常任务，用单词、语法和概念填满一整天。进行各项活动的时候，都会以摄像和教师笔记的形式逐小时地记录每个孩子的进步轨迹。记录中有大事，比如孩子迈出的第一步；也有小事，比如孩子第一次仔细端详自己的手。老师会根据相关数据判断技能发展的差异，再针对性地选择学习游戏。

这些都不是登天的难事。但话说回来，轮子和纸张的发明也未见得“难如登天”。初学者项目就像一条人类生产流水线——一条精心规划、个性化定制、走完一圈需5年的流水线。但就算是流水线，它也充满了快乐。雷米还记得，大概是1975年，在一个阳光明媚的上午，一辆车驶入了研究中心，车上都是三四岁的孩子：“弗兰克·波特·格雷厄姆中心是20世纪60年代建成的，不仅不好看，设施条件也差，实在让人提不起兴致。但孩子们都满脸笑容，兴致勃勃地往里冲……看着他们激动又期待的样子，我心想：‘这说明项目进展得很顺利。’”多年后，其中一个孩子（已长大成人）告诉雷米，她当时每天早上都迫不及待地想到那里去，她知道接下来的一整天都会十分快乐。

然而，相比于这60个在流水线上穿梭的孩子，另外60个孩子就没那么幸运了。他们属于对照组。这些孩子大多没有参加过任何教育项目，尤其是在三岁前。他们要么与父母同住，要么由亲友或邻居照顾。就算是去保育中心，他们参与项目活动的时间也不到初学者计划里那些孩子的一半，师生比也要低上一半。[41]

北卡罗来纳州教堂山的120个出身贫寒的孩子，因为分配的随机性，其中60人将在卡罗来纳初学者计划的流水线上度过1万个小时，另外60人则将在家或压根不可能为其技能发展付出相同水平投资的保育项目中度过1万个小时。

会发生什么呢？

转　变

情况是，初学者计划的效果超出了预期。那个时候，研究人员要做的第一件事就是测智商。克雷格·雷米并不执着于此。他更重视对多种儿童技能的综合性考量，这和艾奥瓦研究站的选择差不多。但在当时的发展心理学家们看来，智商才是衡量成功与否的标准。坎贝尔也回忆说："启动初学者计划后的第一步就是做智商测试。"

坎贝尔记得，她亲眼看着统计员把自己辛苦得来的数据转录到穿孔卡片上，再输入IBM大型计算机时的场景："那是耗时2个月得来的成果。差不多所有小孩都参与了为期3个月的贝利（智力测试）。把（实验组和对照组的）数据放在一起看。到第6个月的时候，差距初步显现。实验组的分数略高一点。到第9个月的时候，似乎出现了下滑的迹象，我就对它产生了怀疑……到第12个月的时候，差距又变大了些。等到第18个月的时候，两个小组的分数差已经拉得很大了。"

佩里计划为三四岁的儿童提供了非全日制教育。在实验初期，孩子们的智力水平得到了显著提升。但学前教育对智力的影响似乎会慢慢减弱，到孩子10岁的时候彻底消失，与对照组再无差别。在一项名为“先行教育计划”的公共学前教育项目中，研究人员也有了类似的发现：早期教育虽有助于提高智力测试的分数，但其影响在几年内就会逐渐消失。几十年后的今天，我们都知道，尽管早期教育对智力的影响会逐渐消失，但并不意味着此类项目对孩子成年后的长期发展毫无助益。但在当时，几乎所有人都认为，那就是一项无用功。[42]

日子一天天过去，初学者计划对两组孩子的评估仍未终止。“我原以为（本计划对智力的影响）会逐渐消失，因为在其他研究中就有这种影响。”坎贝尔回忆道，“但事实并非如此……到孩子12岁的时候，其效果依然明显。15岁时也是。21岁时还是。实验大获成功，我们在华盛顿举办了一场大型新闻发布会，还上了晚间新闻。（孩子们）的表现越来越好。”

时间继续向前，他们依然在跟踪记录两组孩子的状况。截至目前，事实证明，实验组的孩子们在成年后成功迈入中产阶层，1万小时的高强度早期教育起到了关键作用。与对照组相比，他们更有可能从高中或大学毕业。30岁时，他们的年收入比对照组的孩子多1.27万美元。这已经达到了黑人与白人收入差值的三分之一。别忘了，初学者计划的主要环节仅持续到他们5岁，在整个童年阶段的占比还不到三分之一。你甚至可以通过血液分析分辨出卡罗来纳初学者计划的实验组成员：过了30岁，他们患心血管和代谢类疾病的风险都更低。[43]

参与过该项目的一个孩子最后犯下了谋杀罪。他是对照组的一员——没有接受早期教育。这可能是个意外。但佩里计划中也出现了同样的悲剧，其他早教项目在减少犯罪方面也有实证。不必多说，哪怕只能减少一点点暴力犯罪，都价值巨大。[44]

数据逐渐丰厚，雷米欣喜若狂。这项研究是对知识领域的独特贡献。他开创了一套教育体系，从孩子出生后不久开始持续数年，每一天都不停歇，以一系列清晰明确、易于复制的课程为基础，“开诚布公”，且严格遵循随机分配的原则，打消了几乎所有可以预见的科学异议。他基本实现了自己的设想，纵观整个人类历史都实属罕见。

除开这些优点不论，初学者计划只是一小群有抱负的研究人员在那一座城市里进行的试点项目，实验对象只有120个孩子。是雷米提供了人类潜能的新见解，抑或只是他很幸运？如果扩大其规模，面向更多样化的人群和环境，是否还能成功复刻？它能在全美推广吗？

就在这时候，鲁比·赫恩加入到这项事业中。

建立者

1940年4月，鲁比·普利尔·赫恩出生于北卡罗来纳州的温斯顿–塞勒姆市。“我刚过完80岁生日，”2020年夏天，她在电话那头俏皮地说，“我还在说服自己接受这个事实。”她的母亲曾在招收黑人的莫尔豪斯学院任教，她的父亲职业生涯的大部分时间都在城市联盟研究公共政策。她是中产阶层出身，却从未忘记自己的种族：“我上的学校、生活的城市都实行种族隔离制度。”[45]

如今，看到大家抗议警方暴力执法，她又想起了小时候对警察（尤其是白人警察）深入骨髓的恐惧。“母亲告诉过我，如果有警察要拦我，就往最近的房子里跑，喊‘妈妈，妈妈’，”让警察觉得她并非孤身一人，“当时根本没人会想着向警察求助。真有意思，他们现在开始谈论公共安全了。以前的警察可跟安全搭不上关系。”

她的职业选择和身份认同也受到了偏见的影响：“我想进入一个客观的领域，人们不会管你的皮肤是黑是蓝是绿，只要我能证明二加二等于四就行……以前黑人总被视为低人一等的存在，要不断证明自己和别人一样聪明才行。”

考入纽约州的斯基德莫尔学院后，她的直觉很快得到了印证：“在上大学的时候发生了一件匪夷所思的事。前两年里，学校里只有我一个黑人。有个教科学的老师不喜欢我。班里的其他同学都知道他不喜欢我。他在批改我试卷的时候乱扣分，我请求他重改，他也不愿意。所以我就去找了院长。事实证明，我是对的，他是错的。这件事坚定了我的想法，只有在公正客观的领域里，才有保护可言。”

20岁时，赫恩以最高荣誉毕业，并拿到了生物学和化学的双学位。后来，她又凭借《RNase-S系统的热力学参数》这篇论文获得了耶鲁大学的生物物理学博士学位。

“我原本打算一直待在实验室里，研究儿童健康的影响因素。”但她还有两个孩子要养育，很难两头兼顾，最后只好在罗伯特·伍德·约翰逊基金会（RWJ）找了份工作。在当时，RWJ就是美国医疗保障行业规模最大的私人组织。她负责制定并监管基金会在妇幼保健方面的投资计划。

20世纪80年代，两种趋势融合在了一起，让赫恩动了念头。一是通风设备、恒温箱和婴儿监测技术的进步提高了早产儿和低体重儿的存活率。RWJ也在尝试普及相关技术。然而，尽管低体重儿的存活率有所提高，他们大多还会存在严重的技能缺陷。二是初学者计划正式宣布，其早教项目对低收入家庭儿童的技能发展产生了巨大的积极影响。

赫恩和同事们看着这些逃过一劫的早产儿，想到小小的他们要面对的困难，"都希望自己能做些什么"。赫恩决定向RWJ提出申请，去投资一个新项目，考察初学者计划的早教方式是否能够让低体重儿获得更好的未来。

到那时为止，RWJ仅通过"示范项目"证实了初学者计划那样的小型项目存在大规模推广的可能。但示范项目不是实验，只是一种探究小型项目如何推广的好办法。因为此类项目不会设置对照组，所以只能作为参考。

在赫恩看来，这还不够。她受过歧视，所以更相信确凿的证据，而非参考意见。她向RWJ建议通过新项目进行一场正规的实验，把低体重儿随机分入实验组和对照组，为实验组提供优质的医疗条件和初学者计划那样的教育；而对照组就只提供优质的医疗条件。

相比于克雷格·雷米在实行初学者计划时的窘迫，鲁比·赫恩得到的资源要丰富得多。RWJ可不只是选择某一座城市和120个孩子，而是计划在全美8个城市的1 000个孩子身上做实验。这场大型实验被称为婴儿健康与发展计划（IHDP），最终耗资超1亿美元。[46]

赫恩聘请了克雷格·雷米，以雷米制定初学者计划时获得的经验为新项目指引方向。赫恩还请来了医学、统计学、发展心理学等诸多领域的杰出人士，敲定具体的干预措施。为了避免出现带有偏见的暗示，还将单独设置一组不参与项目设计，不接触婴儿、父母和老师的研究人员，对整个项目进行评估。正如IHDP的主负责人唐娜·布莱恩特所说："所有环节都独立存在，保持最原始的状态。"就算赫恩对IHDP的豪赌还存在缺陷，她组建的"梦之队"也有足够的能力把问题找出来。[47]

每个参与过IHDP的人都对其宏大的规模感到震惊。雷米说，IHDP是"全世界任何地方进行过的最复杂的（随机对照试验）……不存在任何偷工减料。这才是研究人文科学重要议题应该有的态度"。

大概在1988年底或1989年初的某个时候，8个城市的研究人员齐聚斯坦福大学，查看截至孩子们3岁生日的研究结果。所有参与项目的人都在等待这一刻。早先就加入了团队的心理学家珍妮·布鲁克斯-冈恩对那次的会议印象深刻："我们太激动了，每个人的神经都紧绷着，'上帝保佑，希望我们能对孩子们有帮助！'"[48]

IHDP的主统计师海伦娜·克雷默揭晓结果后，大家都松了一口气。IHDP可以说是先前卡罗来纳初学者计划的完美复刻。体重相对正常的婴儿的发育情况和初学者计划里那些体重正常的婴儿几乎没有差别。各个城市的成果都非常显著，只有一个例外：波士顿。不知为何，项目在这座城市的效果没那么明显。[49]

最后，研究人员利用IHDP的大样本和完美体系，推算出了全国推广此类项目可能出现的后果。他们发现，项目对低收入家庭的孩子影响尤为巨大，只要持续进行下去，或多或少都能消除早期认知技能发展的不平等。由于技能差异是成年后各阶层、各种族存在收入差异的主要原因，该项目似乎是为这些孩子以后的终身经济成就奠定了基础。

和初学者计划一样，IHDP似乎弥补了低收入家庭无法为幼小的孩子提供的关键投资。从孩子们3岁时结束项目到5岁时开始上学，其积极影响都将持续存在。在此之后，因为存在新的不利于发展的因素，且缺乏投资，前期创造的优势会逐渐消失。这些孩子就像一架架小飞机，没有充足的燃料，就无法继续在高空中飞行。[50]

鲁比·赫恩和她组建的顶尖团队设计了一项实验，比初学者计划更令人印象深刻，堪称有史以来最伟大的社会实验之一。事实证明，初学者计划这类早期教育的巨大影响力并非偶然，而是一种必然，和阿司匹林或盘尼西林的影响力一样真切。赫恩曾试图寻找更好的方法来帮助低体重儿。几乎是误打误撞地，她发现了一把钥匙——该项目设计的副产品打开了通往另一个神奇现实的大门。儿童局并未留下相关线索，艾奥瓦研究站也是在此半个世纪前才初得要领。在这一现实中，孩子们自出生起就在专业教育人士的指导下开始学习技能，而非完全依靠父母，由他们承担这项重责。因此，穷人和富人家孩子习得的技能相差无二，经济阶层的分隔似乎已不复存在。显然，这另一种现实是真实存在的。

从佩里计划、初学者计划到IHDP，越来越多的证据表明，在缩小技能差异上，早期教育拥有巨大的潜能。先行教育计划和公立幼儿园等项目已远远超出了实验研究的范畴，在美国各城市、各州和各联邦机构的监督下开展了大规模的工作。通往另一个现实的大门被一寸寸地打开了。问题在于，大多数父母仍不知道这扇门的存在，不知道自己和孩子恰好生活在了错误的一边。[51]

2

父母究竟在做什么

寻　宝

父母为孩子的发展所付出的一切努力真的有收效吗?

这是个由来已久的难题，直到最近才有了明确的答案。焦点在于，很难分清究竟是父母的技能培养起了作用，还是孩子从父母身上继承的基因生了效。话说到这儿，就躲不过那个经典的“先天与后天”的问题，用现代的话来说，就是在人类发展过程中，出生前和出生后的因素哪个更重要。

好在有一个现成的解决办法。想获得答案吗?可以去看看那些被收养的孩子，他们跟养父母不存在任何血缘关系。如果被富人家领养的孩子最后比被穷人家领养的孩子拥有了更好的未来，就可以将这种差异归因于富裕的父母为孩子的技能发展投入了更多。[1]

然而，设想虽简单，却很难付诸实践。许多收养孩子的人都是孩子的亲戚，毕竟多少都有些血缘关系。如若不是，领养机构会综合考虑亲生父母想找怎样的领养家庭、养父母想领养怎样的孩子，以及机构认为怎样对孩子的发展最有益。也就是说，部分养父母可能会与条件较好的孩子组成新的家庭。比如，较富裕的养父母可能会收养更健康或有更高学历的亲生父母的孩子。如果不能保证收养的随机性，我们就很难确定，到底是什么因素使一些被领养的孩子能拥有更好的生活。

不仅如此，跟踪记录被领养孩子的成长过程也是件难事，起码在过去是件难事。艾奥瓦儿童福利研究站的哈罗德·斯基尔斯和玛丽·斯科达克曾进行过尝试。1966年，他们发现："如今，在行为科学和生物科学领域存在着数百项综合研究，只要在较长一段时间后进行跟踪记录和重新评估，就能获得十分有价值的数据……毫无疑问，许多研究者都对此可能性很感兴趣，但因为这种冒险行为似乎太过复杂、耗资过多，可能竹篮打水一场空，所以他们就都放弃了这个念头。"[2]

斯基尔斯和斯科达克毅然决定去寻找那125个参与过20世纪30年代大规模收养研究的孩子。1949年，他们就曾驱车1.2万英里，耗时10周，在美国和加拿大之间来回奔波，记录了这些孩子的青春期状态20世纪60年代，他们试图再次进行追踪，观察那些孩子在30多岁时的状态。

他们找齐了所有孩子，但一路上的艰辛简直无法想象，难怪先前从未有人完成过这样的事。其中一个被领养的孩子原名叫凯瑟琳·蒂尔森。斯基尔斯和斯科达克发现凯瑟琳的养父母已经去世，而她嫁给了一个叫弗兰克·亚当斯的男人。于是，他们（亲自）查阅了华盛顿地区的电话簿，然后（亲自）前往佛罗里达州寻找线索，因为据说凯瑟琳的姨妈就住在那里。这位姨妈告诉他们，凯瑟琳一家已经搬到了亚利桑那州的图森市。他们又（亲自）前往图森。以下是他们在图森时的研究日志：

> 1962年3月。拿着一张图森市的地图和她姨妈提供的地址，我们还是没能找到凯瑟琳的家。该市的电话簿上没有弗兰克·亚当斯的名字，也没有和地址相对应的房子。于是我又去邮局拿了份地图，上面标示了小木屋的大致位置，他们应该就住在其中的一间小木屋里。那附近还有一所小学，如果她的某个孩子到了上学的年龄，这就可能是条有用的线索。有了新的信息，我们前往所示区域内的几间汽车旅馆和住宅挨家挨户地询问，但一无所获。去那所小学找，也没有姓亚当斯的孩子记录在册。不过校长说，附近还有另一所小学。然而，那里也没有消息。这间小学的校长建议我们去公共事业公司看看，因为当地的大多数人家都有独立的煤气表和电表。这一回，我们终于找到了弗兰克·亚当斯一家的新地址，和凯瑟琳进行了对话，还见到了她的两个儿子。[3]

这只是其中一例，还有124个人呢！

毫无疑问，在人类历史上的大部分时间里，没人能够衡量父母在技能培养方面的真正价值。亲代技能培养与亲代基因的混合、对养父母的选择，以及往后再寻找被收养孩子时的重重艰辛，共同创造出了一道如同噩梦般的难题，让最坚定的研究人员都难以找到问题的答案。

直到2002年，发生了一件令人震惊的事。

一项突破

布鲁斯·萨塞尔多特有着一双明亮的绿眼睛，脸上常挂着孩子气的微笑，他是达特茅斯学院的经济学教授，脾气简直好得离奇。他阳光开朗、朝气蓬勃，散发着一种洒脱的气质，因为他在做的正是自己长期以来一直喜欢的事业。他出生于马萨诸塞州的一个中产阶层家庭，就读于达特茅斯学院时加入了兄弟会，写了一篇关于游艇产业的论文（他现在还是很爱乘船出游），成功以全班第二的成绩毕业。考入哈佛大学并获得博士学位后，他回到了达特茅斯学院任教，一直到今天。

读完朱迪斯·哈里斯的著作《教养的迷思》（*The Nurture Assumption*）后，他第一次对领养产生了兴趣。在那本书中，哈里斯得出了跟罗伯特·普洛明、斯蒂芬·平克和查尔斯·默里等知名学者一样的结论，即父母对孩子的生活轨迹几乎不存在影响。萨塞尔多特记得自己当时心想："这是真的吗？"越是深究，他就越觉得哈里斯提供的证据不足以支撑她的说法。[4]

萨塞尔多特开始查阅关于被领养儿童的现有数据，却发现几乎派不上用场。许多孩子的领养人都是他们的亲戚，而这显然无法有效衡量脱离基因因素的亲代技能培养的影响，因为从定义上看，亲戚间也存在血缘关系。即便领养人并非亲属，领养也根本算不上是随机配对，亲代特征和孩子基因上存在的关键问题很容易复现。

萨塞尔多特开始逐个给领养机构打电话，了解他们选择领养人的方式。有一次，他刚好联系上了霍尔特领养机构。霍尔特是全世界创办时间最长、规模最大的国际领养机构之一。20世纪50年代，朝鲜战争结束后，哈利和贝尔莎·霍尔特协助促成了对众多韩国婴儿的跨国领养。萨塞尔多特拨通电话后，便从霍尔特的管理人员那里得知了一些令人不可思议的事。多年来，他们在寻找领养人时始终遵循着**随机分配**的原则。并且，有7 700名自婴儿时期就被领养的孩子，如今都已经长成了二三十岁的大人。如果萨塞尔多特能够设法了解到这些孩子的现状，就相当于掌握了一组足以轰动世界的数据。

美国国家科学基金会批准了萨塞尔多特与霍尔特领养机构合作调查相关家庭的研究项目，并决定拨款赞助。最终，他联系上了3 500个家庭，收到了1 200条回复。与其他许多研究人员一样，萨塞尔多特无法直接与被领养的孩子联系，只能向养父母们了解孩子的现状。他通过调查采集了关于孩子们成年后的收入、教育、健康（肥胖、酗酒等情况）等多个方面的数据，相当于完成了社会科学家、哲学家和生物学家们几个世纪以来都梦寐以求的一项实验。[5]

他的发现推翻了心理学家们固守的陈旧理念：除了赋予基因之外，亲生父母对孩子的发展几乎不起任何作用。事实上，萨塞尔多特发现，育儿一事至关重要。被相对优势更大的父母领养的孩子，能够积累更丰富的技能，从而在长大后挣到更多的钱。我们所说的并不是有绝对优势的养父母，而是具有中等优势的养父母。平均而言，被此类父母收养的孩子能多接受近一整年的学校教育，从大学毕业的可能性高出约20%，成年后的家庭收入也要高出约25%。[6]

这些影响意味着什么？经济学家估计，一个普通的美国工人从上班第一天开始，终其一生能获得的收入总值，就相当于价值100万美元的股票。也就是说，具有相对优势的父母能让自己的孩子额外获得25万美元的收入。我们可以将此视为一份无形的信托基金，孩子们需通过学习技能的方式获得这笔基金，再利用所学技能在整个职业生涯中不断提升自己的收入。对于抚养两个孩子的父母来说，就相当于50万美元。[7]

此外，萨塞尔多特的发现其实比他想象中更为意义非凡，因为他当时只是揭开了冰山的一角。事实证明，父母对孩子发展的真实影响比他通过研究所体现的还要大——可能还要大得多。

全距限制问题

萨塞尔多特的研究设计解决了先前阻碍评估父母影响力的两大难题。霍尔特领养机构的随机分配法切断了育儿实践和遗传基因之间的联系。某中央机构对养父母们进行了长达十余年的邮件调查，这至少在一定程度上解决了长期跟踪记录的难题。

不过，这项研究依然存在一些问题。尚存的问题基本能够证明，萨塞尔多特还是大大低估了父母的重要性。

第一个问题是，养父母与孩子们建立关系的时间比较迟。参与研究的孩子一般会在2岁生日前被收养，但这还是太晚了。从孕期和婴儿期开始，营养、药物、酒精、压力、疾病、污染等因素就会生根发芽，对人的长期发展产生影响。正因如此，养父母对孩子未来生活的影响要小于亲生父母。也就是说，所有专注于对比被收养儿童之间差异的研究往往都低估了亲生父母的影响力。[8]

萨塞尔多特研究解决的第二个问题没那么明显，但更为重要：相比于亲生父母，孩子和养父母会更相像。这叫作“全距限制问题”，因为与所有父母可能拥有的各种各样的特质相比，养父母大多都有着相似的特质，显得相对“有局限性”。[9]比如，在萨塞尔多特的研究中，养父母有着一个明显的相似点：他们从大学毕业的概率几乎是同代其他父母的四倍。[10]

为什么养父母之间存在这种奇妙的相似性？因为领养是个精挑细选的过程。如果说，生孩子的难度相当于加入海军，那么收养孩子的难度就相当于加入海豹突击队。首先是费用问题。在霍尔特，领养一个孩子的费用是3万美元；其他领养机构的收费标准还要更高。申请领养的人必须有稳定工作或独立收入的证明，提交大量文件，通过犯罪历史调查，并接受入户访问。存在毒品问题、家庭暴力和儿童虐待行为的申请人都会被拒绝。从前，女性申请人还必须达到一定的年龄，并拥有稳定的婚姻关系。我在和戈拉德尼领养中心（另一个知名领养机构）的管理人员交流时，她还提到了另外一些会导致申请被拒绝的关键词：被证实有性瘾或色情成瘾、家里有大量枪支、房间凌乱、曾遭受过欺凌虐待、处于疾病（如癌症）康复期等。这些要求会把不利于孩子技能发展的父母排除在外。[11]

无论在哪个国家，尽管亲生父母在数量上存在绝对的优势，这样的筛选条件也足以让养父母在质量上获得压倒性的优势。瑞典的一项研究表明，四分之一的亲生父亲都曾有过被捕的经历，但在862名作为样本的养父中，这个数字是0。在普通人群中，虐待儿童的现象普遍得令人不安；但在被收养的孩子中，这种情况几乎不存在。[12]

因此，和其他许多基于被收养儿童内部对比的评估一样，萨塞尔多特的评估之所以成立，完全是因为人为地压缩了通过收养考核的少数父母间的差异。这样的压缩有多大影响呢？我们给不出确切的答案，但在全距限制问题上最好的研究表明，在萨塞尔多特式的实验中，父母的影响力可能被低估了二分之一或三分之二。以此为前提，他的研究结果表明，父母确实能对孩子的发展产生非常大的影响。其影响大到，即便是父母在技能培养阻碍上的微小差异，也能轻易成为不同阶层和种族孩子之间出现技能差异的主导因素。换句话说，领养研究完美证明了"父母在掌握技能培养资源时的不平等，是支撑社会和经济层级的关键"这一观念。[13]

我们也明白，全距限制问题并不仅存在于理论，因为并非所有领养研究都会受其影响。比如，在20世纪70年代，曾是核物理学家的米歇尔·希夫发起了一项具有里程碑意义的研究，试图探究一种罕见的情况：一对手足，其中一个被高学历的专家领养，另一个在受教育程度低、收入低的亲生父母身边长大。受艾奥瓦研究站的玛丽·斯科达克和哈罗德·斯基尔斯启发，希夫的团队始终秉持着"灵活、独创、坚忍"的理念，对孩子们的人生进行跟踪记录。最终，他们在法国锁定了43个符合要求的案例，并对其中的32例进行了追踪——即便如此，也只坚持到了孩子们进入青春期而非成年后。实验耗费的时间太长，他们坚持不下去了。

他们发现，高学历的养父母会让孩子的人生大变样。被领养孩子的考试不合格率（技能累积的关键信号）呈断崖式下降。到后来，这些孩子和在条件优渥的原生家庭中长大的孩子在考试不合格率上几乎看不出差别。似乎基因对优势儿童的技能发展并无助益，只是他们的父母对其技能发展的投入更高效而已。这一发现与萨塞尔多特根据全距限制问题调整后得到的研究结果高度一致，同时，也和覆盖瑞典全民的数据所体现的收养及高收入、高学历养父母的巨大影响是一致的。[14]

人们缺乏对领养研究意义的正确理解，着实值得忧虑。我们的社会太过依赖父母在技能培养上的作用，导致经济阶层一代又一代地延续。我们信奉的是一种经济等级制度。[15]

这些研究对父母本身意味着什么？对那些为了孩子更好地发展而在工作、管理技能、个人利益和经济等方面做出了牺牲的父母来说，这意味着对社会的重大经济贡献。孩子们将来的收入能有所提高只是一小方面，更关键的是能体现其重要性。养育两个孩子的父母如果能在儿童技能发展上略胜一筹，就相当于额外获得了超过100万美元的财富。有收入就要缴税。也就是说，这笔意外之财的三分之一（超过33万美元）会以税收的形式进入国库。下次和某位竭尽全力培养孩子技能的家长聊天时，别忘了感谢她为你、为美国人民出钱建造了两间新教室，支付了一名军人十年的薪资，或报销了两个癌症患者全部的化疗费。[16]

对那些**没能**培养成功的父母来说，这些研究的意义大不相同：你们的孩子被“抢劫”了。“为人父母的陷阱”就是美国羞辱你、让你闭嘴，同时掐灭你孩子经济发展的工具。

领养研究表明，一些父母掌握了更高效的技能培养**方法**。但他们究竟在做什么呢？为什么会有那么多父母，在不知不觉中就放弃了可能让孩子未来多赚到**几十万**美金的投资呢？

更好的显微镜

想知道为什么会有这么多父母错过对孩子技能发展的关键投资，我们需要参考其他类型的研究。正如育儿应当被视为一项产业那样，将技能培养视为一份集多工种特点为一体的**工作**同样是必要的。我们可以采用探寻其他工作本质的视角，来探查领养研究中，到底是何种行为造成了那些巨大的影响。

此类研究大多都以大数据资源为基础，比如引言中提到过的，根据经济学家拉吉·切迪、约翰·弗里德曼和伊曼纽尔·苏索收集的IRS税收数据建立的“数据银行”。数据银行将成年工作者的生活状况（大学、收入、名下住宅、婚姻、退休储蓄等）与其父母的收入挂钩，且已覆盖全体3亿美国人。这种质量、广度和规模的数据集就像一台显微镜，让经验丰富的研究人员能够观察、记录先前看不见的模式，在某些情况下，还能从混沌的相关性的旋涡中提炼出确切的因果关系。数据银行比早期研究所依赖的将孩子及其父母背景关联起来的主要数据集大**1万倍**。科学家们用来研究果蝇和细菌的显微镜的精度也提高了1万倍，但这一步走了150年。[17]

艾奥瓦研究站的研究人员意识到，如果能“在一段时间后继续追踪并重新评估”之前的社会科学研究，他们或许能对儿童技能发展有新的关键见解——要是过程不那么烦琐、令人难以承受就好了。

数据银行和其他地区的“管理性”数据集正着手解决这个问题。一夕之间，从理论上讲，自第二次世界大战以来，只要是参加过美国社会科学实验的孩子，都能被查到他们成年后的纳税记录。[18]我们目前为止讨论过的所有研究项目都包含在内：塞穆尔·科克的学前教育项目、大卫·维卡特的佩里学前教育研究计划、克雷格·雷米的初学者计划、鲁比·赫恩的婴儿健康与发展计划、霍尔特领养机构的随机领养原则等。只要获得原始数据以及一定程度上的政府批准，再加上一点计算机编程，将孩子们的资料编入数据银行即可。

2011年，我们的团队首次尝试以这种方式使用了数据银行。我们决定跟踪研究一项具有里程碑意义的教育实验，名为“小星星项目”。研究人员最初的设计目的是评估小班教学的价值。自1985年起，研究人员与田纳西州的79所公立学校达成了合作，把1.1万多名幼儿园学生随机分入小规模班或大规模班。作为研究的一部分，各班任教老师也是随机分配的。因此，该项目不仅能够评估小班教学的重要性，还能评估教师个人的重要性。后者最终引出了一系列更有趣的发现。[19]

我们将曾参与过小星星项目的孩子与数据银行中的缴税记录一一配对，几个月之后，进度就超过了95%。短短数月，我们就完成了曾经数年才能完成的工作，拼好了一张庞大的地理社会拼图，获得了更高质量的数据。

我们现在可以看到这些“小星星”一直到27岁的收入情况。事实证明，如果幼儿园老师比较优秀（根据这位老师带班时学生测试分数的变化判断），每个孩子长大后就能多赚1.6万美元。[20]按照每班20个孩子计算，就相当于每年多赚32万美元。这项研究证实了全美许多老师长久以来感觉到的却无法证明的真相：只要做好自己的本职工作，他们就能创造出巨大的社会财富——比金融和法律等久负盛名的专业工作更有价值，而此类从业者的薪资高达教师工资的三到四倍。

这项研究以及后续对纽约中学老师和波士顿幼儿园入学的轰动性研究，证实即便教育项目对成绩的短期影响似乎会在几年内“消失”，对大学和收入的长期影响也会一直存在。这一发现意义重大，因为许多项目，包括联邦政府在早教领域最受瞩目的投资，即先行教育计划，都曾因为影响力的消失而被反对者强行叫停。[21]

新研究总结出了一种方法，能将反映在成绩上的短期影响转化为反映在收入上的长期影响。大多数关于儿童发展的研究项目只能评估对成绩等方面的短期影响，但现在，研究人员完全可以利用数据银行，对短期影响背后的经济价值做出合理推测。换句话说，更好的显微镜可以让研究人员窥见嵌入当前结果中的遥远未来影响的微小种子。[22]

事实证明，数据银行等一众新兴数据集、统计技术和社会学调查正逐渐为我们打开一扇全新的窗口，让我们更深入地了解父母在培养孩子技能的道路上面临的难题。呈现出来的画面非常清晰。技能的培养需兼顾一系列复杂的管理问题，许多父母都因为孤立无援、不堪重负而濒临崩溃，由此产生的错误也会带来长久且严重的后果。虽然这一现实一直存在，却被忽视了数千年。新的发现终于揭示了为什么最顶尖的领养研究会发现父母如此重要，父母究竟在做什么，以及当下将父母置于险境的程度有多严重。

社区轮盘赌

我们从父母选择的居住地开始说起。无论哪个收入水平的父母都有可选择的空间，这个选择非常重要。在此过程中，父母们必须要化身**房地产中介**，对房屋本身、社区和学校进行评估。

这是企业主们擅长的事。以下就是一位成功的餐厅老板做选择的经历：

> 我的研究离不开那些可靠的亲朋好友……我对［坦帕市的］优博城……有点兴趣。但后来［值得信赖的本地熟人］告诉我们，新城是个适合过周末的地方，消费水平不高，工作日里会显得有点冷清……［我们］连续去了两三天，在感兴趣的区域吃午餐、晚餐，了解哪些群体会选择在哪里用餐，以及在不同的时间段店家有多忙碌。[23]

在一本300页的采访成功小企业主的书中，“**地点**”一词就被提到了100次。[24]对星巴克和开市客之类的大企业来说，选址更像是一门科学，而非艺术。这些公司的专业分析师团队会仔细研究当地的交通模式、劳动力市场和客户信息，以此选择最能赚钱的地点。

相比之下，在亚马逊和《纽约时报》畅销榜上排前60名的育儿书里，没有一句对家庭选址的建议。[25]

2012年，社会学家安妮特·拉鲁及其团队和十多位家长聊了对街区和学校的选择问题。事实证明，育儿书里没有写的东西，很多人就真的不知道。只有极少数机灵的父母能在选址时表现得像企业主们一样好。以多洛莉丝·卡尔顿为例，她是一名博士生，也是两个孩子的母亲。她发现自家所属街区的学校整体成绩很差，并经过多次探访证实，学校的经营状况不佳。她想把女儿转去另一所学校，但没能成功。于是，她开始从其他父母那里收集信息，试图抢占先机："我想了解每一位家长的计划，有人可能已经考量过一些事的可行性，或是知道了一些别人还不知道的事。"

但她也不是别人说什么就信什么。"听到一所陌生学校的名字时，我会先去查资料，如果下次再有人提到，或是在网上看到了有价值的信息——我会去它所在州的官网上查学校成绩——比如这所学校有我特别看重的优势……我会列一张正式的表格……它就会从我心中非正式的预选名单中脱颖而出。"这张表就是一份数据集："我收集了很多信息！我在网页浏览器上添加了许多书签……各个学校的官网分为一个板块；各个州的资源分为一个板块，其中包含了考试成绩和经费等相关信息……我还做了一张电子数据表，把我计划申请的所有学校都列了出来，然后根据'我的首选是什么？'将它们依序排好。我设置了不同的栏目，比如，我提交过申请了吗？需要准备什么材料？截止日期是哪一天？这样就不会乱了。”在这份数据集的帮助下，她考察了所在城市的四所公立学校和一所私立学校。最终，她的女儿成功通过抽签，进入了她首选的特许学校。[26]

在拉鲁团队接触的46位家长中，多洛莉丝·卡尔顿是与众不同的那一个。极少有父母会像她这样精心选择居住地。以下才是普遍现象：

> 在搬来这里之前，我们完全没有考虑过学校成绩之类的东西……我对学校做了太多想当然的假设，似乎只是脑子一热就下了决定。
>
> 说起来怕你笑话，我们都没考虑过学校的问题。我们脑子里就没有这个概念。如果学校也是考量因素的话，我们可能都不会在这里买房子。
>
> 我是个科学家，我知道该怎么做调查，但事实是，我根本就没做调查。[27]

父母们化身房地产中介时所面临的挑战远不只搜集学校成绩数据这一项，他们还可能因此付出沉重的代价，尤其是那些需要住房补助的低收入家庭。要不是有那些非凡的社会实验，将无数家庭随机分配到了更具优势或相对弱势的社区中，要不是有数据银行的强力证明，我们都不知道，代价竟如此巨大。[28]

最近的实验“设法搬向机遇”（CMTO）的前身是具有里程碑意

义的“搬向机遇”（MTO）实验。20世纪90年代，MTO向全美数千家庭发放了住房补贴券，但有些家庭所在的社区收入水平不够高，必须要搬走才能使用补贴券。与之相比，CMTO对居住地并无硬性要求，但他们会提供更精准的信息，让父母们知道哪些社区更有助于孩子未来的发展。CMTO还会帮父母们寻找住处、与房东交涉，并代为支付一些小额费用以促成交易。CMTO会像亲朋好友那样，为人们提供支持与帮助。

正因如此，父母们对CMTO满口称赞。杰基曾是一名治疗师，有个9岁的儿子，她回忆道："有一盏灯亮了起来……我如释重负……（援助团队）和我进行了大量沟通，这就让我觉得很可靠。他们会打电话跟房东谈，帮忙处理各种事。他们还垫付了定金，那笔钱可不是小数目。他们真是帮了大忙，因为我都不知道该怎么做。无论是从个人、精神、情感还是经济层面来说，他们都帮了大忙……这是一份从天而降的幸运。"

另一位家长的说法印证了拉鲁在接触高收入家庭时听到的观点，CMTO提醒她要考虑“学区、百货商店、公共交通等方面的因素……人们通常不会考虑这些——大家都想不到，（在哪里住）看似简单的事情（比如在哪里住）有多重要”。[29]

在数据银行的帮助下，研究人员能够跟踪记录过去几十年间因MTO而搬入更优质社区的孩子们的状况，还能预测因CMTO而搬入更优质社区的孩子们的未来发展。在两项实验中，受影响的孩子们都能多赚几十万美元，也就是说，他们相当于在幼年时期获得了10万美元的信托基金。

回顾CMTO的实验结果，研究人员表示："除了找房子之外，参与CMTO实验的父母还有其他一大堆事情要应对——有的要养孩子，有的身兼数职，有的经历了家暴，还有的因为没房子而倍感焦虑。研究相关的诸多环节——从网络搜索到给房东打电话、实地看房、交保证金、做背景调查、申请、验房、用补贴券付款——都让父母们喘不过气。这也占用了他们本应陪伴孩子的宝贵时间。"[30]

毫无疑问，即便有了补贴或"建议"或"数据"，在选择养育孩子的好地方时，父母也常常陷入纠结。他们总是顾虑太多。

一想到孩子们未来的收入水平会因为父母没选好居住地而打折扣，就让人压力倍增。请保持冷静，因为孩子们要问你数学问题了。

家庭作业

"她每天晚上做作业的时候，都要掀起一场大战。"科尔萨罗女士回忆起她女儿四年级刚学高难度数学时的情景，"（我女儿总说）'这个我不懂'和'这太难了'。数学算得上是我的最弱项，所以我也帮不上什么忙。还是她上四年级的时候，有一次我在辅导她做题，当时我觉得：'啊！我想起来该怎么做了。'然后她照着我的思路开始写，全错。于是我对她说：'我再也不会辅导你做数学题了。'"[31]

"我数学一直不好，"另一位家长在网上发帖称，"我儿子也在因为数学头疼。我是个单亲妈妈，我觉得自己很蠢，没法帮他解题。如果他发现我看不懂这些题的话，会怎么看我呢？"[32]

许多父母在辅导自己孩子的家庭作业时也有类似的感觉，但也并非全部家长都这样。记者卡尔·格林菲尔德连续做了一周十几岁女儿的家庭作业，发现“数学题比我想象的简单。我们在练习简化方程，比如把 $(-18m^2n)^2 \times [-(1/6)mn^2]$ 简化为 $-54m^5n^4$。在艾丝米出色的指导下，我很快就上了道。我在40分钟内轻松完成了11道题，甚至还帮艾丝米纠正了个错误。”[33]

因为父母也需要扮演**辅导老师**的角色，所以其自身学术技能上的差异也会对孩子们产生极大的影响。正常情况下，美国父母平均每周要花**6个小时**辅导（或尝试辅导）孩子做家庭作业。每周6个小时，比K12学校的数学和英语老师的教学时间还要长。无力亲自辅导的父母只能花费数千美元让孩子上补习课，或争取少得可怜的免费培训名额；要么只能眼睁睁地看着自己的孩子成绩落后。[34]

这有多重要呢？2015年，芝加哥的一项实验随机选出了2 700名高中生，为他们提供高质量的家教服务。他们发现，优质的家教辅导比优质的学校教育更有助于提升孩子的学业成绩。这很合理，因为家教老师可以把所有精力集中在少数几个学生身上，而学校里的老师需要关注整个班的学生。我们可以利用数据银行，将这些对考试成绩的影响换算成对成年后收入可能造成的影响。这项研究表明，父母每周6小时的优质家庭辅导，如果能年复一年地坚持下去，就能让孩子未来多赚30万美元。[35]

这相当于中了一张教育彩票。那么，为什么育儿书对此避而不谈？既然这么多孩子仅凭基础的家庭辅导就能获益匪浅，为什么这些书只盯着睡眠训练、母乳喂养和纪律管理不放？

原因之一是，在数据银行之类的新资源向我们展露足够的信息、帮助我们进行推算之前，大家对这些长期影响都一无所知。但更深层次的原因是，大多数父母实在无能为力。家庭辅导不仅很难，而且费用昂贵。这是我们以父母为中心的技能培养体系中不平等的阴暗面，顶尖的教育投资似乎成了精英父母的特权。

但在美国，学习只是掌握教育机会的一个方面。对父母们而言，与辅导孩子解多项式方程相比，其他问题还要更难。

联邦奖助学金申请要写多少页?

在美国，想从高中毕业虽然没那么容易，但无数奇怪的诡计和内部信息也并非必需。80%的孩子都能顺利毕业。不过，十二年级是道分水岭。与从高中毕业的难度相比，想从四年制大学毕业，就像要在沼泽里跑完一场马拉松。

首先，孩子们要先参加SAT或ACT之类的入学考试。有些孩子会因为考试中心太远、错过报名时间或其他个人原因不能参加考试。这些孩子大多成绩不错，如果入学考试免费且强制参与的话，他们就能有大学上，但在大多数州，入学考试都是自费且自愿参与的项目。[36]

通常来说，单纯参加考试也不够。孩子们还必须早点去考，如果第一次的成绩不够理想，还能再考一次。拿到分数之后，他们就要向各所大学递交成绩报告，且大学的数量没有限制。不过，免费提交报告的次数有限；超过一定数量就要交费，或通过烦琐的程序减免申请费。[37]

近年来，许多大学都把SAT或ACT分数设置成了申请入学的可选项。对那些苦苦挣扎于此的学生来说，这或许是种解脱，但换个角度来说，这也提高了考试的含金量。当下的最优解仍是尽早参加考试，有必要的话可以重考一次，然后再决定是否申请大学、申请哪一所大学。对提交入学考试成绩的学生来说，分数还是越高越好。[38]

接下来，学生们就可以申请大学了。有数千所大学可供选择，每一所都各有特点。可以预见的是，许多人对院校情况其实都不太了解。有些孩子认为，“文理”学院专门招收喜欢画画（艺术）的共产主义者（自由主义者）。这就像把茄子和鸡蛋弄混了。还有些孩子认为，营利性大学比当地的公立社区大学更好，一般来说这也不对，它们就是收费更高而已。许多大学都有特殊的申请要求，比如发表过多篇论文、老师的推荐、入学考试成绩和平时成绩单等。申请需支付一笔费用，或通过烦琐的程序减免申请费。[39]

因为学费高得离谱，无力承担的家庭（几乎是所有家庭）不约而同地开始递交助学金申请。大家首先选择的就是联邦学生资助（FAFSA），通过这种方式获得的助学金常被称为“佩尔助学金”，且申请需提交长达10页的敏感信息（其中大部分都是政府已知的信息，只是懒得调取）。很多家庭原本能因此获得一大笔补助，却没填完表格。有需要的学生也可以向州或地方政府、慈善机构或他们所申请的大学寻求帮助，但需要提交更多文书，接受更多面试——这些都要在确定自己的承受能力之前准备好。[40]

在所有这些被烦琐程度裹挟的真机遇中，各个家庭还要能够辨认出骗子们包装过的假机遇。这些威胁会使事情复杂化，大家都得保持警惕。比如，有个重要的事实，虽然几乎全世界都以为是场骗局，却是真事。有些顶尖学府常年标榜自己拥有优质的师资、小班制教学和豪华的就业网络，对外公示学费要7.5万美元一年，但实际上，如果被录取的学生来自低收入家庭，他们收的学费甚至比当地的社区大学和吝啬的营利性大学还要低。这就好比，出于某种不可思议的原因，奢侈品牌用比廉价品牌还低的价格把商品卖给了低收入家庭。[41]

这一切都令人颇为困惑。于是，公立K12学校系统聘请了专职人员来帮助各个家庭走完整个流程。这些人被称为**指导顾问**，他们也的确能够帮助孩子们进入更好的大学。不过，学校的雇用名额有限，所以每位指导顾问都要同时为300多个孩子提供帮助，因此顾问并不会特别关照谁。[42]

如果你已经把孩子顺利送进大学，那先说一句“恭喜”！遗憾的是，这只是个开始。正式入学之后，孩子们就要全靠自己了。选择学习文化人类学还是机械工程学，研究线性代数还是微分方程，在有数百名学生参加的讲座上与教授和助教互动，每学期购买一大堆昂贵的书，最后还要写简历、找实习和工作、为面试做准备，或是继续考研究生，和当初考大学时一样，参加各种各样的考试——这都是孩子们要完成的任务，且几乎不会得到任何专业的指导。

当然，如果他们的父母能出手相助，那就不一样了。所以，父母也要充当**指导顾问**的角色。

在实践中，我们的系统确实需要依靠父母来为孩子们提供后勤保障。父母要帮助孩子精心打磨“谦虚”与“夸赞”兼具的大学申请书，讲述他们最痛苦、最光荣或如故事般喜忧参半的经历。父母要时刻督促孩子报名考试、努力学习，请老师写推荐信，并根据各所大学的要求及时提交高中成绩单和助学金申请。父母陪伴着青少年熬过了无数艰难的日子，教他们应对过多的选择、克服拖延症和被拒绝的恐惧、预防和控制近视，除此之外，也要操心孩子正常的高中课业和体育运动、兼职工作和生计问题。接下来，父母还要为孩子上大学出钱出力，即便对部分父母来说，“大学”和国际空间站一样，都是陌生且遥远的概念。[43]

如果父母无法引导孩子穿过这片沼泽，会造成多大的损失呢？父母对孩子大学的学业成果有着举足轻重的影响，成功获得大学学位的孩子在成年后的收入也高得多。如果你觉得这只是侥幸，那些孩子本来就更会赚钱，那你就错了。多项研究都否定了这一理论。比如，那些因为SAT分数不达标，被最有望考入的大学拒之门外的人，这辈子就会比那些刚好过线的人少赚大概30万美元。换句话说，如果父母无力帮助孩子穿过这片沼泽，那笔隐形的信托基金又会减少数十万美元。[44]

到目前为止，我们逐渐认清了强加给父母的各项职责：寻找住所、帮助孩子进行学习和研究、帮助孩子获得拿得出手的大学文凭和不错的工作，此外，还要努力完成那些似乎是为了让外人感到沮丧和困惑而设计的程序。

父母不只要学会教育投资这一项，还要（被动地）了解一些非常基本的事。我们时常可能忽略这些事的重要性，及其与孩子技能发展之间的深刻关联：比如，当孩子太过频繁地喘不上来气时，应当做出怎样的反应。

哮喘发作

和管理学业成绩一样，管理儿童健康也是一项基本技能，从孕期开始，父母就应当开始培养这项技能。这样看来，父母也扮演了**儿科医生**的角色。

家住弗吉尼亚州费尔法克斯的南希·桑德尔是4个孩子的母亲，她还记得自己努力帮女儿布鲁克缓解哮喘的经历："我记得很清楚，哮喘发作的时候，她会弓着身子咳嗽，眼睛也凸得厉害。但她似乎并不害怕，她只是想顺畅地呼吸。"[45]

哮喘是一种慢性疾病，大约8%的美国儿童都患有此病。如果不进行适当的管理，哮喘会成为一种可怕且折磨人的负担，可能导致患儿被迫终止学业，也无法参加运动、享受完整的社交生活。不过，只要控制得当，哮喘就只是一个小毛病而已。

遗憾的是，控制哮喘并非易事。在很长一段时间里，南希和布鲁克整天绕着"去急诊室、预约就诊、住院、医药费"打转。南希一边要抽空了解这种疾病，一边还要照顾另外3个孩子。[46]

最终，在布鲁克5岁的时候，她们联系上了乔治敦大学医院一名叫玛莎·怀特的治疗过敏的医生。经过了解，她们决定采用包含特殊药物和症状跟踪工具的治疗计划。布鲁克学会了每天早上测试自己的呼吸功能，再相应地调整药物剂量，然后持续检测呼吸状况，及时报告突发问题。这份新的治疗方案为她们日复一日的急诊室之旅画上了句号。

南希找到了守护女儿健康的正确投资。但她并不只是一个普通的家长。此后，她继续与怀特医生合作，共同成立了世界过敏和哮喘母亲联盟（AANMA），并担任了28年的主席。

尽管有了AANMA等机构的协助，但是对其他许多父母来说，控制孩子的哮喘仍然是一项艰巨的挑战。患儿既需服用“快速缓解药物”（如短效β受体激动剂和抗胆碱能药），也需服用“长期控制药物”（如皮质类固醇和色甘酸钠之类的吸入剂或白三烯受体拮抗剂之类的片剂）。父母必须能够识别并消灭从尘螨到蟑螂和啮齿动物、宠物皮屑、花粉、霉菌、烟雾、香水和汽油等数十种潜在的“诱发因素”。父母还必须严格控制孩子的锻炼方式和时间，同时要考虑到天气情况和导致孩子发病的特殊因素。[47]

哮喘只是可能存在的健康问题之一。其他常见的慢性疾病还包括支气管炎、糖尿病、过敏性鼻炎、癫痫、听力和视力障碍，以及如畸形足和腭裂等生理畸形。但凡患上一种，都难逃各种复杂的流程。父母还需要准备好应对如厌食症或精神分裂症等心理健康问题，铅和烟草暴露等环境问题，以及与睡眠、运动和饮食习惯相关的问题。

研究人员展开了调查，评估父母对儿童健康问题的了解程度。研究发现，对这方面的认知普遍存在严重问题，且不同收入和文化水平的群体之间存在巨大差异。许多父母都看不明白营养成分标签、药物处方和治疗方案。1964年，时任卫生局局长警告称，孕妇吸烟会危害胎儿健康。直到几十年后，文化程度低的母亲们才弄明白此事。许多父母都忽略了铅中毒的关键事实：即便是小剂量的铅也有危险，开水不能除铅，且租客有权在签订合同前从房东处获知与铅相关的信息。许多父母对儿童受害风险的认知存在偏差，他们太过依赖自身的警觉和外界的提醒，却不愿相信更高效的科技。[48]

因此，如果父母条件比较差的孩子从童年时期开始积累的健康问题越来越多，也没什么好意外的。这也不是父母的错。他们只是被这些小迷宫困住了。[49]

等到低收入家庭的孩子长大成人后，他们的平均健康状况要比高收入的同龄人差很多，几乎不在一个层级上：一个是“特别好”，另一个就是“非常好”；一个是“非常好”，另一个就是“好”；一个是“好”，另一个就是“一般”。这可不是一个细微的差别。

我们还不知道这样的“健康赤字”具体会造成多大的收入损失，但应该会是个大窟窿，因为我们都知道成年人住院后会发生什么：收入暴跌。成年人一旦住院，就相当于未来的预期收入要减少10万至20万美元。从这点来看，跟失业没什么两样。住院只是影响收入的因素之一。身体不好的小孩因为频繁缺课、注意力不集中，容易出现厌学、畏难情绪。换成大人，频繁请病假、时常感觉疲劳，也会让他们无法正常工作。[50]

从高中毕业后，儿科医生至少需要11年的时间才能熟练掌握儿童保健技能。他们的工作难度很高，难怪许多父母都做不好。

至少，在遇到与儿童健康相关的医学问题时，大多数父母还是会时不时地寻求医生的帮助。如果是其他基础的问题，父母们只能靠自己。这样的话，一般等到我们意识到的时候，就已经不是什么小问题了。

把蔬菜吃了

在管理孩子的饮食方面，父母也扮演着营养学家的角色。

这着实令人震惊，因为在过去40年里，儿童肥胖问题已然失控。如今，近五分之一的儿童都存在肥胖问题。和患有无法治愈的慢性病、受环境毒素侵害的儿童一样，肥胖儿童未来的收入水平也会大打折扣。肥胖的女性大概会少赚10万美元。肥胖不仅会影响人们的健康和生产力，还会引起歧视，从多方面导致收入降低。[51]

不仅如此，有肥胖问题的成年人每年在医疗保健上都要多花3 500美元，占美国医疗保健费用总额的四分之一，相当于正式经济总额的5%。肥胖人群无须自掏腰包，每个人都以高额保险费和医疗保险等公共健康项目的形式支付这笔费用。

为什么明明这么多父母都很注重孩子的健康，却养出了肥胖的孩子？为什么对低收入、低文化的父母来说，此类营养问题竟如此难以应对？[52]

你可能会觉得，问题在于能否获得健康的食物，但并不是这样。就算新开的社区杂货店上架了特别多的健康食物供大家购买，许多父母还是会根据自己的习惯和口味，选择非健康而不选健康的食物。[53]

你可能会觉得，问题在于收入水平，可能许多父母都买不起新鲜食品和全谷物。但这与收入无关。研究发现，即便收入暴涨、购买力提升，饮食健康情况也不会因此改善，儿童肥胖率更不会因此下降。[54]

因此，有人猜想：会不会营养问题和其他健康问题一样复杂且难以解决？澳大利亚和美国的肥胖率相近，当地的研究人员对此进行了研究。他们找到了数十位竭力想控制孩子体重的父母，与他们探讨了儿童营养学家扮演的角色。父母们都知道，苹果和燕麦片比可乐和奥利奥饼干更健康，但他们并不完全同意营养专家的观点。他们认为，别说是偶尔，就算每天都让孩子们吃些垃圾食品也完全没问题。他们觉得，可以用不健康的食物作为表现好的奖励，毫不在意这样根据剂量-反应关系提供奖励会让人上瘾，在孩子的内心留下难以抹除的烙印。许多父母都觉得大多数肥胖儿童最终都能摆脱体重困扰，但这是错的。尽管有证据表明，反复、持续地接触新食物能够有效改变孩子的偏好，且控制食物分量和调整膳食结构有助于引导孩子养成更健康的饮食习惯，但父母们还是担心，如果孩子们吃不到想吃的垃圾食品，就可能宁愿挨饿也不吃东西。[55]

乍看之下，这些父母的观念都挺有道理，也挺能令人理解的。在某些情况下，这些观念还带着某种憧憬。只是很遗憾，这些观念都错了。

儿童的营养管理和其他卫生保健问题一样，难度非常高。由于廉价、不健康、美味且极易让人上瘾的食物和饮料越来越多，管理的难度也在不断攀升。不过，如果你已经忍不住开始感叹培养孩子技能的不易，那就再去拿一包奥利奥饼干吧，这才是冰山一角。

欢迎加入管理层

2013年，5位经济学家联合发表了一项重大实验的结果。从表面上看，这项研究与育儿毫无关联。[56]

在实验中，经济学家们与一家顶尖的管理咨询公司建立了合作，将现代化的管理策略传授给随机选择的印度纺织公司。许多所谓新颖的管理策略看上去似乎就是强力推行了一些常识：**保持工厂地面清洁，以降低事故发生率；将纱线库存保持在某个水平；修理缝纫机，记录故障原因，从中吸取经验教训**。

不到一年，工厂的效率就有了显著的提升。问题骤减、囤货量下降，且每家公司的年利润都增加了35万美元。这些公司开始向其他未参与实验的工厂传授工厂管理的新良策。即便在实验结束后，高利润率仍然保持了数年。

研究引发了一个值得探究的问题。既然采用这样的管理策略就能获得如此巨大的收益，为什么之前不去做？为什么要等到其他国家的理论家提出建议，这些公司的老板才付出行动？

答案就是，经济学家们采用了一种被称为“与人交流”的先进技术。原来，有些老板先前从未听说过现代化的管理策略，还有些老板知道但不相信它们真的有用。难怪变革虽大获成功，其过程却充满了磕磕绊绊。以例行质检为例：“老板都争辩说自己产品的质量很好，不需要记录质量问题。这种观念是错误的，因为尽管与其他低品质的印度纺织厂相比，他们的产品质量确实比较高，但要是以国际标准衡量的话，其实它们的质量很差。”除非有明确的证据证明新方法的效果更好，否则老板们都会坚持沿用糟糕的管理策略。

> 老板们通常会对实践的有效性持有强烈的先入为主的观念，想要改变的话需要时间。所以他们通常会在工厂的几台机器上进行实验性改变，或直接搬用在其他工厂实践过的方法。比如，顾问一般会先说服管理层对一组实验机器进行预防性维护，证明有效后，再在全工厂推行。随着最初那些实践改变的积极作用逐渐显现，老板们对顾问愈加信任，会采纳更多的建议，比如对管理层提供绩效奖励等。[57]

但这又引出了另一个问题。为什么当地的咨询公司不告诉这些老板有办法获取更高的利润，并使用类似的示范实践作为证明呢？

阻碍之一在于建议良莠不齐。“各种建议对印度公司狂轰滥炸，从能节省电话费到节省纱线供应成本等不一而足，因而很难取信于人。”和父母们费尽心思地弄明白申请大学助学金的流程一样，公司管理层也很难分清骗局和机遇。

另一个阻碍是什么？是管理层太过自信、固执且无知。由于印度对纺织品征收高额的进口关税，这些男人（管理层都是男性）从未真正经受过来自管理更好的国际竞争对手的挑战。

尼克·布罗姆是该研究的发起人之一，也是研究管理实践对公司业绩重要性的先驱，他还记得那一场对话，对面是整个实验中表现最糟糕的一位管理者：“他只采用了不到20%的基本管理策略，但他非常自信。他告诉我们，他的工厂被管理得非常好，其实并不需要帮助。他还说，三年前，有群（商学院的）学生对他的工厂进行了类似的评估，并给他提了一整套建议。我们问他那些学生都提了哪些建议，他说他也不知道，他从来没看过那份报告——它一直在书架上积灰呢。”[58]

布罗姆等人的研究揭示了糟糕的管理策略也能一直持续的原因。在全球性调查中，管理层都认为自己的公司比其他70%的公司管理得更好，这显然是不可能的。管理层的自信与是否能更客观地评判实际管理情况无关。放眼世界，最有可能避免基本错误的管理人员有三种：一种是受教育程度高的人；一种是被聘请的专业人士，而非创立或继承公司的“嫡系”；还有就是身处激烈竞争环境中的人。[59]

对父母们来说，这些来自印度纺织工厂和全球性管理调查的发现意味着什么呢？

我们已然知晓，技能发展包含了多项艰巨的任务。事实上，对技能发展的真正意义了解越深，就越觉得父母们是在管理一间业务全面的公司。换句话说，父母都被架在了首席执行官的位子上。

问题是，合格的首席执行官需要具备的三种特质，所有父母起码缺少两种。父母很显然并非被聘来培养技能的——他们是自愿承担这份工作的。况且，父母很显然无须面对激烈的竞争——即便一路走来跌跌撞撞，他们作为技能培养者的身份也永远不会变。第三种特质是接受过良好的教育，但许多父母都并未得到过这样的机遇。这是间结构复杂的大公司，不要指望父母能成为首席执行官了，这是种过分的妄想，是个巨大的错误，只会让孩子错失获得经济成功的关键机遇。

若是想要逃出“为人父母的陷阱”，就必须用正确的方式谈论这些事实。不要说这些父母做得“失败”。大多数人都是很棒的父母，他们自己也知道这一点。有五分之四的父母认为自己是“非常好的父母”，有90%的父母给自己的育儿水平评了A或B级。即便当研究人员让孩子给父母评分，而非让父母自评时，也有四分之三的孩子给父母评了A或B级。**这样的高分大概体现了父母对孩子的关怀程度。从这方面来看，大多数父母都非常成功，我们应当欢庆这一胜果。**关怀是父母应当承担的、不可推卸的责任。然而，最常见的问题与关怀并无关系，而是存在于较客观的技能培养阶段。在此过程中，父母要么运用自己的专业技能来管理复杂的投资，要么聘请他人帮忙处理，要么就搞砸投资，导致孩子的未来收入水平大打折扣。[60]

另一方面，印度纺织工厂的实验证明，只要提供适当的培训，首席执行官的管理水平也能获得显著提升。这是否同样适用于试图培养孩子技能的父母呢？

3

教老父母新技巧

多次失败

一百年前，资助艾奥瓦儿童研究站开创性研究的那群人，同时也资助了一场培训父母培养孩子技能的运动。

时任劳拉·斯佩尔曼·洛克菲勒基金会董事的劳伦斯·弗兰克是这场运动的策划者之一。他认为，父母在技能培养方面的差异是“阻碍育儿进度最实际的障碍”。他总结说，“问题的关键”在于“说服或强迫成年人放弃传统观念和既有习惯，接受以科学方式确立的程序”。[1]

慈善家和学者掀起了一股推行新举措的浪潮。他们为新研究中心的父母培训人员和外展服务人员提供资助。他们成立了如全国家长教育委员会和美国儿童研究协会等一系列新组织。他们创办了《父母》杂志。

除了《父母》杂志，其他都以失败告终。问题有两个。

首先，当时还没有任何关于如何培养儿童技能的严谨的科学研究。其次，大多数父母对现有的那点知识根本不感兴趣。历史学家汉密尔顿·克雷文在剖析这场运动崩塌的原因时指出："他们认为，父母教育主要局限于文化程度高于平均水平的中产阶层白人父母，因此，实际上，他们就像在给信徒传教一样。"[2]

从那时开始，我们已经在第一个问题上取得了进展。在医疗保健、营养、社区选择、K12教育和大学教育等方面，关于如何让孩子掌握更多技能的好消息接连传来。研究亲子关系的心理学家也构建了一个强大的知识体系，能够帮助众多父母更高效地培养孩子的技能。

一个小规模的父母教育运动得以保留，继续向大众传播有用的信息。一般有三种形式：家访、一对一父母咨询以及小组咨询。多个此类项目都收效不佳。就像没能投入临床试验的药物一样，还有许多项目有待检验。不过，也有少数示范项目通过了严格且反复的测试，并被证明确实有效。

最成功的那些项目有什么共同之处呢？它们都要求父母在经验丰富的专家指导下进行大笔投资。换句话说，他们认为，学习培养孩子技能的方式就相当于掌握一项高级的专业技术，而非任意一个人都能在业余时间弄懂的副业。

家　访

在大卫·维卡特和克雷格·雷米分别制定佩里学前教育研究计划和初学者计划之后，两人对下一步实验的设想颇有些不约而同的意味：设立“家访”项目。这些项目将致力于培训父母在儿童技能发展方面的能力，将教室的魔力转移到客厅。他们准备了大量的培训材料，聘请并训练专业人员上门拜访，投入了大量时间和金钱，并产生了满腔激情。最终，两人得出了相同的结论：儿童的技能发展完全没有受到影响。“我们都惊呆了，”维卡特回忆道，“我们也不知道为什么会这样。”[3]

2010年，《2010年平价医疗法案》的落地为类似“家访”项目的“美国健康家庭”、“学龄前儿童家庭指导项目（HIPPY）”、“父母即老师”等一众项目带来了新一轮投资。2019年，研究人员公布了一项具有里程碑意义的计划，将对婴儿出生后15个月生活的情况进行评估。他们能否突破当初阻碍了维卡特和雷米的壁垒？

不尽然。大多数孩子和父母受到的影响要么完全没有，要么微小到没有确切的证据能证明其存在。相比而言，初学者计划对认知技能的影响比它大40倍，对行为技能的影响比它大10倍。从整体模式上看，这些新计划确实有所收益，但我们还需要更多的时间，才能彻底下定论。专业人士曾说过，高质量的早教计划就是通向另一种现实的大门，很显然，现如今的“家访”项目还远达不到这种程度。[4]

不过，在诸多“家访”项目中，有一个特别值得关注的典范。

1970年，大卫·奥尔兹从大学毕业。他的第一份工作就是在西巴尔的摩一间教堂地下的联合广场日托中心当老师。[5]奥尔兹每天面对的都是因为家庭环境问题在技能发展方面存在巨大障碍的孩子。有个男孩几乎不会说话，因为他妈妈怀着他的时候还在酗酒、吸毒，导致他生下来就有缺陷。还有个男孩在午睡时一直安静不下来，因为在家时一旦尿湿了裤子，他妈妈就会打他，他也因此产生了一种条件反射性的恐惧。

奥尔兹试图将日托塑造成目标更为远大的教育体验。他引进了大卫·维卡特在密歇根州为佩里学前教育研究计划新开发的学前教育课程。奥尔兹发现了孩子们在家庭生活中问题重重的根源，于是邀请父母们在午休时间来中心讨论可行的解决方案。很快他就发现了一个规律：拒绝前来的往往是那些最需要帮助的父母。

他决定重返学校，希望能在各种不利因素彻底改变孩子们的命运之前，为他们提供帮助。获得发展心理学博士学位后，他参与了一个新项目：把专业护士送去低收入且初为人母的女性家里。这些母亲通常都是十几岁的年轻女性，她们的伴侣基本都指望不上。奥尔兹认为，她们可能更愿意接受育儿技巧方面的建议，护士的身份也有一定的可信度。他还让护士在这些母亲怀孕期间就去探访，提前建立好关系，让她们不必独自承受照顾新生儿的压力。

这并非奥尔兹的原创。约瑟芬·贝克是首位获得公共卫生博士学位的美国女性，1908年，她在纽约市担任美国首个儿童卫生局局长期间，率先开展了大规模的护士家访计划。为了降低该市惊人的婴儿死亡率，贝克聘请了护士去探访低收入、高人口密度社区的新产妇，向她们传授更健康的喂养和洗澡技巧。贝克收集的数据表明，在项目实施的第一年，就有一千多名婴儿的生命得到了拯救。此后，她在纽约全市推行了这项计划。[6]

奥尔兹认为，贝克的护士家访计划如果能结构更明确、持续时间更长，就有可能超越改善基本健康和营养的范畴，进入涉猎面更广的儿童技能发展领域。他计划在纽约州北部以工薪阶层为主的埃尔迈拉市做测试。

该计划后来被称为护士家庭合作计划（NFP）。NFP的护士会为父母们实行健康检查，需要的话再转诊；宣传保障如补充营养援助计划（SNAP，先前也被称为“食物券计划”）等公共福利；提供儿童技能发展培训；指导压力管理、计划生育、就业和其他问题。在从孕期到孩子满2岁这两年多的时间里，被指派的护士会通过30多次家访，与各位母亲建立起良好的关系。

在一众家访项目中，NFP的主要特点就是只聘用注册护士。要想成为一名注册护士，需要经过1 800小时的高等教育训练。在此基础上，NFP还要再进行70小时的培训。从这方面来看，NFP的家访员接受的培训比最高水平的商业直升机飞行员还要久。[7]

在接下来的30年里，奥尔兹通过一系列大规模随机对照实验发现，NFP能够为孩子和母亲带来显著的收益。先是埃尔迈拉的白人低收入家庭，然后是孟菲斯的黑人低收入家庭，再然后是丹佛的拉美裔低收入家庭，都证实了这一点。[8]

在丹佛的研究中，奥尔兹对是否可以用更低成本的“辅助人员”替代护士进行了实验。一经替换，项目的影响力就彻底消失了。这一发现揭开了先前难住大卫·维卡特和克雷格·雷米等研究人员的“零效果”之谜，因为那时负责家访的都是辅助人员。显然，让低收入家庭的孩子掌握更多技能并非易事，一定要获得高等教育文凭的家访员才行。

作为宾夕法尼亚州哈里斯堡市的一位注册护士，温迪·奥谢在NFP已经工作了十余年。我问她，在与众多父母接触的过程中，最常遇到什么样的问题。她告诉我，护士们经常需要帮助父母了解美国错综复杂的医疗保健系统。她坦承："我已经在医疗保健领域工作了26年，但我还是觉得这个系统很麻烦。"比如，有些妈妈即便已经到了孕晚期，都还没有去看过一次产科医生。"如果有孕妇没看过产科医生，就要知道她为什么不去看产科医生。可能她们根本就没有自己的初级保健医生，没有被接入医疗保健系统，也不知道该怎么做。她们该给谁打电话呢？她们在网上找到了很多医生的联系方式，但该打给谁呢？"[9]

除了医疗保健之外，NFP的护士还要掌握很多知识，比如：如何在临时住房中为孩子创造安全的环境，如何戒烟及控制饮酒，如何利用有限的预算买到最有营养的食物，以及如何通过早教阅读（甚至孕期早教）培养孩子的语言技能（"真的吗？"有位家长问道，"肚子里的宝宝能听到我说话？"）。

护士们还会教父母们面对挫折。奥谢解释说："我们知道，宝宝哭是很正常的事。"

> （妈妈们）都有自己的工具箱——要换尿不湿吗？宝宝饿了吗？热吗？冷吗？所有可能的问题都排查了一遍，宝宝还是在哭。我们会告诉妈妈们，只要她们对带孩子产生了沮丧的情绪，就把孩子放在安全的地方，自己离开几分钟，做做深呼吸，这非常重要，是正确的育儿方式……稍微花点时间整理好心情，

可以给别人打个电话聊聊天。要让妈妈们知道，这是正确的育儿方式，不是一种失败。

奥谢对她服务过的妈妈们都充满了敬佩："她们都很了不起，要应对如此复杂的情况……说实话，换成我，可能也做不到多么完美……事关自己的孩子，她们不希望出现任何闪失。我们要做的就是帮她们实现这一目标。"

奥谢近距离见证了身处困境的父母们熟练掌握育儿这门艺术的过程，也认识到关怀是好父母的衡量标准这一事实。同时，她还发觉在培养孩子技能这方面，这些优秀的父母基本都需要外界的帮助。

如今，NFP每年都会为6万多个美国家庭提供服务。[10]低收入的初产妇约占其中的十分之一。[11]NFP已经证明，第一次为人父母的低收入群体也能学会更高效地培养孩子的技能，但这并非易事，也没有捷径——就是一项由技艺精湛的培训师倾注数年时间，精心调整并管理的重量级投资。

父母管理培训

父母需要扮演房地产中介、辅导老师、指导顾问、儿科医生、营养学家、首席执行官等众多专业角色，但总体来说，他们并没有这些技能培养相关领域的从业经验，也没有接受过培训。NFP等项目致力于提供助力儿童技能发展的常规培训，而大多数父母甚至认为，这根本就没有必要。

至于那些主动参与培训的父母，他们往往都想要成为我们口中的“儿童心理学家”。儿童心理学家尤其擅长培养、纠正行为技能，如愤怒管理、沟通交流和冲突解决等。

行为技能在父母培训计划中的重要地位或许反映了此类技能对家庭日常生活质量的巨大影响。如果孩子在数学、阅读、健康、大学准备、社交技巧等众多方面的表现不如旁人，父母大概不会迫切地想要改变，但如果孩子出现尖叫、打人或自残行为，父母心中定会警铃大作。

大约有20%的儿童都会出现某种精神障碍。比如对立违抗性障碍和品行障碍，注意力缺陷或多动症，严重的抑郁和焦虑，以及滥用药物等。如此高的患病率也表明，每年至少有1 400万美国儿童可能受益于某种形式的精神科治疗。[12]

心理学家已经开发出了内容丰富的项目，力图避免父母在培养孩子技能时走弯路。“父母管理培训”就是当前最广为人知的一项培训项目，其历史可追溯至20世纪50年代。当时，一场革命席卷了整个心理学界，大多数心理学家都认为，行为问题的背后要么是更深层次的生理疾病（比如脑损伤），要么是因个人创伤经历引发的压抑情绪。心理学家需诊断并治疗此类生物学病症，或设法揭开陈旧的伤疤，面对问题、解决问题。这种观念被称为行为障碍的“医学”模式，与西格蒙德·弗洛伊德的理念非常相近。[13]

然而，在20世纪50年代，弗洛伊德理论的基石出现了裂痕。1952年，心理学家汉斯·艾森克收集了一些关于接受心理治疗的患者康复率的粗略数据，并与患有类似病症但未接受心理治疗的患者康复率进行了对比。两者没有任何差别。艾森克的结论是，当时的心理治疗毫无作用。又过了几年，心理学家尤金·莱维特重复了艾森克的分析，发现心理治疗似乎对儿童也没有用。部分心理学家对此十分上心，并开始寻找更好的方法来治疗行为障碍。[14]

所谓新方法其实压根算不上新；它在美国已经过了风头，跟幼儿期教育那一套差不多。这种方法有很多名字，包括行为障碍的“心理学模式”（与“医学模式”相对）、“学习理论”、“行为矫正理论”和“行为方法”。它存在的基础非常简单：大多数行为问题都不具有任何深层次的、未知的根本原因。正如艾森克所说：“学习理论……将神经性的症状视为单纯的习得性习惯；症状就是症状，背后不存在什么神经症。只要消除症状，就是治好了神经症。”[15]

有证据表明，早在19世纪初，就有心理学家使用了行为疗法，其效果比20世纪中期的心理疗法更好。第二次世界大战期间，已有丰富的行为矫正技巧被记录在案。普通人群在试图解决日常问题时，也常使用行为学方法。20世纪30年代，心理学家亚瑟·杰西尔德和弗朗西斯·霍姆斯联系了数百名父母，询问他们如何解决孩子害怕黑暗的房间、想象中的动物、吸尘器、开水等各种事物的问题。大多数父母的方法都没有起作用：解释、安抚、暂时拿开或藏好那些东西、通过嘲笑或强迫让孩子克服恐惧。不过，也有少许父母摸索出了一些似乎确实有效的方法。他们会循序渐进地让孩子了解恐惧的对象，或通过游戏、哄骗、练习和表扬，帮助孩子掌握直面恐惧的技巧。未来的心理学研究将在此基础上加以改进，并通过随机对照实验进行验证。

从医学层面来看，心理学家认为，直接纠正有问题的行为必然失败。其根源（生理损害或精神创伤）会继续恶化，老问题解决了，必然还会出现新问题，即“症状替代”。然而，新一批心理学家发现，几乎没有证据表明，在纠正患者的行为之后，会出现症状替代。况且，就算会出现新的不良行为，也可以再及时处理，直至将其根除。[16]

如果大多数行为问题都能得到直接治疗，那么新的行为矫正技术就像新药一样，具有极高的社会价值。截至20世纪60年代，伊万·巴甫洛夫、爱德华·桑戴克、约翰·华生和B·F.斯金纳等实验心理学家先驱经过数十年的研究，建立了一套丰富的体系。[17]研究的重点在于，个人身处的环境可能从多个方面潜移默化地固化行为模式，那么，该如何对这诸多因素进行微调，才能让治疗效果最大化呢？

心理学家卡尔·威廉姆斯于1959年发布的一份著名案例分析介绍了这种方法。威廉姆斯描述了他的一段工作经历，有个刚蹒跚学步的孩子一到该睡觉的时候，就会“像暴君一样”乱发脾气。如果没有大人陪在身边，他就尖叫；如果大人想拿本书读，或做了其他什么事情，没有把注意力放在他身上，他也尖叫。深陷绝望的父母找到了威廉姆斯。

威廉姆斯避开了两件事：他没有深挖孩子曾遭遇的情感创伤，也没有对孩子大脑或身体可能存在的疾病做出假设。威廉姆斯认为，父母目前的做法其实反而会让孩子更加坚信，只要发脾气，就能得到关注。他提出了个简单的方法：视而不见。随后，他对孩子的变化进行了跟踪记录。

第一个晚上，孩子哭了45分钟。一天天过去，哭泣时间逐渐缩短，等到第十个晚上，父母离开房间时，孩子已经“不再呜咽、烦躁或大哭”。相反，他是笑着看他们离开的。父母称，他在睡着之前一直表现得很开心。[18]后来有一天晚上，孩子心情不好，哭闹起来，阿姨去哄了他。孩子又开始发脾气，父母只能从头再来一遍。第二次“消除”的走向与第一次完全相同。这样明显的证据表明，父母往往能比自己设想中更轻松地塑造孩子的行为。

心理学家不断拓展并完善行为矫正的技巧，通过实验室实验和临床实践设计更优质的系统来管理儿童技能发展。[19]不只本案例中幼儿在睡前发脾气的情况，在面对很多问题时，都可以采用“视而不见”的方法“消除”病态行为，且与许多父母自己摸索出来的斥责、批评或惩罚相比，此方法简直有奇效。父母意识到应当在孩子做出良好行为的时候**及时**给予奖励，而不是要等一会儿，或者更糟糕的，开一张空头支票。父母意识到应当沿用一致的奖励标准，让孩子牢记，只要表现好，就会得到好的回报，不只是说说而已。父母意识到应当重视每个微小、**持续**的进步，即便觉得孩子还可以做得更好，也要积极热情地给予奖励。

父母意识到应当密切关注孩子的良好行为，“捕捉”孩子做对的事，增加奖励的方式：可以提出表扬，比如一句简单的“你把垃圾倒啦？做得真棒！”，也可以通过语调、面部表情和肢体动作表达亲切和赞扬的态度。

作为父母管理培训领域的先驱，心理学家马里恩·福格奇和

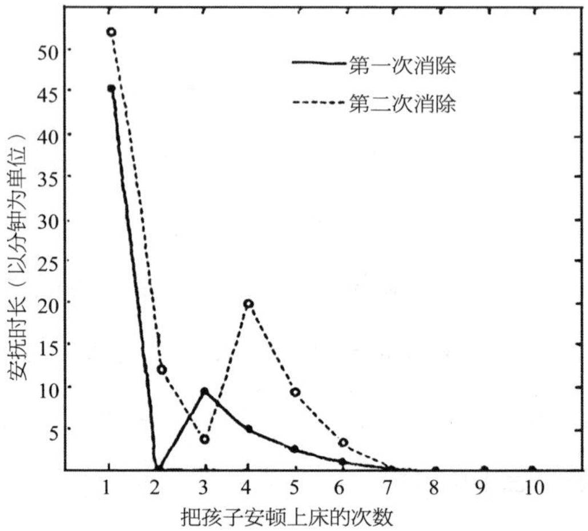

图 3.1

在两段“消除”的过程中，孩子哭泣的时长与把孩子成功安顿上床的连续天数所呈现的关系。①

杰拉尔德·帕特森会教父母们一些新方法来完成哪怕是最普通的日常任务。比如，引导孩子把她的外套挂进衣柜：“（1）明确目标行为（想让孩子做什么，比如把外套挂起来）；（2）让自己冷静下来；（3）吸引孩子的注意力（来到孩子身边，进行肢体或眼神接触），用平淡的语气叫她的名字；（4）利落地陈述目标行为（你希望她做什么，希望她不要做什么）；（5）加上‘请’字；（6）在发出指令后，不动声色地在原地站10秒。”福格奇和帕特森发现，在以角色扮演的方式练习相关技巧时，“笑会让整个过程更具特征化，且在结束后父母们基本都表示，他们先前从未发觉，自己的行为竟会对孩子的反

① 资料来源：卡尔·D.威廉姆斯，《通过消退程序遏止动怒行为》，《变态与社会心理学杂志》第59卷，1959年第2期，第269页。

应产生如此大的影响”。[20]

除了如表扬之类的“社会性奖励”，一些心理学家还会教父母利用如积分之类的“实际性奖励”，累计获得一定数额的积分就可以兑换特权，比如10积分可兑换一个小时的电子游戏时间，5积分可兑换晚餐的煎饼。通过积分的变动，父母总算发觉，从前的互动方式不仅会打击孩子的积极性，还让他们忽视了孩子的许多正向行为。要想使用此类微小的经济系统（或“代币制”），各位父母也无须从零开始设计安排。心理学家会根据以数百个家庭为样本的研究和经验进行优化，总结出快速、灵活、稳定、正向（因此也是最有效）的方案，以此强化孩子的有利行为。许多父母起先都难免（合理地）担忧，却被现实惊掉了下巴：心理学家发现，孩子们能保持良好的行为习惯并非因为奖励的诱导。相反地，良好的行为习惯会催生出新的自我强化因素，比如更高的信任度、更多的日常表扬和更好的沟通。随着时间的流逝，实际性奖励就可以自然而然地退场了。

父母意识到，为了提高奖励频率和强化这种行为，他们甚至可以有意识地引导孩子好好表现。有一种巧妙的方法，与高难度互动的“实践实验”（或者称**模拟**）有关。父母可以邀请孩子来玩个游戏，在低风险的环境中进行练习和强化。这和飞行员使用飞行模拟器是同一个道理：无须承担撞毁飞机的风险，就能练习在结了冰的跑道上降落或在雷暴天气中航行。

耶鲁育儿研究中心主任、父母管理培训领域的顶尖专家艾伦·卡兹丁在他的临床教学班上阐述了这些实践实验的作用方式。

我（对那个叫比利的小孩）说："我们来玩个游戏吧……我会告诉你，有些事你虽然能做到，却不能做。你可以发脾气，可以表示愤怒，但不能打妈妈，也不能往地上躺。这只是个游戏，如果你能做到，我就会在这张小表格上给你加两分。"

（假装发脾气之后，）孩子大概会笑一下，这时候妈妈就要特别激动地说："太棒啦！你竟然真的做到啦！"

……游戏可能需要多玩几次，但事实摆在眼前：没在玩游戏的时候，相比假装发脾气，孩子认真发脾气的次数确实越来越多了。（彻底改变）大概需要一到三周的时间。[21]

父母管理培训证明，和第二章实验中的印度纺织工厂管理层一样，只需换种方法，父母培养孩子技能的效率就有望显著提升。行为纠正工具就如同**"保持工厂地面清洁，以降低事故发生率"**和**"将纱线库存保持在某个水平"**之类的良好管理策略，只不过是被用在了育儿上。

总的来说，证据都指向了这个方向。如今许多顶尖的父母管理培训计划都通过随机对照实验被证实确实会对儿童发展产生巨大的积极影响。知名度最高的项目包括"父母管理培训——俄勒冈模型"、"亲子互动疗法"、"惊奇岁月"、"积极育儿计划（Triple P）"。很遗憾，许多研究的样本都只限于几十个家庭。小型实验有个众所周知的问题，即除非能够证实自己的启发性假设，否则研究人员可能都不会公布实验结果。不仅如此，他们还会从不同的儿童发展轨迹中挑选出自己中意的结果。[22]有些项目的开发者会成立营利性公司，宣传、兜售自己的项目，导致人们对有利证据的偏见进一步加深。不过，护士家庭合作计划和婴儿健康与发展计划已经证明，只要有值得信赖的独立研究人员开展并分析大规模现场试验，就能消除人们的偏见。就目前而言，即便考虑到所有可能的问题，父母管理培训的前景也是一片大好。[23]

因此，从某些方面来看，即便这些计划只涉及极小部分的儿童技能，但通过培训父母改善儿童技能发展状况的旧梦仍未破灭。无论是家访还是父母管理培训，最成功的计划都有着一个共同点，即他们会把儿童技能发展视为一项复杂的、客观的事业，并向父母们提供经过深入研究和专家指导的广泛建议，以应对这一挑战。换句话说，在他们眼中，儿童技能发展的难度等同于驾驶直升机，而非驾驶汽车。

但是培训父母真的能有效缩小美国巨大的技能差异吗？或许能吧。不过，还有一个非常重要的问题有待解决。

空座位

父母培训项目（家访、一对一咨询和小组咨询）的主要问题并非它们本身不起作用，而是大多数父母都对此不感兴趣。一百年前是这样，如今还是这样。

就算免费，许多父母家访项目还是长期处于供过于求的状态。在少数报了名的父母中，有的人一次课都没来上过，另外大多数也会在结课前很久就早早退出。在对近期的家访项目做总结时，发展心理学家阿里尔·卡里尔和丽贝卡·瑞安表示："想按照预期走完整个流程实在是太难了。"[24]

在诸多家访项目中，就连最成功的护士家庭合作项目都始终存在退出率高的问题。年轻、单身、文化程度低的母亲尤其容易半途而废，她们的孩子也最有可能产生技能缺陷。采访发现，原因很简单：父母们太忙了，挤不出时间参加一整个结构化的、漫长的线下课程。正如一位母亲所说："我要做的事情太多了。要上学，还要努力工作。我没办法次次参加……这是我第一次做妈妈，我实在是心有余而力不足。"[25]

父母管理培训项目也遭遇了同样的问题。在科罗拉多州，非营利性组织"给孩子投资"开设了全美规模最大的培训项目之一，名为"惊奇岁月"，为州内父母提供包餐食的免费课程和辅助性儿童保育服务。然而，经过十年的发展，每五百名符合条件的家长中也仅有不到一人愿意参加。[26]最有可能需要获得更多帮助的父母最不可能主动参加，即便刚开始来了，也极有可能中途退出。近期对此类项目的总结表明，"受教育程度高的白人和中产阶层父母占比过高"，和早期父母培训倡导者在一百年前的发现没什么两样。[27]

"短视频"库是"惊奇岁月"项目的灵魂设计，短视频中的亲子互动鲜明地呈现了父母在培养孩子的行为技能时怎样做比较有效，怎样做没那么有效。在每节课上，父母都要观看部分视频，然后进行角色扮演练习和讨论。我曾看过其中一些视频，我敢说，它们在"烂番茄"上肯定拿不到高分。它们让我不禁想起和同事们一起看性骚扰预防培训视频时，大家全程呵欠连天的样子；以及十几岁时学校要求必须观看的宣传片里，那些药物成瘾、未成年怀孕的狗血情节。尽管“惊奇岁月”的视频很有启发性，但若换成我，我也不太愿意把有限的空闲时间花在这上面。

不过，或许绝大多数忽视了这些机遇的父母都错了。或许，如果有更多的父母愿意花时间（大量的时间）参加父母培训项目，就能有效预防那些技能发展问题，移开孩子奔向富裕与安康道路上的绊脚石。

为了更深入地了解，我决定亲自去参加一个父母培训项目。我希望该项目的参与者范围能相对广泛，而非只有那一小群以白人和中产阶层为主的、自愿参加育儿课程的“进取者”。我心想：有没有什么培训项目是父母们不管愿不愿意都**必须**参加的？

事实证明，确实有。

父母计划

1987年，加州安大略市的查菲高中出现了纪律问题。校方开除了16名九年级的学生，他们进校都还不到一年。对于一所仅有几百名在校生的学校来说，开除的人确实太多了。然而，家庭教育根本管不住这些问题少年，他们在街区简直可谓“横行霸道”。父母恳求学校再次接纳他们的孩子，学校同意了，但有一个条件：这些孩子必须要参加一项实验性的咨询计划。他们聘请了一位名叫罗杰·摩根的心理学家来负责这个项目。[28]

“在那之前，我已经以心理学家的身份从事了12年的儿童研究，”摩根博士回忆道，“应该也算得上是个专家。现实给我泼了桶凉水。

就凭那些学生的所作所为，他们根本就毕不了业。他们没一门课能考及格，每天都在惹是生非。”

摩根博士认为，他们单纯就是对那些唠叨的成年人成天挂在嘴边的大道理不感兴趣。在见面的第一天，他问这些孩子：“你们有多少人想从高中毕业？”

令他惊讶的是，16个孩子都立即举起了手。“从他们的行为上根本看不出来。他们不学习，不听课，也不努力。但他们想要这份文凭。他们有这个概念，知道文凭很重要。但光知道也没有用。他们并不愿意为之付出努力。思想和行为是分裂的。我在读研时学到的那套‘领悟取向’理论似乎完全用不上。这些孩子必须要由父母手把手督促，才能往目标前进。”差不多在同一时间，在距此不远的波莫纳市，一位被称为拉尔夫·弗莱老哥的警察也加入了社区项目。弗莱称，大概“每三个打来警局的电话中，就会有一个家长问：我的孩子吸食冰毒/海洛因上瘾了，我怎么才能帮他戒掉”。于是，警局为想帮孩子戒毒瘾的父母开设了四节课程。弗莱原本打算传授给父母们一些关于药物成瘾、戒断过程和用药过量的知识，但变化赶不上计划：“父母们会问一些跟药物滥用完全没关系的问题，比如‘我的孩子离家出走了，我该怎么办？’‘我的孩子刚动手打了我，我该怎么办？’‘我的孩子不去上学，我该怎么办？’”

从某种程度上来说，弗莱和摩根走上了同一条路。他们决定开设新的项目，为这些陷入危机的家庭提供帮助：“既然父母们有这么多问题，我们就停下来，先为他们解惑。”

“父母计划”应运而生。父母计划的旗舰项目是一门帮助父母与

“个性极强的”青少年相处的课程。父母每周需完成两至三个小时的学习，共持续十二周。全国各地的多个刑事司法机构都是父母计划的合作单位。如果该课程能让更多的未成年人迷途知返，也有助于降低开支、节约警力。在我看来，其巧妙之处在于，法院会强制要求父母参加此类课程。在过去的三十年里，有超过五十万的父母上完了相关课程。这是美国规模最大的法院强制的未成年改造计划，可能也是美国历史上唯一一个能达到这种规模的父母培训计划。

和摩根博士聊过之后，我决定去亲眼看看父母计划。在大多数人都是非自愿参加的前提下，十二周的课程能让父母对儿童技能发展的复杂性了解到什么程度？

堵不如疏

在那之后的三个月里，我对二十五位来自各行各业的父母进行了观察，他们都已被自己的孩子折磨得焦头烂额：离家出走、殴打家人、滥用药物、被学校开除、威胁要自杀或尝试自杀……[29]

因为是强制性要求，所以参与者极具多样性，而这正好如我所愿。项目中有来自不同种族、操着不同口音的人，有单亲家长，也有已婚夫妻；年轻的父母气势张扬，较年长的父母或祖父母则默默地努力保持清醒。工作日的晚上，商务休闲装、牛仔蓝工作服、宽松的运动衫和牛仔帽齐聚一堂，理发师、塔可餐车的老板、篮球教练、药剂师以及脖子上有文身、鼻子上戴着环的“潮人”共处一室。整个班级就像美国乱象的一个缩影。

性格温和的前警察菲利希亚和弗兰克负责教授这门课程。两人的孩子在十几岁时都有着极强的个性，他们在执法过程中也遇到过不少问题少年。父母计划的课程需遵循《改变青少年破坏性行为》手册中既定的程序。课程所采用的行为矫正法不禁让我想起了另外一些顶尖的父母管理培训项目。最关键的不同之处在于，父母计划更多地采用讲座和讨论的形式，而较少进行角色扮演或技能培养方法的练习。

父母计划的第一课看上去非常简单：**告诉你的孩子，你爱他们**。不是偶尔说，是要每天说。不仅要通过行动体现，而且要用言语表达。要直接地、大声地说出来。

许多父母都坚信，孩子早就知道爸爸妈妈爱他们。父母们认为自己的行动已经说明了一切。父母计划毫不迟疑地告诉他们，许多孩子都不知道这件事。他们需要父母直接地、大声地、一次次地把爱说出来。

菲利希亚证实，许多父母都不习惯如此坦率直白的表达，因为他们自己的父母都不会这样。这些父母觉得大声对孩子说“我爱你”很不自在。菲利希亚在课上说，她第一次对父亲说“我爱你”是在17岁的时候，父亲刚刚中风，正躺在医院里。

上完第一节3小时的课后，所有父母都收到了一份家庭作业：每天至少大声对孩子说一次“我爱你”。

有位母亲猜测，她的孩子根本不会理她，她的T恤上印着“Whatever（随便吧）”。“得了吧，妈妈。我知道你这么说只是为了完成作业。”一听这话，菲利希亚和弗兰克立马异口同声地说：“那也没关系。一定要说，别的都不用管。”

和“我爱你”密切相关的还有“积极的话语”。在争论、控制和叛逆的旋涡中，父母要抓住每个机会对孩子表示认可。为了方便父母理解，手册中提供了一些范例。

谢谢你打扫了自己的房间，我为你感到骄傲。

弗兰克描述了一位母亲的故事，她总是想不到女儿做了什么值得表扬的事情。但事实上，她女儿会早早起床、穿衣服，然后坐上车去学校。后来，这位母亲就会对女儿说，自己为她能做到这些而感到骄傲。

许多父母都不太能理解积极话语的意义。“没错，（我的孩子）打扫了自己的房间，”有位母亲说，“但他们还有更严重的问题没有解决，他们的成绩还那么差，我为什么要夸他们，让他们开心呢？”为什么要忽视更关键的问题，去表扬孩子们取得的小成就？父母计划始终认为，“积极的话语”非常有必要，原因很简单：孩子们一定要从心底里相信，父母是希望自己获得成功的。

父母计划的另一个核心理念是：**不要误以为你的孩子是个通情达理的人**。正如菲利希亚对父母们说的那样，“孩子的认知和情绪开关其实在**你**手上”。项目要求父母停止通过逻辑、推理和解释来调整孩子的行为。个性极强的孩子并不会先仔细思索再采取行动，他们的行动都是冲动、试探的产物。父母应当放弃劝说，只要孩子做好事就奖励，做坏事就惩罚，建立明确的、短效的、**实质性**的赏罚措施。

如果你养过狗，就不难发觉，这其实是对一致性和重复性的强调。摩根博士也注意到了这一点。“我认识一位训犬师。”他说，“她帮我训练我的狗，我和她聊她孩子出现的问题。我们给对方的很多建议其实本质上都是相同的。”[30]

父母计划会教父母们如何实施奖励与惩罚。对于奖励，他们建议父母多用“**当然**”这个词。

“**当然**，只要把自己的房间打扫干净，你就可以和朋友们去听音乐会。”

“**当然**，只要写完数学作业，你就可以和菲利克斯去玩滑板。”

菲利希亚让一位父亲用这个词造句。他说：“当然，只要你把自己的房间打扫干净，你就有机会和朋友们去看电影。”

菲利希亚叫了暂停，她微笑着问道：“你注意到自己刚才是怎么说的了吗？”这位父亲加上了“有机会”。这个短语动摇了确保奖励实行的整个前提，从而歪曲了一致性和可预测性的走向。这位父亲迟疑了——向不知道会做出什么的孩子做保证？他做不到。

这门课程告诉父母，他们不能控制青少年的行为，但可以通过控制**事物**来影响青少年的行为。该项目提出了一条新策略：“在短时间内拿走所有东西”（首字母缩写为TEASPOT）。如果孩子违反了重要的规则，就会失去一些东西：手机、电脑、汽车、电视、平板电脑……可以过几分钟或过几天再还给他。

有些父母认为，TEASPOT策略太过宽松。“要是我的孩子真的犯了大错，他凭什么只过几天就能重新得到一切？”讲师解释称，个性极强的孩子都很注重短期效果。要是时间太长，他们就会觉得自己被“定了死罪”。既然已经被定下了死罪，那么就算犯下更多错误，也没有什么可再失去的了。

还有些父母认为，TEASPOT策略太过粗暴。他们更习惯口头施压：大声喊叫，以此表达自己的失望或愤怒。讲师表示，讲道理只会加重挫败感。直接的物质没收可能显得苛刻，但能避免激烈的争执，维护家庭和谐。

“我们的文化更倾向于言语规劝，”摩根博士告诉我，“我们觉得剥夺孩子的一切太过残忍。但事实上，如果父母因为一直讲不通道理而沮丧、崩溃，对着孩子大喊大叫，才会让问题变得更糟。”

父母计划的另一种理论是：不要在意孩子的“恶劣态度”，只需关注他们的**行为表现**，比如上学、完成作业、戒毒和酒等。和卡尔·威廉姆斯“消除”幼儿睡前发脾气的理论一样，对不良行为视而不见，其实是一种经典的行为矫正策略。许多父母都表示强烈反对。这些父母认为，只要孩子摆出一副不情愿或烦躁的样子，那么即便孩子听劝，在行为上做出了改变，也是一种不尊重，应当受到惩罚。一方面，父母确实希望能教会孩子与人合作；另一方面，他们也确实因为自己的权威受到质疑而心生愤懑。正如一位年轻的父亲说的那样：“我如果提高了嗓门，你就**不准**跟我顶嘴。”

菲利希亚和弗兰克态度很坚决：不要在意孩子的恶劣态度，关注他们的行为表现就行。弗兰克承认这很难做到：“大家听我说，我知道这不容易，但你必须放低‘姿态’。看开点！要是我的儿子能不再吸大麻，我才不在乎他‘态度好不好’呢，目标已经实现了，我就是**最终的赢家**。”

父母计划建议，**不要**刺激那些威胁要离家出走或自残的孩子。

看到这里，有位父亲表现得很情绪化："（父母计划手册的）这一整页说的根本就是我女儿。因为我没收了她的手机，她就用刀片割腕。第二天早上我发现她的伤口，带她去了医院。她说：'我要离家出走。'是我的错，我刺激了她，说：'那你走吧！我该做的都做了；你要是还不满意，就滚！'她去了学校，嗑了药，被送回家，当天晚上就离家出走了。"

在这种困难情况之下，许多父母都不太愿意放低姿态。他们认为，自己将身为过来人得到的血泪教训对孩子倾囊相授，每天辛苦工作为孩子提供食物、住所和医疗保障，却要眼看着孩子把自己的馈赠丢进垃圾桶。

所有父母都能体会到这种焦虑；无论身在哪里，身处哪个时代，都逃不过这个古老的难题。从柏拉图到悉达多，各种文献记录也证实了这一点。父母计划旨在帮助父母们更理智、客观地应对此类状况。作为亲子关系中的成年人，他们必须压下情绪化的反应，解决问题要保持冷静、讲究策略。

连续三个月，我在父母计划的课堂上将手册看了一遍又一遍。和先前了解过的其他父母管理培训计划一样，这门课程提出了一系列概念和实践，许多都很有启发性。

但我也不禁感叹，这些理念听起来真的很繁杂。除了爱、冷静和一致性之类宽泛的主题，课程还提出了其他许多合理但需要细细斟酌的概念。举例来说：

- 如果孩子没有完成家庭作业，父母就可以采用TEASPOT策略，但不要让孩子补作业，以免作业越堆越多。

- 父母应当提醒孩子，要是违反了关键原则，“后果会很严重”，但不要总是说出具体的惩罚措施，这样可以保持灵活性，以免被孩子找出漏洞，有失权威。
- 要想加重惩罚力度，父母应当没收更多的东西，而非延长没收的时间。TEASPOT 策略的执行名单可以被“扩充”，包括美发产品、化妆品、洗漱用品、最爱的衣服、帽子、鞋、垃圾食品，甚至卧室的门和家具。

然后是“行动计划”：应对药物成瘾、混迹街头的“六步行动”计划；监控孩子网络动态、社交媒体、通信、电子游戏和音乐的“七步行动”计划；保证孩子完成家庭作业的“四步行动”计划；解决离家出走问题的另外一个“七步行动”计划。

有人提出可以为孩子们制定一份严格的日常安排表，把上学、交友、家庭生活、作业、家务和休息时间都列清楚。大多数计划其实都是要以“什么人、什么事、什么时间、在哪里、为什么”为基准，实施“积极监测”，并建议父母要求孩子将所有社交媒体的登录信息、朋友们的最新住址和电话号码都存入家庭数据库。

这些行动计划和建议都是有道理的，但加起来就成了一项相当艰巨的任务，而且特别像一份工作。方案的部署将涉及多个方面，包括复杂的优先次序、人员和计划安排、信息收集和存储、沟通、领导力、第三方服务的合约与付费、结构化的绩效反馈，以及与情感距离相协调的动机。有职场经验的成年人能够从工作说明、绩效评估和晋升策略中了解到这些技能。要想贯彻落实这些建议，就一定要掌握扎实的经济技能。实际上，能够掌握所有这些技能的父母，其自身的职业发展也必将突飞猛进。

这样看来，有那么多父母难以吸收所有课程，倒也没什么好奇怪的。尽管法院下达了强制要求，有些父母还是难免出现缺席的情况。我在参加课上的小组练习时也明显发觉，光是对知识的记录和理解，就难倒了一大群父母。

父母计划的最后一个关键目标是鼓励前来上课的父母们互相之间建立联系。“父母和孩子一样，”摩根博士解释道，“也需要获得鼓励、支持和表扬。如果只是学到了知识，再独自付诸行动，那其实很难坚持做下去。”因此，在最后六节课上，父母们都带了食物来聚餐，介绍自己尝试实践前六节课学到的知识的情况。

这段经历让我意识到，参加此类课程需要耗费相当多的精力。每周三，我都要乘火车去那所公立高中，再进行两三个小时的“工作”。不只是疲劳的问题，而且我好像又回到了一种模式化的环境中，这让我深感焦虑。我坐在一把硬邦邦的蓝色塑料椅子上，感受金属椅子腿的冰冷，身边聚集着一群不同性格、不同风格的人。讲师在解释我对我（当时幻想的）孩子做错了什么。在时而有趣、时而尴尬的小组练习中，因为总感觉要被迫与别人互动，所以我都做得很敷衍。这并不是一周中最令人愉悦的一个晚上。

但和其他父母相比，我其实算轻松的。这门课，我并不是非上不可。我也没有惹了大麻烦的孩子。我只是为了写书来做研究而已。有了这段经历，我毫不费劲地就理解了为什么学者和心怀抱负的富人们努力了一百多年，也没把这些项目推广开来。对许多父母来说，平时的生活就已足够艰难。父母培训计划相当于又增加了一道难关。

话又说回来，大多数投资都难免历经艰辛。省钱、上学、控制饮食——都不是什么轻松的事。关键在于：熬过苦难后，是否能品尝到甘甜？

未　知

据说父母计划有助于纠正孩子的技能发展轨迹。班上的几位父母告诉我，他们也觉得有效果。有人说，他们现在明白了，遇到问题时，最好不要对着孩子大喊大叫、刺激他们。这些父母选择采取更冷静、理智的短期TEASPOT惩罚策略，而非混乱的长期限制方案。他们尽量保持一致的态度，即便状况很糟，也会对孩子提出表扬，并每天都把**我爱你**这三个神奇的字挂在嘴边。

不过，许多家庭都是在陷入最低谷时参与了计划，换句话说，就算不来上课，情况也会逐渐好转。这种现象被称为“均值回归”，表现形式为：即便不加以任何特殊干预，异常状况通常也会随着时间的推移逐渐“恢复”到正常状态。具体也只能通过与对照组家庭改善速率的对比来体现。对照组家庭当初也同样陷入了困境，但他们并未参加这个项目。因此，即便那50万父母每人都花费了整整30个小时的时间，也依然没有明确的证据能够证明，父母计划实现了目标。[31]

项目创始人不愿放弃。他们尝试进行了多次随机对照实验，但结果总是不好。2004年，他们在俄亥俄州开展了一项研究，但最终，原先同意参与实验的少年法庭的法官拒绝将父母随机分入对照组，不参与父母计划的“改造”。

“98%以研究为基础的计划都倾向于预防，而非干预，”弗莱老哥对我的疑问做出了解答，“选择未面临危机的父母进行（随机对照实验）要容易得多。要是谁的孩子吸食冰毒，你能让他等10周再去上课吗？我们面对的都是正处于危机中的父母。”

我明白，单从个体而言，这完全合情合理，但随着时间的推移，这也会导致巨大的认知差异。就好比因为每名癌症患者都需要立即得到救助，所以我们没有时间去测试新的化疗药是否真能治愈癌症。这种方式让项目的效果始终局限于口口相传和个人信任，而缺乏科学层面的证明、推广与复制，恰恰落入了科拉·希利斯、克雷格·雷米和鲁比·赫恩等人竭力躲避的陷阱。

我写完这本书的时候，父母计划总算通过第一次成功的随机对照实验，从而取得了初步成果。该实验由独立研究人员负责，共有59名家长参与。研究表明，在父母们10周后上完最后一节强制性课程时，确实出现了积极影响。这项研究成为一个关键的里程碑。不过，发起人也承认，研究存在相当的局限性。最重要的是，研究参考的儿童相关数据都需由父母上报给课程讲师，因为讲师同时也是缓刑官，拥有相当大的法律权利。显而易见，在这样的情况下，父母可能并不会如实上报。未来的研究可以在此基础上进行优化，从学校或法院等独立机构收集更准确的数据，也可以考虑利用法官随机分配的案件进行自然实验，而非刻意安排随机对照实验。[32]

尽管我们最终发现父母计划确实产生了很不错的效果，但在亲身体验之后，我更加坚信，无论怎样提高父母培训计划的数量和质量，可能都解决不了美国儿童发展的关键问题。这些课程让父母们本就忙碌的生活雪上加霜，要求太高、太复杂，学习的过程也实在令人疲惫。一般来说，父母培训和家访项目要想更有成效，就得请经验更丰富的导师，并延长项目时间。当然，父母也因此要付出更多的金钱和精力。

话说到底，这些项目必须规划得更有意思，才能吸引更多人自愿参与。只有不到一半的母亲和不到四分之一的父亲会从书籍、杂志或网络上借鉴育儿经验。无论这些项目对那些会主动参加的父母来说多么有用，想让绝大多数持观望态度的父母挤出10个、20个、30个小时乃至更长时间来按部就班地参加培训，简直难于登天。[33]

这就引出了一个新的问题。似乎很明显，许多父母可以显著提高培养技能的方法。收益率也很高：孩子可能因此获得一笔足以改变人生的财富，直接脱离贫困，实现财富自由。而在这个世界上，父母应该就是最在意这件事的人。难道这还不够吗？大批的父母还在重蹈覆辙并付出高昂的代价。为什么会这样呢？为什么这些爱孩子、愿意为孩子奉献的父母都不能实现自己的目标呢？

针对这个问题，经济学家已经给出了不错的答案。父母在培养孩子技能的过程中遭遇的深层次的结构性问题，其实也困扰着经济领域的其他行业，如制造业、保险业和运输业等。问题都是老问题，只是在这方面更加严重而已。

深呼吸

你可能会觉得，我是不是对父母要求太苛刻了？

但你知道吗？这种感觉其实就是“为人父母的陷阱”，是你内心存在的巨大错觉受到质疑时你的应激反应，而我不过是在陈述技能培养的相关事实。有的父母在照顾孩子方面做得非常好，却因为技能培养问题伤透了脑筋，我对他们只有钦佩。那么多父母都为帮助自己深爱的孩子用尽了办法，这其实是我们所有人都能做到的事。

如果仔细观察，就不难发现，你之所以会觉得不舒服，其实是因为你对父母的要求过于高了。或许，即便我们已经逐渐意识到，儿童技能发展是个极其困难、费时且费钱的过程，你从心底里也还是认为，不能让孩子掌握所有技能的父母就算是失败的父母，理应受到批判或指责。

我们都明白，大多数父母都不会驾驶直升机，不会亲手制造微波炉，也不能帮孩子切除胆囊——至少在没有经过大量培训和练习的情况下不可能做到，且极少有成年人有时间或意愿利用空闲时间去学这些，更何况，还有孩子、工作、家庭、汽车、人际关系、健康、宠物、账单等各方面的事情要处理。说到这里，我们也都明白，大多数父母都无法给孩子留下多么丰厚的遗产。既然如此，当谈及许多父母都无法让孩子掌握成功所需的诸多技能时，为什么会觉得不能接受呢？这些技能和经济资产并没有差别，只是表现形式不同而已。

请告诉自己:“在成长过程中，孩子需要掌握很多复杂的技能，许多父母无力培养，这没关系。请专业人士帮忙培养就行。”

父母会觉得很难做到，还是大大地松了一口气?

4

为什么父母不能自己培养技能

五大难题

目前我们还在学习如何讨论育儿的实情，并努力走出“为人父母的陷阱”。关怀是儿童成长的重要因素，以爱与宽容为出发点的普通人也能感知到。技能培养同样重要，但并非所有人都能**共情**，且这方面的困难只是父母需要解决的问题之一。简而言之，如果你想设计一份工作，将管理失误率**拉到最高**并将生产效率**降到最低**，那么育儿这份工作的现状基本就等同于你的设想。

我们不得不承认，为了帮助孩子茁壮成长，所有父母都面临着五大结构性难题，分别属于**复杂性**、**学习**、**信息**、**借贷限制**和**溢出效应**的范畴。

一旦我们了解这些难题，就会发现为什么对某些父母甚至私人市场来说，解决儿童技能发展问题就像试图顶着森林大火种植作物一样，根本不可能做到。

复杂性

顺便说一句，我真的很喜欢直升机，也很喜欢与直升机存在明显相似点的事物。我看过肖恩·科伊尔写的《直升机的艺术与科学》（*The Art and Science of Flying Helicopters*）。我对自动旋转、后行桨叶失速、总距操纵杆等知识点信手拈来。这很吸引我。相关内容我多少都有些了解，或许我还有机会通过直升机飞行基础知识的笔试。但我确实不会驾驶直升机。

这就引出了阻碍父母培养技能的第一个问题：**复杂性**。我们已经了解到儿童技能培养这项任务比我们想象中还要复杂得多。为了让孩子从出生起就能接受有利于个人发展的幼儿期教育，初学者计划精心打造了详细的方案和巧妙的学习游戏。我们看到了管理儿童健康、营养、社区、学校和大学所涉及的众多挑战。我们看到了推荐给父母，助力其管理孩子行为问题的复杂心理学技巧和层层相套的行动方案。

复杂性体现在，即便对着指导手册，父母也抄不好作业。若是在经济领域的其他行业，我们通常会将复杂的任务交给受过高级训练的老手，比如专业的直升机驾驶员。

在儿童技能培养领域，直升机驾驶员就相当于专业的老师、辅导老师、顾问、护士、医生和社工。所有父母都需要在各专业人士的帮助下，才能确定对孩子未来发展最有益的投资，这应该不难理解。要求父母一力承担过多责任，或要求他们独立选择、购买各项服务，会导致数百万儿童无法得到所需的技能投资，在成年后也无力回馈社会。

“为人父母的陷阱”让美国人难以讨论育儿的实情：我们都被骗了，以为父母只要用心就能帮助孩子掌握技能，以为对外求助就是父母的失职。但父母本就不该因为无力教会孩子所需的全部技能而感到羞愧，就像他们无须因为不会驾驶直升机而感到羞愧一样。不然要直升机驾驶员干什么呢？

学　习

阻碍父母培养技能的第二个问题就是缺乏**学习**。学习有两种形式：练习和反馈。

专业老师和父母不一样，他们会进行大量的练习和反馈。一位中学老师可能每年要教100个年龄相仿的孩子。他们能看到这些孩子在家庭作业、测验、考试、写作、研究项目、小组讨论、报告和州级测验等方面的表现。大多数老师还能从同学和校管理人员那里接受反馈。[1]老师们年复一年地管着差不多年纪的孩子，用着差不多的教材，教过的学生没有数千也有数百。他们的课上得越来越好，新学生也比以前的学生掌握得更快。[2]

父母养孩子的经历能有几次？平均来说，一对夫妻大概会生育两个孩子——那就是两次。弄懂早教的机会是两次。挑选住所、升学择校的机会是两次。了解大学是怎么回事的机会是两次。

或许有人会认为，父母有很多次练习的机会。这仅仅是因为我们完全把焦点放在了日常琐事上，比如换尿不湿、哄孩子睡觉等。在这些方面，父母确实还有进步的空间，但还存在更值得关注的问题。面对孩子技能发展过程中的大多数关键选择，父母几乎没有经验。每个孩子都要经历一场新的探险，穿越未知的荒野。机会只有一次，父母必须尽力做到最好。

从值得信赖的独立的第三方那里，父母能获得多少关于其技能培养水平的反馈？大多数情况下几乎没有。孩子学得够多吗？身体健康吗？身体、认知、社交和情感技能的发展方向正确吗？自己感觉吧。

从孩子5岁开始，公立学校就会向父母提供关于孩子技能发展情况的反馈。效果如何？约有90%的父母表示，自己的孩子在阅读和数学方面都达到了年级平均水平。但很遗憾，半数以上的父母都错了。只有40%的孩子能达到年级平均水平。对于孩子缺勤、漏交作业的问题，许多父母也抱持着过于乐观的态度。[3]

为什么父母会对自己孩子的学习成绩过于自信？为什么学校不告诉他们实情？研究父母观念的非营利性组织“学习英雄”揪出了罪魁祸首：**成绩报告单**。

许多父母都会根据成绩报告单上的A或B推测孩子的学习情况。大多数父母都没有意识到，成绩报告单体现的并不只学习成绩——还掺杂了努力、进步和其他因素（与掌握平均水平的学术技能无关）。最重要的是，老师对孩子学习情况的整体看法会大大影响报告单上的等级。在一所总体成绩较好的学校里，英语评分为B–的二年级学生可能是在一场对哈姆雷特的模拟审判中没能说出理由充分的结案陈词。而在一所总体成绩较差的学校里，拿到同样评分的二年级学生甚至可能读不懂报纸。[4]

> 量表分数：475分
>
> 量表分数是你的孩子在STAR早期读写能力测评中获得的总分，它的计算标准基于问题的难度和答题的正确率。STAR早期读写能力测评的量表分范围在300—900分之间，适用对象为学前班到三年级的孩子。
>
> 丽莎的量表分数为475分。涉及三个发展阶段：萌发期读者（300—674分）、过渡期读者（675—774分）和预备期读者（775—900分）。475分意味着丽莎目前属于萌发期读者。

表 4.1

<table>
<tr><th>测评
日期</th><th>量表
分数</th><th colspan="4">萌发期读者</th><th colspan="2">过渡期
读者</th><th>预备期
读者</th><th></th></tr>
<tr><td></td><td></td><td>300</td><td>400</td><td>500</td><td>600</td><td>700</td><td>800</td><td>900</td><td></td></tr>
<tr><td>09/07/15</td><td>475</td><td colspan="7">▲</td><td>▲初次测评分数</td></tr>
</table>

一份标准的测评分数报告：这个孩子表现得好不好？①

要想真正了解孩子的技能发展情况，父母必须要评估他们课程的难度，解读评分标准，请老师提供绝对真实的反馈，并分析成绩报告单的深层含义。

① 资料来源：睿乐生教育集团，《STAR测评的父母指南：问答》，2015年。

在这种压力过高、反馈不足的环境下，父母会被假象蒙骗倒也不难理解。科拉·希利斯曾惊讶地发现，大多数母亲“真心以为自己已经了解了关于育儿的一切”，时至今日，这种情况也没有多大变化：许多父母一谈及孩子的教育、健康和发展前景，似乎都有着一种莫明的乐观态度。当被问到育儿策略时，父母们向社会学家莎伦·海斯坦承，“我会采用我认同的理论”“我相信自己的直觉”。[5]

父母的过度自信会导致一种更有害的结果，即“邓宁-克鲁格效应”：越是对信息了解不够全面的人，越是对自己的选择无比自信，因为他们也不知道，其实还存在优化的空间。

邓宁-克鲁格效应造成了另一种陷阱：从外部支持中获益最多的人群，最不可能主动寻求帮助。在学习和反馈均不足的情况下，认知偏见会让错误观念趋于固化，从而无限期地对决策产生负面影响。更多的父母则会认真监督孩子的表现、帮助孩子完成家庭作业、聘请辅导老师，或在了解到孩子学业进展的残忍真相及其长期的社会和经济影响之后，主动寻求学校的支持。[6]

为什么学校会默许这样的误解存在，就连学业进展的实情也不说明？许多老师都表示：他们不忍心告知父母真相，而且他们担心愤怒的父母会把矛头指向学校。[7]

问题不在于父母，他们中的许多人根本就没有能力帮助孩子保持良好的学习状态。问题也不在于学校，现行体制给他们预留的发挥空间实在有限，总的来说，他们已经尽力了。问题在于我们强加给父母和学校的技能培养体制，它充满了非常自然、非常令人担忧的情感和存在主义焦虑——要求父母自行解决几乎所有的技能培养问题，将不可避免的结果归咎于学校，还夺走了孩子技能发展的机遇，导致以后要少赚数十万美元。

信 息

人们通常在遇到自己解决不了的问题时，都会花钱请人帮忙。修不好水管？打电话叫水电工。止不住牙疼？打电话约牙医。很遗憾，不懂技能培养的父母不能像这样轻松地获得解脱。即便父母没有过度自信，即便他们意识到自己需要帮助，也会遭遇其他问题。

在和陌生的水电工、牙医、汽车修理工或律师沟通时，我们都会心生焦虑——有一种任人摆布的感觉。这种无力感其实就是经济学家所谓“信息不对称”的本质。

信息不对称是指，你并不完全清楚自己在某场交易中能得到什么。医疗保健、教育、法律和金融领域的诸多专业性服务都存在信息不对称的问题。那些专家可以帮到我们，但也可能敲诈我们，这自然会折损其服务的价值。提供高质量服务的热情会逐渐消退，因为消费者会犹豫要不要为高低难辨的服务质量买单。这样的趋势会演变成被称为“逆向选择”的反馈循环，导致服务质量和消费需求同时下降。

除非具有巨大的价值，否则整个业务都可能因为信息不对称和逆向选择就此终止。如果有一份保险能预防（比如）你的老板因为外国进口产品抢占市场而宣告破产，或预防你的专业技能被新科技取代等职业意外，那会怎样？如果有一份保险能在离婚、从大学退学或对公司制度不满意想换工作的时候保障你的利益，那会怎样？这些保险产品都很不错，但根本不可能投入市场。原因之一就是信息不对称：最先购买的必然是最有可能用上保险的那群人——也就是使用保险费最高的那群人。[8]

因为存在信息不对称和逆向选择，所以父母（尤其是经济不宽裕的父母）通常都会对不熟悉的儿童投资项目持观望态度。虽然可以理解，但过度谨慎也容易让父母错失良机：比如大学的助学金政策，能让斯坦福大学的学费比橘郡海岸学院的学费更低；家庭辅导费用高昂，但能让孩子重回学习正轨；几英里外的社区租金和附近差不多，但便利设施更好；慢性病的治疗方案看似专断，却能有效修复孩子的视野缺损。

关于信任鸿沟的问题是这样的：对在收集和处理新信息方面缺乏专业知识的父母来说，这道鸿沟更显深刻。对少数族裔来说更为糟糕，他们世代生活在美国，却遭受了彻底的欺骗与背叛。

实践和反馈的不足把父母推进了学习的囚笼，过度自信和怀疑将门上了锁。要想了解问题的严重程度，可以看看父母对待一种特殊技能发展技术的态度。这项技术无需父母支付任何费用，几乎没有任何缺点，且能有效保护孩子在技能发展的过程中遭遇的巨大障碍。

这项神奇的技术是什么？是疫苗。

为父母的困惑打开一扇窗

除了与新冠相关的原因，父母反对接种传染病疫苗（如今被称为“反疫苗”运动）的声浪正逐年高涨。在某些地区，疫苗接种率已经低到了警戒线以下。结果就是，百日咳、腮腺炎和麻疹等原本几乎销声匿迹的“旧时代”疾病又出现了。[9]

反疫苗的父母最担心的一个点是，接种疫苗可能会提高儿童自闭症的发病率。起因是一位名叫安德鲁·维克菲尔德的研究员在著名医学杂志《柳叶刀》（*The Lancet*）上发表了一篇研究报告，声称有证据表明，12名儿童在接种麻疹–腮腺炎–风疹疫苗后出现了胃肠道问题和严重的自闭症症状。维克菲尔德召开了一场新闻发布会，宣布了这项爆炸性发现，并因此赢得了全世界的赞誉。他出演了一部吹捧式的传记电影，接受了《60分钟》节目的采访，还在国会上进行了发言。

然而，在那之后的10年里，记者布莱恩·迪尔的一系列轰动性调查揭露了真相，维克菲尔德的研究其实是一场精心策划的骗局。研究中提到的那12个孩子都是律师介绍给维克菲尔德的，他们想借此对疫苗研发者提起集体诉讼，骗取大笔赔偿金。在20世纪90年代，不只这些，还有其他许多孩子，都接受了一系列痛苦且不必要的有创试验，也就是后来人们口中的“维克菲尔德计划”，只为了寻找可能暗示疫苗会对儿童造成伤害的些许证据。为了证实自己的说法，维克菲尔德篡改了试验结果和病例记录。迪尔也揭露了主要的利益冲突。将那12个家庭介绍给维克菲尔德做研究的律师向他支付了近100万美元，让他提供有利于起诉的证据。在《柳叶刀》上的那篇论文发表之前，维克菲尔德就申请了一项关于疫苗替代方案的专利。只要人们对现存的疫苗失去信任，他就有望获利。不出所料，因为维克菲尔德弄虚作假，后续研究均未能复现他的研究结果。法院最终判处维克菲尔德犯欺诈罪，并吊销了他的行医执照。[10]

尽管如此，维克菲尔德的虚假研究仍然在许多父母心中埋下了恐惧的种子。从某种程度上来说，这着实令人费解。只要父母们愿意，他们的儿科医生一定乐于解释：主流疫苗对儿童不具有任何危险，它们都是经过大规模、严格研究得以验证的。

公共卫生研究员马修·莫塔、蒂莫西·卡拉汉和史蒂文·西尔维斯特对1 500名美国人进行了调查，试图了解为什么会有这么多父母仍对影响孩子基本健康的问题犹疑不定。他们一开始就提出了一个大胆的问题：调查对象觉得自己与专业医生和科学家相比，对自闭症的诱因了解得更多还是更少？有超过三分之一的调查对象认为，自己在这方面的知识与那些花了10年或更长时间接受培训的专家相当，甚至比后者更全面。接下来，研究员给调查对象做了一项关于自闭症的判断正误的小测试，题干包括“男孩和女孩的自闭症发病率大致相同”（错，男孩发病率更高）和“众多科学家认为，遗传和基因对自闭症存在影响”（对）。最后，他们询问调查对象，是否认为疫苗会导致孩子患上自闭症。[11]

调查结果体现了强烈的邓宁–克鲁格式的过度自信。对自闭症了解最少、对疫苗和自闭症之间错误关联最坚信不疑的调查对象基本就是那些觉得自己比专家更懂自闭症诱因的人。对自闭症了解越多的调查对象反而更谦虚，他们觉得自己在这方面的知识远不足以与专家相提并论。

但或许只有在风险较低的情况下，父母才能一直保持着这样错误的认知。如今，被误导的父母可以拒绝接种大部分疫苗，因为所在社区内的其他家庭疫苗的接种率相当高，足以为他们的孩子创造一个安全的生活环境。从经济角度来看，就像有其他纳税人为军事安全、道路和公园建设与维护等事务买单，因此逃税者完全不必为此担忧一样，因为周围人对健康安全的重视，反疫苗父母也能顺带着获益。[12]

不幸的是，错误的认知并不只会影响到这些低风险的决定，即便到了生死攸关的时刻，它也还在作祟。举个例子你就明白了：还记得当初的天花疫苗吗？整个19世纪，天花的阴云都笼罩着美国这片土地。1894年，布鲁克林暴发了一场天花疫情，当地民众十分惊恐，威胁要烧毁收治感染者的隔离医院。美国原住民将天花称为“烂脸病”，感染者的死亡率高达三分之一，且传染性极强。其实，1796年科学家就研发出了一种便宜、有效且相对安全的疫苗，能有效抑制天花病毒。然而，当疫情如噩梦般袭来，痛苦和死亡已近在眼前时，许多父母仍对当地专家的建议充耳不闻，拒绝给孩子接种疫苗。最终，政府下达了强制接种的命令，才停止了这场闹剧。[13]

显然，许多父母在面临重大抉择时，都无法轻易相信儿科医生之类专家的指示。19世纪人们对天花疫苗的反对表明，不信任和过度自信会对变革性药物的投资造成阻碍，这些药物不仅成本极低，而且能带来巨大的好处。想象一下，要是换作某些前期成本很高、效果有限且不及时的技能，投资受到的阻力将会有多么巨大。

借贷限制

复杂性、学习障碍、信息问题，这些都是培养孩子技能时需要面对的难题。但难题不只这些。父母身上还压着另一副重担。

这副重担的压迫感极强，以至于包括我在内的几代经济学家都还在探究解决的良策。它看起来如此明显，以至于众多政治家和决策者都认为，这是父母需要应对的最大问题。20世纪初，妇女进步改革运动的领袖创立并监管着具有里程碑意义的联邦儿童局，她们认为，这正是儿童发育不足的根本原因。

这个问题就是**钱**：父母的钱。也就是缺钱。

我们的注意力大多集中在K12学校的经费预算上，而忽略了社会群体共同资助孩子发展的形式。种种事实证明，我们忽视了更加重要、更显不平等的现实，也是在儿童技能发展过程中负担最重的人——父母——需要面对的现实。

简而言之，许多父母都没那么多钱投放在孩子身上。5年优质幼儿期教育需8万美元起步，大学需10万美元起步，坚持请家庭辅导、参加课外活动差不多也需要10万美元，还有很多费用高昂的技能发展投资项目，有多少人能负担得起？

但若稍退一步再看，这个问题就显得很有意思了。虽然听起来有些奇怪，但一般来说，缺钱并不是什么大事。这不是还有**贷款**

吗？大多数人买不起房子，就会去申请房贷。大多数人缺少创业或扩大规模的资金，就会去申请商业贷款。数以百万计的人都在贷款。

然而，出于几个原因，儿童技能投资用不上这种方法。和家庭住宅不同，孩子的技能不能作为抵押品。如果房主拖欠贷款，银行有权收回房产并将其出售以弥补损失。有了这份保障，再加上房利美（Fannie Mae）和房地美（freddie Mac）在公共财政上的大力支持，银行就敢去做一些听起来很疯狂的事——向他们几乎完全不了解的普通人一次性发放大笔贷款。但如果父母拖欠用于支付学前班费用的贷款，银行也无法收回孩子掌握的新技能。即便读写技能有了回报，孩子在成年后变得富有，银行也不能确定孩子是否会主动帮父母偿还贷款。说得委婉些，这是一场豪赌。

许多商业贷款之所以令人放心，还有另一个原因：它们能产生短期利润，让借款人有能力按时还款。新开的餐厅、理发店和汽车旅馆，几乎都能迅速将贷款转化为客户和利润。孩子的技能可没法很快带来收益。技能不怎么像传统的小公司，而更像硅谷的初创科技公司，需要数年时间开发新技术、积累客户，然后才能获得实打实的收入。初创的公司通常会凭借自身的发展前景，通过出售股票而非贷款的形式募集资金，但父母不能凭借孩子的未来收入出售股票，因为那些收入并非为他们所有。

因此，从银行的角度来看，“儿童发展贷款”简直是集所有缺点于一身的产物。作为构建资产的长期投资，无法产生短期收益，若发生违约，也不能作为抵押品回收。更糟糕的是，投资获得的新收益最终归孩子所有，他们没有法律义务与父母分享相关收益，或负责偿还贷款。要想让这种高风险贷款变得有利可图，唯一的办法就是设置非常高的利率，但利率过高又会造成逆向选择的“死亡旋涡”，只有风险指数最高、可信度最低的人才会申请贷款，这样一来，又会进一步压缩贷款机构的利润空间。

父母一旦无力承担用于孩子技能培养的关键投资，就会陷入困境。经济学家将其称为**借贷限制**。人们很难理解，借贷限制的存在有多不寻常，因为在儿童发展过程中，状况一向如此，我们都认为这是理所当然的事。要是放在经济领域的其他行业，人们就能感觉到这样的限制有多不寻常了。自2015年以来，多个石油公司在圭亚那近海发现了储量惊人的石油，总价值大约能达到2 750亿美元。他们知道那里有石油——只要去开采就能得到。但石油开采需耗资1 920亿美元。若能尽快进行开采，就将是一笔相当具有轰动性的投资——其利润将超过800亿美元。然而，如果石油公司像父母那样，银行就会说:“很遗憾。”不批贷款，不能开采，没有石油。[14]

许多研究不平等和儿童发展的人都把借贷限制视为根本问题。原因有几点。首先，父母的收入是个明确的、可度量的、易变化的数字。消除借贷限制的办法很简单：给受到限制的父母更多钱就行。

其次，无论在什么时候，对父母收入的评估都与孩子的技能密切相关。儿童局之所以将贫困视为儿童技能发展的主要障碍，原因之一就是其开创性的研究证实确实存在这种深刻的关联。穷人家的孩子夭折的概率更高。他们也更有可能辍学、受到执法部门的处罚或患上慢性病。1919年，首任儿童局局长茱莉亚·莱斯罗普就曾表示:“维持体面家庭生活的能力是保障儿童福祉的首要因素。”[15]

关注父母收入的第三个原因比较微妙，但也可能最为重要。在道德观扭曲的育儿世界里，把注意力放在金钱上会让人舒服些。我们会钦佩《布鲁克林有棵树》中凯蒂·诺兰那样的父母，为了供养两个年龄较大的孩子上学，母亲对极度贫困的处境发起了抗争："啊，要是今年秋天我能送他们去上高中就好了！上帝啊！我愿意用二十年的生命做交换。我会昼夜不息地工作，但我不能死。不然谁来照顾小宝宝呢？"[16]

这样看来，育儿方面的资金投入风险着实高。我们习惯性地认为，因为缺钱耽误孩子技能发展的父母已经尽力了，因为其他原因耽误孩子技能发展的父母单纯就是坏。但现在，我希望大家都能意识到这种区别对待有多荒谬。复杂性、学习和反馈的不足，以及可以理解的过度自信和不信任都可能阻碍好父母对孩子的合理投资——在某些情况下，甚至包括成本极低、收益极大的投资。

所以，如果最终事实证明，父母有了更多的钱还是做不到更好，也不必为此感到羞愧。但那会引发另一个问题：钱的多少究竟会带来多大的不同？

验证一项假说

为了能够真正地检验出借贷限制的关键性，我们需选取在孩子技能培养方面表现得同样出色，但获得资金的渠道各不相同的父母，对他们的情况进行比较。这并非易事，因为父母要想变得更富裕，在工作上表现出色依然是最主要的方式之一，而在培养孩子技能的诸多非经济的相关方面，这样的父母通常也表现得同样出色。研究IRS数据银行时，我曾花了几年时间，试图找到一种方法来解决这个问题，并查明金钱本身的作用。

社会科学家应当对自己的研究持中立态度，但鲜少有人做得到。就我而言，我更希望证明，对于大学入学率这个技能发展情况的重要指标，父母的收入能起到关键作用。最终，我注意到一项关于父母失业时间的自然实验。经济学家早就知道，失业意味着长期性的收入降低。[17]比如，有两个孩子，佩妮和莉娜；佩妮和莉娜各自的父亲工作差不多，收入也差不多。假设在佩妮15岁的时候，她的父亲失业了。佩妮好可怜！这就意味着，佩妮在决定要不要上大学、上哪所大学的时候，要考虑到自己家庭收入变低的事实。莉娜的父亲也失业了，但这发生在10年后，莉娜已经25岁了。莉娜好幸运！25岁的莉娜已经完成了大学这项投资。这样一来，可怜的佩妮和幸运的莉娜构成了一项几乎理想化的实验，可以检验至少对快要上大学的孩子来说，借贷限制有多么巨大的影响。如果借贷限制确实影响巨大，那与幸运的莉娜这样的孩子相比，可怜的佩妮这样的孩子上大学的概率就要低得多，或是所选大学的质量要差得多。[18]

IRS数据银行包含了700万名失业父亲的记录。也就是说，有数百万佩妮这样的孩子，也有数百万莉娜这样的孩子，我可以将他们的大学选择进行比较。在面临大学的选择时，佩妮这样的家庭比莉娜这样的家庭每年少赚约7 000美元。并且收入差异将一直存在，这意味着和幸运的莉娜家相比，可怜的佩妮家总共会少赚约10万美元。那么700万名失业人员就影响着约7 000亿美元的财富，大约占国内生产总值的5%。也就是说，这是一项规模非常巨大的实验。

我这些数据所体现的相关性与一百年前儿童局研究人员发现的相关性一样明显：富人家孩子上大学的概率远高于穷人家孩子。如果真是因为父母的收入造成了这样的差异，失业还会让大学入学率再下降几个百分点——数据摆在眼前，这样巨大的影响随时可能变成现实。我把所有因素考虑在内进行了计算，得出了一个令人难以置信的结果。可怜的佩妮和幸运的莉娜对于大学的选择看起来几乎没有差别。凭借着那些惊人的数据，我得以证实，影响确实存在，却十分轻微。在18至22岁之间，可怜的佩妮继续上大学的可能性每年都要比幸运的莉娜低0.5个百分点。美国孩子上大学的概率在50%左右，也就是说，在校人数会减少1%。即便收入真的造成了贫富学生大学入学率的差异，其影响也仅有预期的十分之一。

对这个结果，我实在觉得难以置信。7 000美元的年收入落差和10万美元的未来收入对孩子的受教育情况几乎没有影响。那么关于“是否负担得起大学费用”的讨论算什么呢？那些低收入家庭的孩子为了学费用尽办法的动人故事又算什么呢？10万美元差不多够读完大学了；这么一大笔钱，为什么影响竟如此之小？[19]

我不敢相信自己的发现，所以在那之后的一年里，我一直试图找出代码和数据的错误，希望能解开心中的谜团。我也提到过影响社会科学研究的一些棘手问题：刻意发布满意的结果，对不合意的结果视而不见，挑选着发布部分结果，诸如此类。但也不必偏激地认为，所有社会科学家都会为了证明自己的偏见操纵数据。我不喜欢我的研究结果，但我也不能抹杀它们的存在。

最终，我总算弄明白了。原因很简单：父母没有把额外的收入用在送孩子上大学上。

对孩子在上大学的父母进行调查后，结果显示，每年能多挣1 000美元的父母每年只会多给20至50美元用于孩子的大学学业。幼儿期教育的花销同样如此：1 000美元的富余收入只有约30美元会加到育儿费用上。甚至低收入的父母也这么做，而他们应该是最容易受到借贷限制影响的群体。[20]

也就是说，我研究的失业这一因素可能只会导致父母供孩子上大学的预算减少几百美元。从这个角度看，大学生数量会减少1%已经足够令人震惊了。孩子们自己似乎对大学费用相当敏感，但父母并不会倾尽所有帮孩子解决这个问题，所以父母的收入多少其实没什么差别。

了解到社会学家安妮特·拉鲁的发现后，我的研究结果显得有意义了许多。不同于大多数经济学家，拉鲁没有选择把冷冰冰的数据提炼成统计学层面的概念，而是决定去了解父母，在他们的家和社区中，甚至在去牙科诊所和杂货店的路上近距离观察他们的生活。对富裕和贫困家庭抚养孩子的状况进行多年观察后，她总结道："尽管很难理清经济和文化因素，但我们还是可以进行一项思想实验：想象一下，如果一个工薪阶层或贫困家庭中了彩票，会发生怎样的变化？在接下来几天或几周内发生的变化大概率与经济因素有关。不过，工薪阶层和贫困家庭不太可能对学校之类机构的内部运作情况有所了解，也不太可能像中产阶级家庭那样管理孩子在家庭之外的生活。"[21]

拉鲁预计，收入并不是低收入家庭的孩子读不好书的原因。她认为，其他因素的影响要比这大得多，比如前面讨论过的复杂性、学习和反馈不足、过度自信和不信任。决定父母在劳动力市场中能获得的收入和他们培养孩子技能的水平的主要因素并非金钱，而是父母们自身的认知、社交、情感和专业技能。我的研究从大数据层面验证了拉鲁的深度数据假说。由此看来，我的研究结果似乎也没那么难以接受。

在我进行研究后不久，另一群经济学家——乔治·布尔曼、罗伯特·费尔利、萨莉娜·古德曼和亚当·伊森——也用同样的数据和同样的“可怜的佩妮和幸运的莉娜”对比法做了实验，但进行了大幅改良：他们完全采纳了拉鲁的建议，将那些真中了彩票的父母作为研究对象。现在的情况是：莉娜16岁时，她的父母中了5万美元的强力球彩票大奖（莉娜好幸运！）；佩妮25岁时，她的父母才中了5万美元的强力球彩票大奖，而这时她已经做完了上大学的决定（佩妮好可怜！）。加上中彩票这项条件，我们能够更理想化地探究借贷限制，因为中彩票与否无法提前预知，且只会对家庭收入产生影响，而失业不仅会导致收入减少，还与自我损耗、居家时间延长等其他因素脱不开关系。这群研究员得出了完全相同的结果。幸运的莉娜和可怜的佩妮在大学选择上几乎没有差别，也就是说，父母的收入本身不会造成任何影响。[22]

如果将父母收入和另一种存在形式的金钱——助学金放在一起比较，原本细微的影响就明显了许多。父母可以随意支配自己的劳动收入，但助学金只能用来上大学。研究发现，多1 000美元助学金，入学率就能提高2至5个百分点。回想一下，父母的收入每增加10万美元，大学入学率才能提高0.5个百分点。也就是说，以大学助学金的形式直接给孩子1美元，与给他们的父母1美元相比，对入学率的提升效果要强1000多倍。只需想明白这一点：助学金百分之百会用来上大学，而父母的收入无论增加多少，都只有一小部分会用在这方面。[23]

很显然，在孩子身上做投资的主要决定因素并非父母的收入状况，而是诸如观念、知识和技能，这些因素帮助父母克服了孩子技能发展中涉及的所有障碍。所有这些因素其实也能帮助父母获取收入，这算是意外之喜吧。[24]

对收入极低的家庭来说，父母的收入确实至关重要，在孩子还不到5岁且上不了公立学校的情况下尤其如此。劳动所得税减免、补充营养援助计划（SNAP）和社会福利等项目凭借着就业、儿童保育和营养等不同的附加要素，想方设法地增加父母的收入。且有证据表明，在某些情况下，这些项目对孩子的技能发展也有帮助。一种说得通的解释是，对收入极低的家庭来说，在食物、住房和心安等方面的基本花销能有效改善培养技能的家庭环境，也无须父母在教育和医疗等复杂层面完成飞跃性的调整。[25]

即便如此，与其他直接投资于技能培养的项目相比，父母收入的影响似乎太过微小。比如，妇幼营养补助特别计划（WIC）。WIC致力于为幼儿的母亲提供家庭营养支持、健康筛查，并协助她们申请其他复杂的公共福利。WIC不只意味着收入，而是一整套旨在改善孕产妇健康和儿童技能发展状况的服务。

同样是1美元，WIC用来减少低体重儿、提高幼儿学业成绩的效果比直接打钱给父母好不止5倍，这一点很值得关注。[26]

所以在某些情况下，父母的收入确实能保障技能发展。但即便如此，平均到每1美元的公共支出来看，金钱本身的效用也不算很高。金钱无法让大多数父母成为建筑、木工或法律方面的专家，也无法让他们成为儿童技能培养的专家。

到目前为止，我们讨论的都是导致父母难以掌控**自己**孩子技能发展轨迹的结构性因素。下一种因素会说明，为什么这种观点过于狭隘。当我们不能为父母提供支持时，他们自己孩子的技能发展只不过是第一个牺牲品。

溢出效应

研究人员询问父母，他们认为自己的孩子在学校面临的最大问题是什么。有一个因素被提及的频率始终遥遥领先。不是学校经费，不是大班教学，不是学校管理，也和老师或行政人员没有一点关联。父母最介意的是**其他父母**。具体来说，是一些父母对孩子的支持不够，导致孩子出现行为问题，从而影响到其他孩子正常学习。[27]

事实证明，这些父母并不是杞人忧天。如果一个孩子没有得到技能持续发展所需的投资，就会像得了某种传染病一样，对其伙伴和同学也造成影响。这样的“溢出效应”（或被称为“外部效应”）意味着技能培养障碍会从家庭蔓延至学校、社区和群体，进一步加重本就困扰着父母们的其他问题。

经济学家斯蒂芬·卡雷尔和马克·胡克斯特拉发现了一种评估该问题严重性的方法。他们翻阅了佛罗里达州阿拉楚阿县公开的法庭记录，收集了从1993年至2003年间因家庭暴力而申请对伴侣实施限制令的父母的数据。这些数据指明了存在家庭暴力问题的家庭。另有研究表明，在此类家庭中生活的孩子更有可能在课堂上释放出内心的恐惧和压力。[28]不幸的是，家庭暴力在阿拉楚阿相当普遍，平均每20个学生中就有1个有过亲身经历。

因为信息还在不断更新，卡雷尔和胡克斯特拉花了10年时间，才将这些数据与阿拉楚阿县所有孩子的技能发展情况对应上——不仅是遭受过家庭暴力的孩子，还有他们的所有同学。研究员采集了他们的考试成绩、大学录取情况，以及成年后早期的工作收入。透过这些具有特殊意义的数据，我们得以窥见调皮捣蛋的孩子对同学造成的影响。[29]

至于卡雷尔和胡克斯特拉到底是怎么做的，可以看看阿拉楚阿县爱迪尔怀尔德小学的三年级。大多数时候，三年级学生都在115名左右，他们会被分入8个班，每个班大概14名学生。[30]1996年，119名学生中有4名遭受过家庭暴力。1997年——还是同样的学校，同样的年级——112名学生中有8名遭受过家庭暴力。这样的小数字变化通常都能体现出纯粹的随机机会，就像雨滴落在树叶上一样，为了证实这一前提，发起者们准备了相当充足的证据。出于纯粹的随机原因，同是爱迪尔怀尔德小学的三年级学生，1997年有因为家庭暴力而表现出焦虑、抑郁和压力等破坏性症状的学生的概率是1996年的两倍。只需比较1996年和1997年三年级学生的成绩，研究人员就可以了解到这些孩子对同学的影响。

很遗憾，研究验证了父母在调查中表露的担忧。同学越是调皮捣乱，孩子的考试成绩越差，违纪行为越多，上大学的概率越低，工作后的收入也会越少。这种影响非常巨大，而且对同班的所有孩子都有影响。班上每多一个调皮捣乱的孩子，每年就会让其他孩子的未来收入减少约8万美元。对收入的影响足以证明，这份影响实在巨大。而在社会和情感方面的影响，尤其是霸凌之类外化行为的影响可能更为显著。

"我们打电话和阿拉楚阿的顾问沟通过，"卡雷尔表示，"我们问过的每一位老师和顾问都百分之百认同这篇论文的结论。"在卡雷尔与校长和顾问的谈话中，爆发点的概念被频频提及。要是一两个问题学生，老师还能应付，但如果班里有三个、四个甚至五个问题学生，局面就会迅速失控。后续在对瑞士学校的研究中，也发现了同样的模式。[31]

我和一位学校顾问聊过，他也有类似的感觉。这位顾问在两所小学里任职，一所公立小学，一所私立小学。"私立小学是自己选的，收入更高，苹果酱等应有尽有，孩子们都能保持注意力集中。公立小学基本就是一片混乱。每个班都有家庭条件特别不好的孩子，总有很多问题要解决。有个孩子在班里搞破坏。我们说服了校长，把这个带头做坏事的孩子转去私立学校。他刚想搞破坏，那些乖孩子就制止了他。好像突然之间，他就学会听话了。"

一个捣乱的小孩，一年就能让20名学生的班级的未来总收入减少8万美元，这还只是溢出效应对孩子的一小部分影响。只有一小部分遭受家庭暴力的父母会申请限制令，而许多孩子之所以会在学校有不好的表现，并非因为家庭暴力的影响。[32]许多孩子都会受到父母和兄弟姐妹的虐待。许多父母都面临着焦虑和抑郁、贫穷、药物滥用、失业、监禁，以及因歧视在这些方面受到影响从而压力倍增等诸多问题。

人们经过数十年的努力尚未实现更高程度的社会融合，直到21世纪初，几项重大的法院裁决彻底扭转了风向，略微揭开了更广泛的外部效应的面纱。某些裁决更是让部分城市对待学校种族隔离的态度有了突然的转变。研究人员分析了北卡罗来纳州夏洛特市和华盛顿州西雅图市的多项案例，研究结果呈现出一种颇令人不安的模式：班级里每多一个低收入家庭的孩子，同班所有孩子（无论贫富）的未来收入都要减少约1.4万美元。这种影响与在卡雷尔和胡克斯特拉的研究中，父母申请限制令对孩子的影响相比较小，但家庭贫困或相对贫困的孩子比经历过家庭暴力的孩子要多9倍。研究表明，如果在整个K12学期，某名学生同班的全都是贫困学生，那么与同班没有一个贫困学生的情况相比，平均而言，她的未来收入至少会减少18万美元。[33]

这些研究一次又一次地呈现了溢出效应的特殊形式。向弱势学生敞开大门的学校很难聘到或留住好老师，好老师的稀缺反过来又会对全体在校生造成负面影响。这些学校并非付不起同等水平的薪资。资金缺口早已不是K12系统中的主流现象了。重点在于，老师们更喜欢教成绩更好、家庭更富裕的学生，主要是因为他们觉得，这些孩子不容易出现学习和行为问题。有研究表明，老师们最重视的工作因素就是，是否有一位能帮他们整治问题学生的校长。在条件更优越的学校里，基本都会有较多的助教能帮助老师完成工作。这些助教正是学生们的父母，他们掌握着丰富的技能和资源，能高效地扮演这个角色。[34]

应对溢出效应，父母主要有三种选择。

第一种选择是坦然接受经济多样性背后更多无形的利益。不过平均来说，在其他条件相当的情况下，班里的弱势学生越多，总体考试成绩、大学筹备和未来收入就越差。我们可以把这种选择称为"多样性"反应。[35]第二种选择是在自己的能力范围内，搬到最高档、最有优势的社区，以抵御负面的溢出效应。我们可以把这种选择称为"绝缘性"反应。最后一种选择支持以政策主张的形式，打造更全面的技能培养生态系统，调整学校内贫困儿童的比例，优化学习环境。我们可以把这种选择称为"提升性"反应。

多样性反应对多数父母都没有吸引力，在和孩子有关的事情上，他们不愿意做出如此大的让步，这也可以理解。父母们通常会本能地选择绝缘性反应。但逃避多样性的代价实在昂贵。高档社区的房价很高，私立学校的费用也很高。社会好像变成了一场军备竞赛，父母们竭尽所能地想让自己的孩子成为优势方。对于非常富裕的家庭来说，"绝缘"也没什么问题。对于中产阶级的家庭来说，这意味着一直处于悬崖的边缘：**要挣更多的钱，勉强维持生活，否则就只能眼睁睁地看着自己的孩子落于人后**。对于大多数家庭来说，提升性反应会是更省钱、更有效且压力更小的选择，也符合大多数人对美国的认知，即美国是一个不论出身、提倡公平竞争的国家。

在美国，我们要求父母几乎完全承担起技能培养的重任。在此过程中，父母们需独自越过复杂性、缺乏学习、信息问题和借贷限制等种种难关。所有这些因素都会对收入低、文化程度低的父母造成更大的压力。若是把这些父母聚集在种族隔离的社区，无疑于火上浇油。溢出效应会让数百万儿童未来的财富化为灰烬。

这正是导致美国根源性的社会异常——种族不平等——始终存在的最主要因素。

5

技能发展和种族不平等

引言中已经提到过，如果在青少年时期参加武装部队资格测试时，富裕和贫穷家庭的孩子对各项技能的掌握程度相当，那么他们未来收入的差距就会缩小大约70%。我们发现，若是换成黑人和白人小孩，他们的收入差距只能缩小大约50%。看到这个数字，你可能会想，即便黑人掌握了与白人完全相同的技能，在就业、医疗保健、刑事司法和其他制度方面的歧视还是会将黑人的收入拉到远低于白人的水平。

在本章中，我将仔细探究美国黑人和白人收入差异的决定因素，并得出一个不同的结论。我发现，如果黑人社群能获得均等的技能发展机遇，黑人与白人的收入不平等可能会消除一半以上，且就算种族偏见依然存在也无妨。原因在于，当整个群体而非零散个体实现了更高程度的技能发展时，强大且惊人的乘数效应就会发挥作用，从而提升该群体的经济地位。消除种族收入差异继而可能在一代人的时间内在很大程度上消除种族贫富差异。更进一步来说，而在不考虑让黑人获得平等技能发展机遇的前提下试图减少偏见，该策略可能不能如愿地缩小黑人和白人间的收入或贫富差异。[1]

探究此类问题时，一定要记住，我们说的是平均水平，而非个体情况。通常都会有许多个体表现出与群体均值相悖的模式。如果某个关于群体均值的模式与你个人或某个熟人的经验不符，不必感到奇怪。这并不表示关于群体均值的模式有误，但也无须怀疑自己的经验。我还想提前说一句，我对待种族的态度和如今的大多数社会科学家相同：这个概念属于政治、历史和社会学范畴，而非生物学范畴。

在本章中，我将重点分析技能发展系统对不同种族群体的不同影响。核心的直觉推断很简单：**越是依赖家庭而非专业人士来培养孩子的技能，越是会把群体当前的发展前景与其先祖的发展前景紧密联系在一起**。我们过分仰仗父母来培养技能，从而延续了种族和阶层方面的不平等。要想看清这一点，首先就要重新审视美国的原罪：奴隶制。

非裔美国人和技能禁令

非裔美国人从偷窃、折磨、饥饿、强奸、与亲人断绝联系等重重苦难中侥幸存活下来之后，被奴隶贩子送上了美洲海岸。从那时开始，他们就一直在努力学习经济技能。[2]

废奴主义者大卫·沃克在1829年称："有色人种在这个国家获得知识，会让踩在沙土地基上的暴君瑟瑟发抖。"由于害怕再发生如1739年的史陶诺动乱和1831年的纳特·特纳起义这样的奴隶起义，南方各州制定了严苛的法令，禁止教任何奴隶，最终演变成禁止教任何黑人（无论奴隶还是自由人）读书、写字或提供任何形式的“思想指导”。[3]

执法无比严格，惩罚极其残忍。要是有人发现奴隶带着书，可能会鞭打该奴隶数百下，砍断其手指或双手，甚至可能会将其杀死。被解放的奴隶詹姆斯·卢卡斯回忆说，之前的主人“绞死了他最好的奴隶，因为那人试图教其他人拼写”。[4]

但正如历史学家希瑟·威廉姆斯在《自学成才》（*Self Taught*）一书中所说的那样，威胁还不够大。很早就有人冒险建立了一个地下教育市场，直到内战爆发时还在活跃。奴隶们在“隐秘的地方偷偷开办夜校，坐在树林里学拼写”。黑人小孩把书藏在纸堆、衣服或帽子里，白天偷偷去讲师的家里上课，进出都不结伴。他们会哄着白人小孩“上学玩”，会用金钱、食物、钉子和弹珠，以及拳击和摔跤练习向有迫切需要、天真率直或有同情心的人换取学习的机会。[5]

掌握读写能力后，有些奴隶通过伪造字据得以重获自由。有些奴隶在《圣经》[“（上帝）从一个本源造出了万族来，使他们住在整个大地上”] 以及有关世俗的经文（“自由还是死亡”）中找到了正义。还有些奴隶以此来维护自己的人格。当一个女孩的主人发现她在学写字，威胁着要惩罚她时，她把他的鞭子弯成了自己名字首字母的形状。[6]

内战期间加入联邦军的奴隶们在营地里建了许多临时课堂。无论是在站岗、医院里、篝火旁还是准备时的帐篷里，他们都会读书、学习。当时有人记述了黑人士兵对学会读写的普遍积极性，并表示，

“掌握读写能力似乎是他们共同的愿望”。[7]

解放黑奴运动解除了限制。1870年，内战正式宣告结束后，只有20%的黑人具备读写能力，而掌握读写能力的白人的比例是92%。[8]布克・T.华盛顿9岁时，他在弗吉尼亚州的亲属才得知，法律承认了奴隶的自由人身份。他后来回想起从前南方各地的奴隶对教育的极度渴望：

> 整个种族初次接受学校教育，纵观历史，这也算得上与种族发展相关最有趣的研究之一了。没有亲身经历过的人，很难准确地理解我们这个种族对教育的极度渴望……想学习的人，几乎不会嫌自己年纪太小，也永远不怕晚。只要能尽快找到老师，无论老师教哪个学科都行。不仅日校满员，夜校也一样。老年人的最大心愿就是在死前学会读《圣经》。因此，夜校里常能看见上至55岁甚至75岁的男男女女……
>
> 日校、夜校、主日学校里总是人满为患，常有人因为学校满额而被拒之门外。[9]

南方白人关注到了这一点。佐治亚州的一位学校官员认为：“有色群体表现出了送孩子接受教育的强烈愿望。他们的学校一开放招生就能迅速招满。”该州的另一位官员警告称：“必须要采取些措施了，否则白人将被黑人甩在后面。”[10]

人们说到做到。随着联邦政府逐渐交出军事掌控权，邦联制再度崛起。南方白人利用赤裸裸的恐怖主义和种族歧视法律阻止黑人投票。随后，他们开始挪用黑人学校的资金，将其投入白人学校。正如一名学区负责人炫耀的那样："被分配给有色儿童的钱都花在了白人儿童的教育上。学龄期的有色儿童是白人儿童数量的两倍，我们用的都是原本要给黑人儿童的钱。有色儿童对我们很有好处。"

到第一次世界大战时期，南方黑人小孩就读的学校内，平均每个班级的学生人数差不多达到了先前的两倍，每年的学期时长缩短了四分之一，老师的薪资被砍了一半。[11]"隔离但平等"成了阻碍黑人技能发展的托词。

身处在这样充满敌意的环境中，即便黑人学生真的克服困难掌握了技能，他们的职业选择也很稀少。只招收白人的专业培训学校、带有偏见的招生政策，导致大多数黑人学生都无法进入最有声望、最能赚钱的行业。[12]

但后来，局面发生了变化。首先，全国有色人种协进会（NAACP）发起了一场声势浩大、长达50年的法律运动，以求在全美实现从幼儿园到研究生院和专业培训学校的教育机会平等化。许多人都认为，试图向司法部门施压以维护种族平等只是徒劳，但他们错了——这场运动取得了成效。甚至在1954年布朗诉托皮卡教育局案（347 US 483）宣判学校种族隔离制度为非法之前，黑人小孩就无须继续忍受大得惊人的班级、短得惊人的学年和低薪的老师了。[13]

其次，马丁·路德·金等人领导的非暴力抗议运动为1964年和1965年具有里程碑意义的《民权法案》积蓄了力量。该法案敞开了所有职业的大门。

这套历史性的组合拳似乎为黑人在经济上的成功奠定了坚实

表 5.1

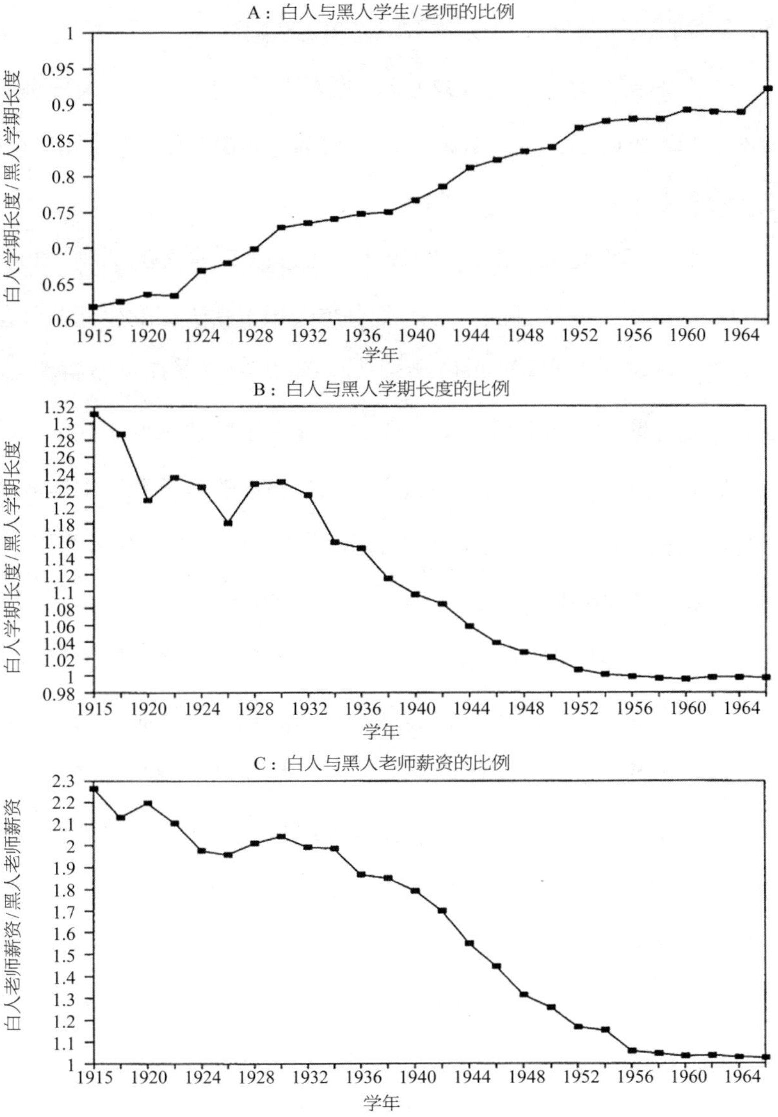

1915 年至 1965 年黑人和白人学校质量的差异。①

① 资料来源：大卫·卡德和艾伦·B.克鲁格，《学校质量与黑人和白人的相对收入：直接评估》,《经济学季刊》第107期，1992年第1期，第168页。

的基础。剧本的走向应该是：在兼收黑人和白人的好学校里学会技能，然后在向所有种族开放的好职业中找到工作。

那么事实究竟如何？1970年，黑人男性的收入比白人男性低50%。截至2014年，这一数值达到了65%。非裔美国人的经济状况在不断恶化。[14]

哪里出了问题？一个关键因素是总体经济不平等的加剧。20世纪60年代以后，无关种族，美国所有穷人和工薪阶层的生活条件都在恶化。在那半个世纪的时间里，处于中位的薪资几乎没有提高。经济学家将这些趋势归因于有利于高技能职工的技术变革、陷入停滞的最低薪资、下降的工会会员率，以及我们的教育系统不能满足受过大学教育的职工日益增长的需求。黑人遭受了数百年的歧视，他们或多或少地都很容易受到这些趋势的影响。[15]

另一个关键因素是监禁率的飙升。这也是新政策比较严格的缘故，比如所谓“毒品战争”和在民权运动后实行的强制性最低刑期等。1970年后，这些政策使得全国的监禁率提高了700%，实在令人震惊。近几十年内，随便什么时候，大约都有十分之一的年轻黑人男性处于监禁中。截至20世纪90年代，研究人员估计，有近三分之一的黑人男性都遭遇过监禁。[16]

长期以来，我们的国家都将刑事司法视为保障白人控制权的武器，最近20年的记录表明，这一遗风正在造成令人震惊的后果。种族偏见始于治安官对执法优先事项的选择。这种偏见从警察最初的拘留和武力使用开始延续。再然后是违禁品搜查和逮捕、罚款金额、检察官提出指控罪名的严重性、保释金的设定、陪审团和法官定罪、监禁、刑期和死刑的执行。黑人和白人的巨大就业差异大约有四分之三都出在低收入的年轻男性身上，这体现了一个事实，即在监狱服刑的黑人男性越来越多了。[17]

在社区种族隔离的背景下，不断恶化的环境和大规模监禁对低薪职工的打击愈显沉重。长期以来，种族隔离都在以各种各样的种族主义措施呈现，比如限制性契约、经济歧视、排斥性区划和明晃晃的恐怖主义。由于少数族裔聚居在不同的社区，他们在教育、交通和基本设施（包括清洁的空气和水、垃圾收集和污水处理）等公共服务方面更容易遭受歧视。有些时候，在收入水平较高、以白人为主的社区内，向社会上层流动的黑人家庭抵押贷款时会遭遇故意抬价，等到白人家庭为了保持距离纷纷搬走之后，他们的投资就相当于打了水漂。如今，尽管最高法院的裁决明确表示住房歧视不合法，但房地产中介仍在大批量地“引导”黑人客户流向质量较低的社区。[18]

低薪职工的收入下降、带有严重种族偏见的大规模监禁，以及住房市场的种族隔离，使得黑人和白人小孩在截然不同的社区中成长。近三分之二的白人小孩都生活在以双亲家庭为主的社区，且其收入都高于贫困线。而能在这样的环境中生活的黑人小孩还不到二十分之一。[19]

近几十年来的种种趋势都严重阻碍了黑人在经济方面的进步，浇灭了20世纪60年代盛行的乐观情绪。当时马丁·路德·金、A.菲利普·伦道夫、贝亚德·拉斯汀等一众杰出人物领导了“向华盛顿进军”游行，林登·约翰逊总统向国会保证，“我们终将胜利”。不过，即便没有出现新的阻碍，黑人的收入也很可能不会像众多民权倡导者所预想的那样急剧增长，因为20世纪的各种民权运动与其说是一个解决方案，不如说是一个**开始**。法律层面的胜利和新的立法确实缩小了学校和就业上的机会差距，但事实摆在眼前，美国公立学校教给孩子们的技能远不足以保证他们能在成年后获得事业上的成功，因为我们主要还是靠父母来培养孩子的技能。**布朗诉托皮卡教育局案**和民权运动几乎没有触及黑人小孩在公立学校之外那90%的童年时光中可能拥有的机会。若是获得技能发展的机会不平等，黑人小孩还想抓住新的职业机遇？根本无从谈起。

你可能会疑惑，为什么出了公立学校，黑人小孩获得技能培养的机会就少了许多。种族隔离的遗留问题导致黑人小孩只能在相对更不稳定的社区长大，我们对此已经有所了解，但还不止如此。在校外的技能发展过程中，黑人小孩需面对更艰巨挑战的主要原因是，在父母培养孩子技能方面，许多普遍存在的障碍都给黑人父母造成了额外的压力。

比如，信息不对称会给黑人家庭带来更深重的影响。因为摔了太多跟头，所以黑人家庭难免会以更谨慎的态度对待新“机遇”，这很容易理解。在内战结束后分给每个自由民“40英亩土地”的虚假承诺，在重建时期对自由民的储蓄以及信托银行的大肆掠夺；塔斯基吉梅毒实验的医疗骗局；塔尔萨“黑人华尔街”大屠杀；法院、工会、大学、最低薪资、社会保障及教育以及《退伍军人权利法案》在住房和教育方面的不公正执行——到处都是背叛。一次又一次，所谓黑人的“机遇”不是空谈就是陷阱。[20]

《华盛顿邮报》的黑人个人理财记者米歇尔·辛格尔特里对这份恐惧记忆犹新。抚养他长大的祖母曾拒绝填写她申请联邦大学助学金所需的文件。辛格尔特里解释说，她的祖母“担心暴露收入和资产情况后，自己的家会以某种方式被夺走”。她的担心不无道理。翻阅美国历史，黑人们确实曾目睹自己合法拥有的家被骗子、律师和暴徒夺走。[21]

没错，也许所有顶尖的大学都可以让低收入家庭的孩子免费就读。也许写完厚厚一沓联邦经济援助申请就可以拿到数千美元的大学助学金，且没有任何附带条件。也许附近真有公立学校和社区能以最低的代价换取孩子的光明前途。也许本地免费的先行教育幼儿园真的可以帮助低收入家庭的孩子做好学前准备、为以后的职业发展打好基础。也许通过选择不同的饮食、采用儿科医生推荐的复杂的哮喘治疗方案真的可以改善孩子的长期健康状况。

也许吧。又或许这些机遇只是在数百年来的欺骗与背叛上多添了几笔。对所有的父母，尤其是黑人父母而言，这很难判断。正如作家达蒙·杨所说：“质疑这样无止境的怀疑是否合理，就像在质疑一头牛是否应该警惕屠夫。”[22]

和信息不对称一样，父母面临的其他所有问题对黑人父母的影响更加深重。帮助人们识别和管理儿童技能发展方面的复杂投资的培训有很多种，但历史性的技能发展限制导致大量黑人父母都无缘于此。第二章中提到的儿童技能培养的全套工具——倡导和谈判，对科学、数学和研究的熟练运用，对教育、医疗和金融机构的深刻了解——正是数百年来困住众多黑人的系统性枷锁。借贷限制的存在感虽低得出人意料，但仍绝对不可忽视，其对黑人父母的制约效果也更明显，因为无论是在收入还是帮助家庭渡过难关的财富方面，他们都算得上极度贫穷。[23]

这个论点很容易遭到曲解。我并不是说黑人父母比白人父母差。绝大多数黑人父母和其他背景的父母一样，其实都是养孩子的专家。如果我们以正确的方式讨论育儿，那意味着他们是专业的父母。正如黑人经济学家、两个孩子的父亲罗纳德·弗格森所说：

> 随着时间的推移，白人和黑人会用不同的方式应对并适应自己在国家权力和特权阶层中的地位，我们无须对此感到讶异。这些差异不仅是心理上自我防御机制的体现，也是社会互动模式和机会获取差别的体现。此类模式有助于确定家庭抚养子女的资金投入、惯用的育儿方法，以及了解学校等主流机构并与之互动的方式。黑人父母爱自己的孩子，这一点毋庸置疑。[24]

尽管宽慰的话说得很多，还是有很多人担心，谈论黑人父母在孩子技能发展过程中的作用就相当于把孩子遭受的经济挫折归咎于黑人父母。这样的担忧不无道理。美国人（尤其是美国白人）长期以来一直把歧视导致的问题归咎于少数族裔的“性格”或“文化”，这通常是其他劣等指责显得乏力时退而求其次的选择。我并不是说，我们应该责怪黑人父母被动承担了沉重的历史负担。我的观点是，这份负担的阴影比大多数美国人所意识到的还要更长、更大，时至今日，仍未散去：黑人家庭需要获得更多的技能发展支持，才能摆脱这份阴影。

父母在技能培养方面的种族差异真的大到足以解释任何程度的种族发展差异吗？要想回答这个问题，我们需要找到一种方法，来量化父母培养技能的行为。在这方面最常见的评估方法被称为HOME量表，即家庭环境观察量表。它会记录父母是否定时给孩子读书，与孩子讨论自然和科学，向孩子介绍数字、字母、颜色、形状和大小，带孩子去音乐会、图书馆、公园和博物馆，以及其他许多有益于孩子技能发展的行为。

HOME评分只能从狭义上评估父母的技能培养行为，并不能了解到黑人父母可能具有强大优势的关怀和技能培养等方面。比如，教孩子如何应对并抵抗种族主义、如何尊重在美国历史上的大部分时间都被大众忽视或扭曲的杰出文化遗产等。但就针对其中那一部分关键的父母行为而言，HOME评分确实体现了黑人和白人之间的巨大差异。[25]

根据粗略计算，若是将这些差异投射到孩子的长期发展上，就能轻易解释在学术和经济成就方面的**大部分**种族差异。这一直觉也符合其他研究的结论，即在学习成绩上黑人和白人的早期差异至少有三分之二都与更广泛的父母技能培养资源和行为举措脱不开关系。[26]在劳动力市场、执法、住房等其他系统中，歧视的影响也已经大到足以解释一切了。[27]

换句话说，即便在K12学校的资源分配平等、职业上的严重排斥消失之后，黑人仍一直处于贫困状态也不一定是什么怪事。在我们以父母为中心的技能培养系统中，黑人小孩的技能发展机会依然稀缺，和施行《吉姆·克劳法》时没什么两样，因为90%的技能发展时间都要仰仗父母和社区的私人资源。但几代人以来，结构性歧视都会对此类资源造成限制。

这就意味着，实现种族平等这一梦想所缺少的主要因素其实很简单：为父母培养孩子技能提供更大力的支持。

高质量的早教项目已经意识到了这一点，且这些项目确实对少数族裔儿童的早期技能发展具有极大的推动作用。更大力的支持意味着，从婴儿时期到K12教育时期，一直到上大学、职业发展初具雏形，这些项目人们都能轻松参与且参与得起。

技能似乎就是种族平等的敲门砖。但在这样一个种族主义横行的世界里，这怎么可能实现呢？仅凭技能真的够吗？

现实检验

许多人都猜想，是否只要消除技能差异，就能消除黑人与白人之间的经济差异。有三条关键的理由足以说明，尽管美国社会中始终存在种族主义，但技能平等化其实已经足够了。其中一条理由与个人技能发展有关；另两条理由关乎整个群体的技能发展，不是个体所能及的事。

第一条理由比较乐观：如今，黑人的确有机会掌握高超的学习和专业技能，从而获得不错的收入和财富。

劳动力市场的歧视对受教育程度较低的黑人职工打击很大。这些黑人职工与白人职工的技能水平相当，薪资却比不上。他们的工作机会少，晋升机会也少，还容易因为种族原因被解雇。在这样的情况下，随着时间的推移，因为经验较少，他们薪资提高的速度也很慢。这些问题在白人对黑人怀有更多偏见的地方最为严重。[28]

但对于那四分之一获得了足够支持，得以从大学毕业的黑人来说，一切都变了。如果将认知测试得分相似的个体放在一起比较，就能看出黑人大学毕业生其实比白人大学毕业生薪资**更高**。有些研究没有控制测试得分的差异，而是考察了如律师、医生、护士、工程师和科学家等特定职业的收入差异，结果表明，黑人职工的收入比白人职工低至多10个百分点。这样的差异可能反映了歧视、未知的技能差异或地域等其他因素。无论如何，与黑人和白人之间存在50%的收入差异相比，这样的差异还算小，也进一步证实了缩小技能差异明显有助于缩小收入差异的观点。只要能缩小收入和教育差异，就能缩小财富差异。[29]

薪资差异微小甚至黑人薪资高于白人，这一发现并不能证明黑人大学毕业生在职业生涯中能够摆脱偏见所伴随的心理压力，但这确实意味着黑人职工在技能培养上的投入得到了经济回报。民权运动确实带来了新的机遇。也许这就是黑人比白人有更高的教育目标、比技能水平相当的白人接受过更多教育的原因：他们认为这些技能可以帮助自己脱离偏见较重、技能水平较低的劳动力市场，并取得经济上的成功。[30]

既然对黑人职工普遍存在偏见，黑人与白人的薪资鸿沟怎么可能没在那些获得了类似工作的人身上复现？原因在于选择和竞争。黑人在面对这些障碍时并非束手无策。他们可以避开种族偏见的壁垒，技能在手，工作不愁。经济学家科尔温·查尔斯和乔纳森·古良的一项研究表明，因为当地白人基本都带有一定程度的偏见，所以才会存在黑人与白人之间的薪资差异。黑人无法轻易避开白人，但控制权也不在当地社区最极端的种族主义者手上。尽管如此，偏见还是大大压低了黑人的薪资，因为在某些种族主义盛行的地区，并非所有黑人职工都能碰到不带偏见的雇主。不过，在其他许多地区，与极端分子相比，愿意雇用黑人的白人显然已经算很通情达理的了。[31]

“选择与竞争”相互作用的著名案例发生在第二次世界大战前的密歇根州底特律市。1939年，通用汽车和克莱斯勒等大多数底特律汽车制造商都公开实行带有种族歧视的雇用策略，将黑人职工拒之门外。亨利·福特发现并抓住了这个机会。福特汽车公司成了众所周知会雇用黑人的地方，且在相同的岗位上，黑人与白人职工的薪资也相同。福特的黑人职工其实没有得到完全平等的对待，尽管如此，他们确实从当地雇主们的竞争中获得了选择的权利，并从中获益匪浅。[32]

如今，律师事务所、医院、学校等一众组织都面临着同样的情况：只要歧视的名声传了出去，黑人求职者就会流向竞争方。若是要求黑人求职者花心思筛选不带歧视的雇主，实在太不公平。这或许也是黑人职工失业率较高、薪资较低的原因之一。显然，当前的状况与没有歧视的世界相比，简直是云泥之别，但无论如何，选择与竞争确实是在类似岗位上的有力保障，能让种族薪资差异变得微小甚至为零。

更值得惊讶的是，这种模式与美国早期的情况十分相似。[33]在工作岗位相同、技能水平相当的情况下，黑人职工的薪资要比白人职工低，这并非歧视的典型表现。歧视的主要表现方式在于让黑人从一开始就无法获得竞争所需的技能，并使得所有行业全面实行种族排斥。[34]如今，全面性行业排斥已不复存在，仍缺失的关键环节在于获得技能发展机遇的平等机会。

因此，这是相信对黑人群体技能发展的深化支持能够缩小种族收入差异的第一个理由：已经有黑人凭借技能获得了成功，且他们有机会在儿童时期就掌握此类技能。

对技能平等化能带来经济平等化持乐观态度的第二个理由是，群体性的技能转变有可能弱化种族主义观念本身。这并不是要求黑人去教育、说服或哄骗人们抛开偏见，而是在提升一个种族群体的教育和职业形象之后，自动生效的附加作用。如果白人能在平常生活中遇到更多的黑人老师和教授、经理和高管、工程师和企业家、护士和医生，随着时间的推移，刻板印象和现实的冲突将逐渐淡化对所有黑人职工的偏见，且不仅限于精英职业。

这不仅仅是空想。种族观念是可以改变的，人们对待这些观念的行为方式也是可以改变的。如今，偏见仍普遍存在，但许多美国人都愿意跨越肤色这道界线交友、结婚和工作，这在美国历史上的大部分时间里都是无法想象的事。法律改革、大众媒体、人口结构变化和政治领袖都有助于改变偏见；我们有充分的理由认为，群体的技能发展水平同样关键。比如，当白人和黑人大学生被随机配对成室友之后，白人学生再和其他黑人同学相处时，其行为表现出的偏见就会减弱。偏见也有可能在一定程度上反映了根植于实际技能差异的刻板印象，针对这种情况，只要消除技能差异，就能打破刻板印象。无论哪一种情况，群体性的技能水平提升都能产生“双倍红利”，即生产率的提升和歧视的消减。[35]

因此，技能和偏见之间的关联就是第二个理由。加大对黑人群体技能发展支持力度的第三个理由是，这样能够避免社区和学校里实际存在的种族隔离现象所带来的负面影响。在持续性的偏见和强大的市场因素面前，种族融合的努力如同泡沫般脆弱。有学者评论道:“种族隔离问题深深根植于美国文化和政治中，似乎不可能得到解决。”但只要仔细观察就不难发现，技能的发展可以打破这种恶性循环。[36]

种族隔离对黑人儿童造成伤害的主要原因在于，儿童的技能发展没有得到充分的支持。如果所有孩子都能获得高质量的早期教育、营养、医疗保健、咨询、辅导，以及对其他关键技能发展的投资（目前还是要依靠本已不堪重负的父母），那么会有更多的孩子走上正确的学习道路。孩子扰乱课堂秩序的行为和学习问题将不再跟阶层和种族挂钩，为这些学生服务的学校也无须应对如此多的难题，从而可以更有效地招聘并留住最好的老师。

事实上，对已经掌握充足技能的群体来说，某些形式的主动隔离其实是一种良性选择。看看那些世界顶级的传统黑人大学，比如霍华德大学和斯佩尔曼学院；或是以亚裔美国人为主的精英公立学校，比如纽约市的史岱文森高中。[37]这种形式的主动隔离或许仍有缺点——比如，可能阻碍相互理解或文化交流——但也有好处。少数族裔无须因偏见和少数族裔的地位而分散精力，可以产生对自身丰厚文化遗产的自豪感，并且会更加信任与自己背景相同的权威人物。能够印证此观点的是，研究人员发现，黑人儿童能从黑人老师那里学到更多东西，黑人患者也能从黑人医生那里得到更好的治疗。[38]

在日本拘留营中有能证明这种动态的案例，恰恰与我们的直觉相反。第二次世界大战期间，美国将超11万名日裔美国人关押在偏僻的沙漠拘留营中。这些拘留营呈高度种族隔离化：里面全是日裔美国人。拘留营导致大量财富流失，给一整代人造成了伤害。然而，经济学家杰米·阿雷拉诺-伯维尔发现，此类创伤性经历可能普遍优化了他们的职业发展前景。因为经济学家在谈论这些“数据”，却对产生这些数据的人避而不谈时，有时会显得冷酷无情，所以我想说清楚：拘留日裔美国人是国耻，是对人权的严重侵犯。但阿雷拉诺-伯维尔的发现揭示了一种极端的情况：尽管其根源令人厌恶，但高度隔离化确实产生了值得我们深思的结果。

一个名叫维克多·池田的蔬菜代理商被关进了拘留营。在此期间，他学会了推销保险。被释放之后，他创立了一家保险代理机构，还办得相当成功。高本严被关进拘留营时才十几岁，他在里面学会了画画，最终在两位曾担任好莱坞艺术总监的狱友的指导下，在动画领域发展出了一番事业。被关押者们在拘留营中开设了如电力、绘图、记账、广播、机械以及英语和人文科学等多种成人教育课程，大家都很感兴趣。在爱达荷州的米尼多卡拘留营，“所有教技术课的讲师都拥有相对应的高学历”。在犹他州的托帕斯拘留营，著名艺术家及大学讲师小圃千浦领导的艺术系中，“12位（音乐）讲师里有7

位拥有音乐相关的高学历，且都有教学经验”。日裔美国人原本就掌握了很高水平的技能，凭借着在拘留营中学会的新技能、发展的新人脉，他们重获自由后都在不同的行业中找到了更好的工作。[39]

大多数情况下，种族融合无疑是一种崇高的追求。美国历史上遵循种族隔离制度的法律框架——限制性契约、种族隔离学校、经济歧视等——都使人难以接受，势必要被废除。不过，强调融合似乎是在暗示，黑人需要和白人联系在一起，才能变得完整。1970年，在北卡罗来纳州夏洛特市强制废除种族隔离的前夕，以全黑人（实行种族隔离制度）为傲的公立学校老师们写道：“我们亲眼见证了为实现融合而做的努力，但这还是意味着，黑人要为白人机构、白人项目和白人文化所同化。我们厌倦、憎恨你们的侮辱，因为你们仍然视我们为劣等人，你们仍然认为，我们不可能做得和白人一样好。”[40]

谈及民权运动期间的紧张气氛，历史学家泰勒・布兰奇总结道：“种族隔离和种族扩张都可以算作愚蠢和懦弱，也可以算作明智和勇敢，这都取决于历史氛围和环境。”[41]

那么，融合本身对于机会平等化有多重要？黑人、西班牙裔、美洲原住民和低收入家庭的孩子都需要花更多的时间与上层阶级的白人孩子相处，才能获得成功吗？滑雪旅行、韦斯・安德森的电影和牛油果吐司真有妙用？也许不然。也许所有低收入家庭和少数族裔的孩子都需要克服负面的外部效应，平等地获取技能发展资源，且不仅限于K12免费公共教育所覆盖的那10%的孩子。如果一代少数族裔的孩子最终能得到更深入、更广泛的技能发展支持，也许少数族裔群体就不必重蹈覆辙，像被剥夺了教育和职业成就的群体一样，表现出种种异常。也许这些社区将不再像种族隔离的贫民窟，而更像彰显文化自豪感的灯塔。看看鼎盛时期的哈林区、奥兰治县的小西贡、皇后区的小印度，以及如星光般点缀在美国城市景观中的唐人街、日本城和韩国城吧。

这也就引出了我们对技能平等化能带来经济平等化持乐观态度的第四个理由——在另一个群体身上已经得到了验证。关键是，那个群体虽从未遭受过奴役，但确实在美国经历了一个世纪之久的、根深蒂固的制度性种族主义。然而，如今，在经济层面，该群体正在崛起。

这个群体就是亚裔美国人。他们的故事可不是我们常被兜售的彰显文化优越感的神话。

亚裔美国人

我在布朗大学已经教了几年的“美国机会不平等”课程。每年我都会用几周的时间，阐述歧视非裔美国人的糟糕影响。学生们每年都会不好意思地问起亚裔美国人 :“他们不是遭受过严重的歧视吗?”“嗯，没错。”“平均来看，他们原先不是很穷吗?”“没错，我觉得是这样。”“他们现在平均来说，不是和白人一样富裕吗?”“没错，差不多。”[42]

这是怎么做到的呢？我不知道。当我想深入研究时，我发现其他人也不知道。我看了些故事，关于水稻种植的奇妙的拓展性思维、中国数学运算符号的优越性、中国科举考试，以及2500年前孔子的智慧。这一切让我有点摸不清头绪，我也找不到有力的证据来证明这些因素预示着亚裔美国人能获得经济上的成就。[43]

显然，亚裔美国人从未遭受过奴役。[44]我知道，必须要从这里说起。但这依然是个谜。亚裔美国人——考虑到华裔和日裔美国人早期的主导地位，我在本章中就用这个词作为他们的统称——在19世纪初刚到美国时，并不具备任何明显的先进技能。[45]他们在铁路、矿山和农场做体力活。他们从未遭受过奴役，却经历了长达百年的严重歧视。不是犹太人和意大利人等白人移民受到的“你不能加入我们乡村俱乐部”的那种歧视，而是非欧洲血统的人一贯受到的“你是次等人”的那种歧视。[46]亚裔美国人承受了严重且普遍的歧视，直到20世纪70年代，他们终于以某种方式摆脱了贫困。

我很快意识到了亚裔美国人的成功源头一直不为人知的原因，其实很简单：他们人数太少，几乎无法以数据集的形式来研究。要想进一步探究这个问题，需要有庞大的数据集作为基础，且该数据集要基本覆盖美国的所有人口，不仅是现今的，也包括历史上的。这样的数据集只有一份：美国人口普查。尤其是（在数据迷眼中）大名鼎鼎的1940年美国人口普查，或许能够填补我们对亚裔美国人认知的关键历史空白。

1940年的人口普查覆盖了当时的1.32亿美国人。更妙的是，这是第一次采集了收入和教育水平信息的人口普查。我们因此得以比从前任何一次都更好地追踪了经济发展情况。时机也刚刚好，因为当时《吉姆·克劳法》式的法律、行为和观念仍支配着美国人的生活，而它只是打开了一扇独特的窗口，让人们得以对第二次世界大战前少数族裔的情况有所了解。

表 5.2

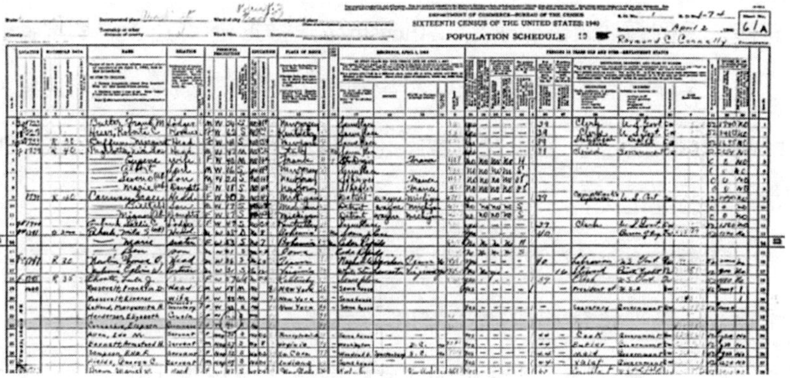

1940 年美国人口普查原始数据示例。①

问题只有一个：这并不是个真正的数据集，而是堆成山的文件，并且都是用墨水笔潦草写成的。要想将这些数据转换成可以用来分析的正规数据，大概需要敲击键盘90亿次，相当于要动用数百名数据录入员全职工作一整年。

不过后来，情况发生了变化。首先，在2012年正式实行《72法则》后，底层数据的用处又大了许多。《72法则》明确表示，美国人口普查记录的创建时间超过72年后，已不具有敏感性，可向大众公开。[47]一夜之间，无论是不是研究人员，都可以合法获取全部1.32亿美国人的全名和地址了。其次，一家名为Ancestry.com的公司嗅到了商机。它是世界上规模最大的、帮助人们对自己家族进行家谱研究

① 资料来源：人口普查结果的这一页涵盖了白宫内的人员数据，他们像其他所有美国公民那样被记录了下来。下载自Ancestry.com，2020年10月18日，https://www.ancestry.com/imageviewer/collections/2442/images/M-T0627-00555-00436?treeid=&personid=&hintid=&queryId=809ea4947db8c22e39e314c95746f3d1&usePUB=true&_phsrc=Qgk21&_phstart=successSource&usePUBJs=true&pId=713024。

的营利性公司。从商业角度来看，1940年的人口普查数据就像一个有待开采的石油大矿。于是，Ancestry公司与明尼苏达大学的学者们达成了合作，旨在实现数据的数字化。如今，Ancestry公司的估值已经超过60亿美元，人口普查数字化将给历史社会科学这一领域带来革命性的变化。

凭借着1940年人口普查数据和其他一系列蒙尘的数据集，我终于解开了关于亚裔美国人成就的部分谜团。

第一个发现是，亚裔美国人确实取得了一些非凡的成就：至少从20世纪20年代起，他们每一代人都在向社会上层流动，这实在不同寻常。

为了摸清其模式——其实是为了探究亚裔美国人的历史——我们得把注意力放到加州。那里一直是亚洲移民和反亚裔歧视的中心。

也就是说，但凡要与黑人的经济流动性做比较，都得关注加州黑人父母的育儿方式。幸运的是，许多具有一定水平技能的黑人移民早先为了更好的生活，纷纷离开南方并搬入加州。这一特质也非常关键。

在国家层面上，因为南方聚集了大量极其贫穷的黑人，所以黑人的收入始终比亚裔美国人（主要还是华裔和日裔美国人）低得多。但在加州，情况就不一样了。第二次世界大战前，加州黑人家庭的收入仅略低于亚裔美国人家庭。因此，截至1940年，加州的黑人和亚裔美国儿童都成长在经济资源基本类似的环境中。然而第二次世界大战后，只有亚裔美国人在一代人的时间里就摆脱了贫困，达到了与白人相当的水平。

所以现在至少可以明确一点，谜团是真实存在的，而不只是数据错误导致的假象。那么问题来了，究竟发生了什么？一种常见的说法是，亚裔美国人父母会通过强迫或哄骗的方式，让他们的孩子待在学校里，比黑人孩子学习更长的时间。然而事实证明，这一点并没有很重要。截至1940年，在全国范围内，亚裔美国人确实比非白人的其他少数族裔受教育水平更高，即便在收入受限的情况下也同样如此。但这其实只是地域方面的问题。因为加州有着相对高质量且种族融合的教育系统，所以无论哪个种族群体的受教育水平都高得离奇。在家庭收入相当情况下，加州的亚裔美国人和黑人父母所养育的孩子受教育水平都差不多。

另一种可能是，加州的亚裔从未真正经历过严重的歧视。这就意味着他们不仅逃过了奴隶制的折磨，还逃过了《吉姆·克劳法》的压迫。有没有什么办法能知道80年前，战前加州的亚裔美国人受歧视的程度**如何**？这个问题很难回答，但多种数据都指向了同一个方向：在加州，相比其他少数族裔，亚裔遭受的歧视可能更严重。

有种方法源自社会心理学家在20世纪二三十年代进行的一项鲜为人知的研究。研究人员让调查对象（主要是白人）评估自己对不同种族的亲近感——因为种族主义并非禁忌，所以大家都会坦率回答。部分研究人员要求调查对象在两个群体中选出他们更愿意亲近的一方，比如黑人和中国人、中国人和意大利人、日本人和墨西哥人。然后，研究人员会把成对的比较数据综合起来，列出对不同群体的偏见程度排名，就像如今我们根据大量样本数据给大学橄榄球比赛的表现排名一样，其实就相当于一场“偏见季后赛”。

还有同时期的其他研究人员要求调查对象评估自己愿意与不同群体的人建立多深的社交关系。调查对象愿意和意大利人、黑人或日本人结婚吗？愿意和他们做朋友、同事、邻居吗？这些数据就像市场营销中会用到的消费者满意度调查。和偏见季后赛一样，研究人员也会对不同群体的偏见进行排名。

所有的数据都将非裔美国人、华裔美国人和日裔美国人放到了美国偏见等级的最低层。在美国西部的两项研究中，参与研究的白人对华裔和日裔美国人的偏见**更甚于**对黑人的偏见。

当然，这些数据仍然只是调查报告——并不能反映调查对象的实际选择。但他们显然并不认同，**在战前的加州**，相比于其他群体，亚裔美国人能够轻松逃过白人偏见的魔爪。

其他事实也表明，在战前的加州，白人对亚裔美国人和黑人存在普遍的偏见。亚裔美国人经历了《吉姆·克劳法》式的暴力压迫，包括处私刑杀害和1849年至1906年的200多次“围捕”，以及像3K党那样反亚裔团体（例如加州劳工党和排亚联盟）明晃晃的敌意。在战前的加州，黑人似乎并没有遭受过类似程度的暴力。[48]

婚姻也是如此。加州的白人几乎从不与亚裔或黑人结婚。在1970年的每一次人口普查中，无论性别，加州只有远低于5%的成年亚裔美国人或黑人居民与白人结婚。

投票也是如此。加州选民毫不迟疑地表现出了他们对亚裔美国人的敌意。1920年，75%的加州选民（包括主要政党和州长）都支持直接投票倡议，以加强对日裔农场主的法律歧视。

我还翻找出了一些表明雇主实行种族隔离的数据。其模式印证了当少数族裔寻找不带偏见的雇主时，出于偏见，市场会对职工实行种族隔离的事实。在加州，大多数非白人职工主要集中在少数几家公司，而其他众多雇主——甚至是大雇主——都不雇用或只雇用一两个非白人职工。

事实上，西方反亚裔情绪比反黑人情绪的历史更深厚、更凶恶。这可能是因为当地亚裔比黑人更多。

如果大多数公民都支持歧视，那么民主就会滋生歧视。这就是在加州发生的事。从19世纪中期到第二次世界大战后很久，在就业、工会会员资格、婚姻、法庭证词和居住隔离等方面，加州所有的非白人群体都遭受着歧视。就居住隔离而言，只要你不是白人，那么你都没有资格购买大约75%的房屋。

在加州，许多此类法律对亚裔美国人群体的影响比对其他非白人群体的影响更大。不是在美国出生的亚裔美国人在法律上被视为“无资格获得公民身份的外国人”，他们没有资格投票、从政或以常规方式向政客问责，同时还要支付额外的税收和费用。在加州，因为1913年至1923年颁布的《外国人土地法》，非本国出生的亚裔美国人还要受到土地所有权和租赁方面的限制。当然还有第二次世界大战期间，西海岸几乎所有的亚裔美国人都被监禁了许多年。这不仅是对宪法和基本人权的侵犯，在混乱的拘留过程中，日裔美国人群体还被抢走了很大一部分财产。

就连在教育上，加州的亚裔美国人也身处比黑人更严苛的法律环境。1890年，加州最高法院禁止将黑人儿童隔离到单独的学校，但允许隔离亚裔美国人和美洲原住民的孩子。这也是种族法理学的一道离奇转折。事实确实如此：在那之后，加州再也没有出现过合法的黑人隔离学校，但直到20世纪40年代，仍有一小部分亚裔美国人在几所合法实行种族隔离制度的“东方学校”就读。[49]

由此可见，加州的亚裔美国人也和其他非白人群体一样，遭遇了各种常见的阻碍，并在法律上处于劣势。要说有什么不同，那就是在这样充满敌意的环境中，亚裔美国小孩本应更难摆脱其父母所身处的贫困，但事实恰恰相反。所以，我们还得从其他方面寻找华裔和日裔美国人向社会上层流动的原因。

这就引出了亚裔美国人遭受歧视的重灾区，也是他们获得成功的真正秘诀：**移民**。

被排斥的结果

在第一批亚裔劳工移民西海岸之后，加州领导人游说联邦政府出台新的限制令。因此诞生了1882年的联邦《排华法案》和1907年的《君子协定》。

它们分别对来自中国和日本的劳工及其配偶下达了移民禁令。从这些限制令通过到1965年《移民法案》通过，只有一小部分亚洲人得以合法移民到美国，且几乎都是商人、专家或其他不属于“劳工”这一宽泛类别的技术群体。

因此，20世纪20年代以后在美国出生的大多数亚裔美国小孩——正是他们推动了较大程度的向社会上层流动——其父母都是在限制令实行**后**移民到美国的。[50]

这就意味着在近一个世纪的时间里，只有特定类型的中国人和日本人能够在美国组建家庭。他们拥有一个共同点：在移民前就掌握了很高水平的技能。

要想验证这一点，可以先考察1940年中国和日本移民的受教育水平，再与他们祖国的受教育水平做比较。1940年，来自中国的移民在中国就接受过近7年的教育，而当时中国人的平均受教育时长只有1年多一点。也就是说，移民多接受了近6年的教育——相当于高中毕业生和读完4年大学之后又读完2年硕士的学生之间的差异。与之类似，同时期来自日本的移民在日本就接受过9年左右的教育，而当时日本人的平均受教育时长为6年。到了1940年，甚至可能在那之前很久，移民到美国的亚洲人就是在其祖国受教育水平最高的那群人了。既然数据已经证明了大量存在的选择模式，那么再从古老的水稻种植文化或中国数字计算系统中探寻这些群体成功的起源，就显得很奇怪了。

另一条关于亚洲移民高技能水平的线索源自美国国家档案馆最近新发现的一组惊人的数据。第二次世界大战期间，许多华裔美国人都应征入伍，并因此参加了相当详细的陆军普通分类测验。人们原本以为，当年的测验分数都已丢失，但经济历史学家约瑟夫·费列发现，这些分数被意外记成了第二次世界大战入伍证上的“体重”数据，而被保留下来的入伍证有超过50万份。也就是说，在1943年大约3个月的时间里，较聪明的人被记录成了较胖的人。

有了这些数据，我们就可以详细比较1943年在加州入伍的华裔、白人和黑人的分数。在那时候，亚裔的收入水平还远低于白人。参加这项测验的新兵都已通过了身体和心理评估，最终可能留在陆军部队。如果他们能拿到更高的分数，就有机会被分配到好岗位。事关性命，大多数士兵大概都尽了全力，想在测验中取得好成绩。[51]

结果十分惊人。和如今的情况极其相似，1943年黑人、西班牙裔和美洲原住民士兵的分数远低于白人士兵，即便根据受教育程度进行过调整也无济于事。但美国华裔就不存在这样的差异——他们的分数和白人几乎没有区别。因为美国日裔在珍珠港事件后已被大量拘留，所以没有他们的数据。不过，参考测试分数和成绩等级的早期研究也表明，加州日裔学校的学生认知能力水平相当高。

没错，移民法只是决定谁能进入美国的其中一个因素，因为和所有其他群体一样，也存在非法移民。[52]然而，在这方面，我们也发现了提升美国亚裔技能水平的强力因素。

1906年，旧金山大地震引发了一场大火，烧毁了许多中国移民的移民记录。很多人就想趁机声称自己出生于美国，从而获得公民身份。法律规定，美国公民在海外生下的孩子也可以申请美国国籍，一个黑市由此产生。只要能拿出文件“证明”某人是拥有美国公民身份的美国华裔的孩子，就可以进入美国劳动力市场。数以万计的中国移民利用这种手段进入了美国。1956年，美国政府宣布特赦愿意承认移民欺诈的美国华裔。有超3万人表示认罪，约占当时美国华裔人口的15%。当然，很可能还有大量“纸生仔”没有认罪。

从理论上来说，这些移民可能是劳工或劳工的“孩子”——他们找到了移民新政在技能限制上的漏洞。然而，根据实际情况来看，换算成现如今的货币，伪造文件需花费数万美元，而在当时的中国，就已经把大多数低收入家庭排除在外了。

不仅如此，这件事还很快传到了美国政府的耳朵里。1910年，美国正式设立天使岛移民站，对中国移民进行审查，辨别伪造的家庭关系。1910年至1940年，天使岛的官员拒绝了约10%的移民申请，将至少6%的申请人拘留在类似监狱的地方，拘留时间可能超过一年，并最终驱逐了5%的申请人。移民可是件不容有失的大事。为了通过审查，准备移民的人及其担保人需要在抵达美国前记住大段的文字，比如虚构的“家族史”详细信息，内容可能包括家谱、假亲属的个人特征以及家宅的特征，比如楼梯的位置和墙壁的颜色等。由于伪造文件的价格昂贵，并且需要付出相当的精力才能通过审查，所以和法律排斥限制的情况类似，基本也得具有高技术水平的人才钻得了这个漏洞。

把所有这些限制加在一起——昂贵的经济和个人准入成本、高水平的教育和职业成就、克服官僚障碍的坚定动力和毅力——美国亚裔的父母让我心头一震，想到了另一群特别有助于儿童技能发展的成年人：养父母。导致养父母的特性具有有利的“有限范畴”的因素，同样也造就了美国亚裔群体。

第一批来自中国和日本的低技能水平劳工，比如中国铁路工人，都经历了什么？这些低技能中国工人的子女也能向社会上层流动吗？答案很简单：**他们没有孩子。**

至少几乎没有。[53]这批早期移民有95%以上都是男性。其中的大多数要么回了亚洲，要么在美国孤独终老。移民限制令出台后，这些男性劳工不能接妻子来美国，要是离开美国在亚洲成家，自己也不能再回来。到了20世纪初期至中期，大多数在美国出生的美国亚裔的小孩都是在限制令后进入美国的高技能移民子女；他们不是19世纪抵达美国的劳工的后代。

换句话说，第二次世界大战后，在美国出生的美国亚裔小孩向社会上层的流动反映了拥有高技能父母的优势，而非上一代是受压迫的体力劳动者，下一代就奇迹般地摇身一变，成了科学家和工程师。高技能水平的亚裔父母能够安排好孩子技能发展的大部分进程。至于剩余部分，则由加州的高质量种族融合公立学校负责。

如果20世纪40年代的亚裔父母拥有高水平技能，并将这些技能传授给了孩子，那为什么他们自己的收入会那么低？1940年，在加州，无论受教育程度如何，美国亚裔父母的收入都只略高于黑人父母，比白人父母要低50%以上。收入差异和英语水平与之没有关系；就算是在美国出生的亚裔父母，其收入水平也低得离奇。

1940年的成年美国亚裔其实算特例：或许算得上美国历史上关于高文化水平、高认知测试得分但低收入群体的唯一确定案例。这样的低薪资必然是劳动力市场的歧视而非低技能水平造成的结果。美国亚裔来美国前就具备了一定的技能，他们原本可以找到较高技能、较高薪资的工作，却没有人愿意雇用他们：就业壁垒简直坚不可摧。那段时期，美国亚裔异常高的自雇率或许并不能体现某种特殊的创业精神，反而表明他们放弃了自己能力范围内的工作。第二次世界大战前加州的歧视显然非常严重，即便是技能水平相对较高的少数族裔，也无法有所成就。

后来，局面发生了变化。那是国家层面的变革，在加州的体现尤甚。转折点在于第二次世界大战。1941年，罗斯福总统领导下的行政部门正式宣布，禁止联邦机构及庞大的私人承包商网络实行种族歧视。战后不久，加州法院和立法机构就推翻了学校的种族隔离制度、禁止跨种族通婚的法案，以及阻碍亚裔美国人拥有土地所有权的法案。1959年，加州通过了一项具有里程碑意义的法案，禁止雇主和工会实行种族歧视，比1964年全国推行这一条例的《民权法案》还早了5年。

20世纪60年代，加州已经焕然一新。雇主、专业组织、工会和地方政府都在打击种族歧视，将其视为一种非法行为。对美国亚裔来说，这真是一笔巨大的财富。在那之前，许多拥有高水平技能的亚裔父母要么从事低薪职业，要么当着蓝领小老板。父母都把技能传授给了自己的孩子——在以父母为中心的技能发展系统中，所有群体的高技能父母都会这样做——但现在，他们的孩子真的可以把技能利用起来，收入水平也得到了大幅提升。

亚裔在经济上取得了成就，有趣的事也随之发生：他们在文化层面得到了更广泛的接纳，并一直延续到了今天。这一点在白人和亚裔的通婚率上升中体现得最为明显。显然，毒性不浅的反亚裔偏见虽在加州盛行了一个世纪，但尚未深入骨髓。

著名的美国亚裔、《女勇士》（*The Woman Warrior*）的作者汤亭亭用一生阐述了这种模式。在中国，她的父母都是受过教育的专家：父亲是老师兼诗人，母亲是训练有素的助产士。他们在战前移民到了加州斯托克顿市，由于找不到合适的工作，就开了一间洗衣店和一间赌场。尽管收入微薄，做着工薪阶层的工作，但毫无疑问，他们的女儿能去上大学。1958年高中毕业后，汤亭亭拿到了加州大学伯克利分校的奖学金，从英语专业毕业后，成为一名老师兼作家。后来，她嫁给了在伯克利认识的一个白人。[54]

从某种意义上来说，工薪阶层小老板的女儿能上大学并跻身中上阶层，着实值得惊叹。从另一种意义上来说，汤亭亭——和其他许多美国亚裔的孩子一样——并不是工薪阶层的下一代。他们的父母都是接受过良好教育的专家，只是暂时伪装成工薪阶层，在战前加州的种族偏见中寻求一线生机。

在美国遭受迫害的非白人群体中，美国亚裔是独一无二的存在。对美国非裔、美洲原住民和众多美国西班牙裔来说，技能方面的打击和限制使得许多父母都无法为孩子的经济技能发展提供强劲的助力。法律的改革打开了加州劳动力市场的大门，拥有高水平技能的少数族裔也能找到高薪工作。但大多数少数族裔并未掌握所需的技能，根本竞争不过那些技能水平低的白人。尽管反歧视法案确实提高了黑人职工的收入，但其增长远不如亚裔那样深远且持久。[55]

换句话说，美国亚裔跳过了克服歧视最艰难的环节：他们从未失去技能，也就无须重新培养技能。只有那一两代人受到歧视的影响，收入有所减少，显得与其他弱势群体没什么不同。在那期间，他们悄悄地把高水平的技能传授给了自己的孩子。然后，等到民权运动打破了桎梏，他们随即就能找到一份好工作。他们带来的技能终究还是得到了认可与补偿。

“儒家价值观”并不足以解释美国华裔或日裔的繁荣发展，就像“普塔霍特普式价值观”解释不了美国非裔的痛苦挣扎一样。美国的其他非白人少数族裔无法复制美国亚裔小孩的成功。在美国出生的美国亚裔小孩之所以能向社会上层流动，恰恰体现了这些特殊的优势，而非某种神秘的文化反重力。当第二次世界大战后的美国亚裔变得富有时，中国仍处于贫穷之中，且时至今日，和菲律宾、老挝、越南、印尼和朝鲜等亚洲国家一样，中国的大部分地区依然贫穷。日本在战后虽然经济一片繁荣，但几十年来再无发展。如果说亚洲人掌握了特殊的文化密码，能获得经济上的成功，那么在过去几个世纪里，在他们自己的国家，似乎也没有什么明显的效果。

用更简单的话来说就是，我们的社会将技能培养这项责任交给了父母。高技能父母养育的孩子能够积累更多的技能，成年后的经济状况也会更好。造成整体和社会经济群体不平等的很大一部分原因在于对儿童技能投资的差异化管理，以及在此过程中浪费的所有潜在生产力。

我们能从美国亚裔的成就中吸取到的真正经验，并不是其他群体可以套用一种新的文化，然后就像有了某种神奇的护身符一样，瞬间就能突破压制了几代人的技能壁垒，而是如果能找到一种方法，帮助其他群体安然度过培养孩子技能这一非常困难、非常费钱的过程，那么即便种族主义观念依然普遍存在，也足以保障后民权时代美国的平等。

其他群体的技能发展限制

我专门研究了美国非裔和美国亚裔的历史，认为技能发展的结构性障碍正是造成今天种族收入不平等的主要原因。这也可以解释美洲原住民和美国西班牙裔的收入差异。

和美国非裔一样，美国的原住民也广泛遭受了奴役。许多美国西班牙裔都是拉丁美洲和南美洲的原住民后裔，其先辈就经历过殖民统治。在移民到美国之前，他们在其他国家也曾是奴隶。[56]

奴隶制被正式废除后，这两个群体还经受过一些《吉姆·克劳法》式的制度。整个20世纪，联邦政府都监管着原住民的教育和医疗保健，却不用负什么政治责任。参议院的定期调查揭露了管理不善、贪污腐败、学校质量极差的事实。数十年间，政府强迫众多原住民儿童进入实行种族隔离的寄宿学校就读。那些学校意在实现文化同化，虐待就是家常便饭。[57]

西南部种族隔离社区的美国西班牙裔也只能在低质量的学校读书。[58]加州最高法院受理的**门德斯对威斯敏斯特学区诉讼案**［64F. Supp.544（S.D.Cal.1946）］正是源于加州西班牙裔家庭争取平等教育机会的斗争，并预见了7年后的**布朗诉托皮卡教育委员会案**。

如今，研究人员发现，尽管美洲原住民和美国西班牙裔的收入仍然很低，但在技能水平相当的情况下，与白人职工的薪资也没什么差别。同样的，低收入主要反映了儿童时期技能积累的不足，而非对已掌握技能的补偿打了折扣。[59]

所有这些群体都有着独特、复杂且丰厚的历史，他们也拥有一个共同点，那就是几代人都遭受了技能发展的限制。于是，他们的孩子接受了经济技能基础薄弱的父母的培训和指导，并与同样处于不利地位的兄弟姐妹和亲戚一起长大。在此基础上，教育机构不仅没能弥补缺漏，反而加强了种种不利因素。直至今日，在法律禁止实行种族隔离、K12经费差异消失后，种族隔离观念也尚未被摒弃。

那么，我们怎样才能帮助父母，让孩子掌握更多的技能呢？在后民权时代的美国，这就是实现种族平等的秘钥。很幸运，答案就在我们眼前。

6

求少方可得多

跑赢市场

说实话，如果不能通过公共渠道给父母提供支持，帮助他们为孩子提供最优质的投资的话，简直就是集体性疯狂。就好比你能开一个经纪账户，然后将股市玩弄于股掌之中吗？当谈及通过公共机构为我们及其他人的孩子在技能发展上做投资时，这基本就是我们所有人需面对的情况。

通常在涉及股票、债券、房地产等商业机遇时，我们才会用到“投资”这种说法。以股票为例。如果你在过去的一百年里的任意时间点花1美元买入福特、辉瑞或亚马逊等美国上市公司的股票，平均来说，每年的税后收益率都能达到约7%。今天投资1美元，明年就能收回1.07美元。在最近20年里，投资1美元购买美国股票的平均收益涨到了3.87美元。这是投资者承担了股票可能贬值的风险（尤其是在短期内），延迟消费20年所得到的回报。因为向政府交了税，所以这样投资还提高了财富的总值。在此之下，整体或者说“社会”

的年收益率能达到近10%。现代历史上最成功的投资者应该是沃伦·巴菲特，他的平均年收益率为20%。更多不愿承担风险的投资者选择购买如国债等更安全的资产实现财富累积，此类资产的年收益率通常在2%至3%。[1]

想想看，如果有更好的东西出现，会发生些什么？比如，开一间多旋翼无人机工厂的成本为100万美元，税后收益为125万美元。投资收益率（ROI）为25%，几乎是股票收益率的4倍。在这样的收益率下，许多投资者都会借钱开无人机工厂，使得新型无人机的产量过剩，从而导致价格不断下降，无限压缩无人机的利润空间。按照这样的趋势，但凡收益率超过7%的投资都不能长久。在这个世界上，获得更高收益的唯一可靠方法就是承担更大的风险——可能获得25%的投资收益，也可能赔得血本无归。

任何人都可以根据自己的需求，通过先锋领航Uanguard等低手续费基金公司购买股票，但要想选出能跑赢大盘的绩优股，可不是什么容易的事，甚至可以说是极为困难，以至于如今，关于为客户挑选股票的金融顾问是否有其存在的价值，经济学家们还没争出个所以然来。[2]难的不只是挑选股票，不管是押宝新公司的风险投资家，试图从零开始发展新公司的企业家，还是打算开发新产品、新服务的既有企业，都很难做出个名堂。商场鲜有赢家，原因很简单：竞争实在太残酷了。[3]

至少从实际的物质层面来看，关于优质投资机遇的种种竞争对我们其他人来说都算是好事。只要有足够多的人非常想要一种产品，并愿意为之买单，就会有投资者组织公司生产。随着时间的推移，越来越多的投资者决定跟风，导致售价不断下降，无限趋近生产成本，且其他人都可以通过股票投资获取收益。也就是说，消费者最终能以远低于心理价位的价格买到大多数心仪的产品，并且，只要愿意付出成本去制造某件产品，就一定能做成。

经济学家将这种皆大欢喜的结果称为“效率”。高效率的系统会“拼命”实现潜在价值，低效率的系统则会浪费它。那么为了培养孩子的技能，我们建立了怎样的系统呢？

错失的机遇

对孩子来说，可没有大批老练的资本家帮他们进行探索，尽快落实每一项有利可图的投资。任何关于孩子技能发展的潜在投资，都取决于父母中一方或双方的管理敏锐度。

要是大多数父母都能轻松安排孩子的技能发展轨迹，那可就太好了。但事实证明，这根本不可能。复杂性、知识水平、过度自信、不信任、借贷限制和溢出效应导致许多父母错过了关键的投资，也导致他们的孩子以后要少赚数十万美元。

经济学家将其归咎于极度的低效率。不过，在此情形下，利润高得离谱的投资机遇也很易得，这是完全可以预料的事。

我们像对待股票和债券那样，从投资收益率的角度评估对孩子技能发展的投资。[4]但这里并不是说把孩子视作金融资产。而是要看看，与年轻一代省钱、积累财富的其他好办法相比，技能发展的作用究竟如何。毕竟，所有针对孩子技能发展的投资，都可以转化成为孩子着想的金融资产，并随着孩子的成长获取收益。[5]

尽管事实证明，对技能发展的投资通常都好过对金融资产的投资，但并非每一项对技能发展的投资都能有回报。只有其中的一部分有效。此类投资的核心要素很简单：它们不会对父母、孩子和老师提出**过多的**要求。

它们要求得**甚少**。就算提出了更高的要求，也一定会**给予**更高的回报。

大学的严酷考验

来说说最显而易见的投资吧：上大学。上大学的投资成本就是学费，以及本可以用上大学的时间去工作获得的收入和经验。如果是四年制的大学，那么这些成本加起来差不多有10万美元。但若是纵观整个职业生涯，大学毕业生能比高中毕业生多赚近60万美元。他们将凭借在商业、健康、社会科学、自然科学和工程等领域的经济实用型技能实现这一目标，而非像许多大学怀疑论者所坚信的那样，靠品酒和编织篮子赚钱。若是单纯只看收入方面的收益，那么大学学历的终身投资收益率约为15%。[6]

换句话说，大学学位的收益率可比常规的股票收益率高多了。况且，收入只是大学附带价值的一部分。大学毕业生能找到更有成就感、更具灵活性、更有保障的工作，拥有更健康的身体、更好的人际关系和更高的幸福感——即便与那些收入水平相当，但没有拿到大学文凭的人相比也更优越。认真算来，投资收益率可能也会超过20%。想要通过投资其他金融项目来获得如此高且安全的收益，几乎是不可能的事。

要是不仅限于上大学的孩子，而是把其他人的社会收益也计算在内，收益率还要更高。大学毕业生的犯罪率较低，申请SNAP和医疗补助等公共福利的较少，还能帮助同事提高工作效率。[7]

尽管收益率如此之高，也只有三分之一的美国孩子能拿到四年制大学的文凭。在有经验的人看来，提升大学入学率似乎是个巨大的投资缺口，也是个非常巨大的机遇。[8]

正如我们所见，只要父母安排好投资，孩子就很容易完成从高中到大学的过渡。但大多数父母都不了解大学的生态系统，要么就是被成年人的其他责任弄得分身乏术，无法提供充分的指导。能弥补该缺漏的项目就能培养出得到高收益率的主要候选人。

在一项研究中，研究人员尝试了两种方法：对父母提出**更少**的要求，以及对父母提出**更多**的要求。在降低要求的干预过程中，金融顾问帮助他们写好了厚厚一堆联邦经济援助申请表。申请书长达10页，包含了100多个问题，以及由此延伸出的一大堆表格和问题。随后，研究人员还会说明该学生大概能申请到多少钱，以及助学金与当地大学的费用相比如何。比如，他们会告诉某一家人，去上当地大学每年能拿到5 400美元的助学金，而那所大学的学费是1.1万美元一年，也就是说，每年要自己承担5 600美元的费用。

请顾问帮忙填写表格需要8分钟，收费标准是每人88美元。这8分钟的帮助既能提高填写速度，也有助于拿到更高额的助学金，最终还能提高大学入学率，让平均就读时长增加约0.2年。算上这些，整个生命周期内的收入将增加2%左右。任何能提高大学入学率的低成本干预都将转化为与上大学本身等同的投资收益率，大约为15%至20%。[9]

研究人员还尝试了另一种对父母提出更多要求的方法：他们会告诉父母，如果独立写完联邦经济援助申请，可能会拿到多少助学金。结果呢？大学入学率并没有提高。

另一组研究人员尝试了另一种对父母提出更少要求的方法。他们聘请了一群大学生，为对上大学“持观望态度”的高中生提供指导。这些高中生有上大学的意向，也满足主要的成绩要求，但在申请这件事上总是拖拉。

许多高中生都从指导老师这里获得了其父母无法提供的支持和信息。参与指导项目的学生每人需支付几百美元的费用。平均大学就读时长因此增加了近半年。半年的大学生活相当于约5万美元的收入。该项目的收益率也有15%至20%。[10]

其他许多对父母要求较少的干预措施不仅能促成青少年上大学，还能帮他们上到更高质量的大学。比如，在孩子申请大学之前就主动保证能申请到助学金，替父母收集、确认好大学费用相关信息，寻找距离更近的大学考试中心，主动安排好所有孩子的入学考试，以及提醒孩子多往各所大学递交考试成绩报告等。所有这些干预措施的额外费用都趋近于零，却有助于促成更多的大学投资，所以其产生的收益率相当之高。[11]

那些不想拿到四年制大学文凭，或是无论老师和顾问如何精心引导都学不好的孩子该怎么办呢？还好，优质的职业培训项目也能让年轻人受益匪浅。

联邦政府对注册学徒项目的资助已经持续了近一个世纪。2019年，建筑、电器维修、管道安装、木工制作、造船、焊接和信息技术支持等高需求职业新增了25万名学徒。和上大学差不多，学徒项目促成了收入的大幅增长、公共投资的高额回报和参与者极高的工作满意度，但我们对这些项目的投资几乎为零。印第安纳州有600万名居民，是全美制造业就业占比最高的一个州。最近，州政府雇用了两个人，来管理全州的学徒项目。由于国家层面的投资有所缺乏，美国目前开放的学徒资格差不多只有其他发达国家的十分之一。[12]

除了大学和职业培训，就没有其他的投资机遇了吗？想投资孩子的技能发展来“跑赢市场”真有那么容易吗？

婴儿大学

高质量的早期教育费用高昂，但能极大地改善日后的收入、健康、遵纪守法及其他方面的发展状况。要知道，初学者早教实验提高了孩子们的收入水平，与上大学的效果相当：每年的入学人数约占（总人口的）12%，总入学率大概有60%。我们不妨把高质量的早教项目视为一种婴儿大学。大多数富裕人家的孩子都会上大学，他们同样也会上婴儿大学。他们的父母可以自己给孩子上课（这也被称为“全职育儿”），花大价钱送孩子参加正式课程，或者聘请保姆，充分利用父母的个人和经济资源个性化育儿。[13]

高质量早教项目的收益率非常高，正因如此，富裕的父母才愿意付出那么多金钱和时间让孩子参加。举例示范一下收益率是如何计算的：假设今天一个孩子参加某项目花费了1 000美元，并因此在20年里多赚了1万美元，那么该项目在这期间的年收益率就是12.2%。相当于你花1 000美元购入了一份期限为20年、年利率为12.2%的金融资产。[14]

佩里学前教育研究计划的总体年收益率——20世纪60年代大卫·维卡特在密歇根州的小城伊普西兰蒂为三四岁儿童设立的实验性学前教育项目——为10%。20世纪70年代，克雷格·雷米在北卡罗来纳州的教堂山设立的实验性学前教育项目从婴儿期开始教学，收益率为13%。初学者计划的成本较高，但其收益率也相对更高。这些数据不仅代表着更高的收入，也包括体现为更好的健康状况、更低的犯罪率等形式的财富。不过，除个人收益之外，项目对家庭总财富的影响，以及对同班同学和将来同事的诸多正面外部效应都没被计算在内。[15]

这些数字意义非凡。在最初的研究阶段，初学者计划会为每个孩子提供5年的教育，费用在8万美元左右。至于13%的收益率是这么算的：20年后，这笔8万美元的投资能为项目参与者和更广泛意义上的社会提供价值超过90万美元的商品和服务。[16]

因此，从社会层面来看，投资于优化儿童学习环境的早教项目也能“跑赢市场”。然而，和上大学一样，只有极小部分低收入家庭会送孩子参加此类项目。因为对他们中的许多人而言，独自安排这些投资实在是太费时、费力、费钱了。[17]

在美国面向低收入家庭的两大全国性早教项目中，我们能清楚地看出这种模式。这两个项目对父母的要求都特别高，其中一个更是高得离谱。

其中较为合理的是先行教育计划。先行教育计划主要针对三四岁的学龄前儿童，早期先行教育计划这一分支也较小范围地接收婴幼儿。该项目每年会为约100万名低收入家庭的孩子提供相对高质量的早期教育，一般都在正式的专用中心进行，而非上门服务，且会根据地区特性进行深度调整。项目在一定程度上借鉴了塞穆尔·科克和大卫·维卡特等人的学前教育实验，再深挖下去，灵感的源头主要还是艾奥瓦州的儿童福利研究站。先行教育计划强调要在健康的环境中，通过训练有素的专业人员安排的课程，来培养儿童技能。在大多数情况下，参与标准都简单且统一：收入在联邦贫困线以下的家庭都有资格参加。孩子只要加入了先行教育计划，就可以接着注册，至少到下一年年底都无须重新核查资格。[18]

先行教育计划综合了K12和高等教育系统的一些优质设计元素。和美国的K12系统一样，资格标准非常明确，且服务质量必须达标。但就像美国的高等教育系统那样，许多类型的公共、非营利性甚至（极）少数营利性组织都可以提供服务，并不一定要是学区等公共实体。[19]

先行教育计划远算不上完美。经过半个世纪的运作，在满足条件的情况下，仍只能覆盖约40%的学龄前儿童和不到十分之一的婴幼儿。参与率始终低下，这有几种原因。首先，该项目尚未获得立法保障，没有充足的资金让每个符合条件的孩子都能参加。其次，初学者计划的重点在于为父母提供便利，与之相比，许多项目既不能让父母放心地去做全职工作，也不提供接送服务为父母节省时间、分摊压力。相反，先行教育计划按照官方规定的项目执行标准，将资源投入到全方位社会服务和复杂的管理结构中。这就是说，对父母而言，相较于更便利但（通常）教育质量略低的选择（如居家学习），参加先行教育计划反而可能是个挑战。[20]

从不同的角度来看，先行教育计划可能被认为资金不足，也可能被认为野心过大。其开销比佩里学前教育研究计划等示范项目低大概40%，而佩里计划的班级规模极小，授课老师都经过了全面认证、拥有大学文凭，并且每周都会为所有孩子提供家访服务。不过，与那些不包含此等严谨、全面服务的高质量州级学前教育项目相比，先行教育计划投入每个孩子身上的资金要高出80%。由于将资源分散到了丰富的功能上，部分先行教育计划的负责方可能最终会降低核心技能培养服务的质量。[21]

尽管限制颇多，先行教育计划还是能够显著提升孩子的技能水平。联邦政府资助了一项名为“先行教育计划影响研究”的随机对照实验，覆盖了全国各地数百个先行教育中心的近5 000个孩子。结果表明，如果只看个人收入，每年的投资收益率能达到可观的5%；如果再加上对健康、犯罪率、伙伴、同事等其他方面的影响，投资收益率还要更高，可能超过20%。[22]

这就是先行教育计划：一种非常简单的方法，让低收入家庭能获得相对高质量的早期教育，且无须进行太多烦琐或严谨的研究。

在美国，为低收入家庭提供早期教育的另一个大型联邦项目就是儿童保育和发展基金（CCDF）。CCDF会向各州发放联邦资金，作为父母的儿童保育补贴，目前每年资助的儿童已超100万。如果说，先行教育计划综合了美国K12和大学系统，那么CCDF就会让人联想到K12学校的教育补助金券计划，只不过它的问责制和质量要求都异常低。与先行教育计划相比，CCDF更着重于帮助母亲重返岗位，而非帮助孩子发展技能，并且服务对象大多是年龄较小的孩子。尽管存在诸多差异，仍然可以通过对比体现出两种截然不同的儿童技能培养方法。事实证明，像CCDF这样自由放任的教育补助金券计划，对父母的要求比先行教育计划更多（多得多）。[23]

每个接受CCDF补助的保育中心都有自己独特的申请程序，与自由申请的费用和复杂的协议紧密关联。申请补贴通常都需要经过多次面试、以电话和邮件的方式进行沟通、提交全面的文件资料，并且申请者需在有限的工作日时间里至少亲自前往当地机构一次。这样繁杂的流程每六个月就要重复一遍（最近延长到了一年）——因为机构会根据就业状况、求职行为、工作时长、总收入等多重因素的微小变化，重新评估父母的补助资格。要是搬了家或改变了工作安排，手续还要更麻烦。即便克服了种种障碍，许多父母最终也只能成为不透明候补名单的一分子，得不到进一步指导。据称，许多儿童保育机构都拒绝接受CCDF补助，因为判定家庭丧失补助资格、拖欠款项的问题，会导致可选择的范围更小，被列入候选名单苦苦等待的时间更长。先行教育计划会为大约40%符合条件的孩子提供一年及以上的服务，而CCDF只会为大约十分之一符合条件的孩子提供服务，且当申请人丧失资格后，通常在很短且不确定的时间内就会立即终止服务。CCDF的申请流程实在太过烦琐，许多父母甚至都不知道这项补助的存在。[24]

但与先行教育计划相比，CCDF对父母的**过多**要求可不止体现在烦琐的程序上。先行教育计划对发起方的质量要求较高，而CCDF则需要父母自行评估育儿质量。[25]研究人员考察了低收入父母处理这一负担的方法，发现需要重新研究所有常见的技能培养问题。父母们没有时间彻底探查，也基本不会去了解发起方质量的既有信息。父母们对其选择的发起方质量过于自信，陷入了信息不对称的泥沼，无法在一开始就看清发起方的优劣。[26]

面对令人眼花缭乱的选择，许多父母最终都把过多的注意力放到了明显看得出的因素上，比如成本、便利性和文化熟悉度等。造成的结果就是，教育质量被放到了次要位置。关于CCDF补助影响的最佳证据表明，它们**遏制**了儿童的技能发展。对K12学校教育补助金券计划的研究也得出了类似的结果，这些项目太过依赖父母对质量的评估，且其他国家的政府补助早教项目质量也不高。[27]

最关键的是要意识到，对父母**降低**要求并不意味着排斥或忽视他们的存在。以亲子中心为例。亲子中心是由20个公共早教中心构成的网络，自1967年来，一直在芝加哥周边的低收入社区开展半日制学前教育项目。和众多先行教育中心一样，它们积极请求父母的参与，但在适应父母生活的实际方面更加深入。项目管理人员坦承，“繁忙的生活安排使得父母无法履行参与学校活动的承诺”。管理人员无意排斥或责怪这些父母，反而想方设法**满足他们的需求**：“如果（父母）要找工作，我们可以帮忙写简历和申请。如果他们想洗孩子的衣服，也可以用我们的洗衣机和烘干机。”如果家离学校很远，中心就会“去他们所在的社区举办教师见面会”。后来，管理人员发现见面会不太可行，就改用短信“和父母交流深入的话题，让他们在家里和孩子解决”。这就是降低对父母的要求，同时继续利用他们的独特地位促进儿童发展。和先行教育计划一样，已有事实证明，亲子中心对孩子的成绩和长期发展成果有着巨大的积极影响。[28]

高质量的早教项目为各国提供了加速技能发展和积累财富的绝佳机遇。让孩子们从出生起就轻松、自然地参与此类课程，他们就不至于在上幼儿园后产生巨大的技能差异。州和地方政府在学前教育方面的投资不断增长，这也很好。这些项目借鉴了先行教育计划的精华，以较低的成本在某些情况下为父母提供了更大的便利。但这还只是可能性的冰山一角。

当我们探寻孩子进入K12学校前后的优质投资时，发现有数百万家庭都放弃了具有高收益率的良机。这就是经济效率低下的本质。那么在K12教育期间呢？效率低下会有什么限制吗？还是说，它会渗透到童年的各个阶段？

成为男子汉

2001年，一个名叫安东尼·迪维托里奥的年轻人成为芝加哥克莱门特高中的顾问，为一群十几岁的男孩提供指导。迪维托里奥身形魁梧，体格健壮，一头乌黑的长发向后梳着，被润发油抹得发亮。母亲靠福利救济独自养大了迪维托里奥兄弟姐妹四人，他们生活在芝加哥的一个低收入社区，见多了毒品和暴力。

他感恩母亲为自己树立了良好的价值观，但也非常渴望父亲的关怀："我遇到的第一位男性导师是个武术教练，他和我成了朋友，教我人生的道理，肯定我的成就。我当时觉得自己已经是个男子汉了，因为我能卧推275（磅），抽3根大麻，通宵不睡。他教导我努力、专注、集中精神。于是我戒掉了大麻，变得成熟。"[29]

迪维托里奥把这些经历带到了新的高中指导课程中，但他也没有掩饰自己的迷茫。项目是反复实践的成果——父母们自己根本完成不了这样大容量的学习。"我知道有些特别的事情正在发生，但我不知道它具体是什么。我不愿多想。我在一所高中和几所文法学校都有工作，教白种人、黑种人、棕种人还有乌克兰的孩子。我开了成千上百个小组，每周都有10至12个。"

该项目后来被称为"成为男子汉"（BAM）。BAM提供了一种新方式，让男孩们从自我控制的角度看待男子气概，参考的是通过正式的成人仪式引导男孩成为男人的古老方法。从现代视角来看，它利用了认知行为疗法的工具，教孩子在紧张的情况下暂缓行动、进行反思，从而化解而非激化冲突。有些父母会向孩子传授此类技能，但也有些父母自己可能都没有掌握相关技能，也就很难在家教会孩子了。

在一项BAM练习中，老师把网球给了一个男孩，并让另一个男孩想办法把球拿到手。大多数学生都选择直接动手抢。互动结束后，老师问那个学生，有没有想过开口要球。然后再问另一个学生，会怎样回应对方的请求。拿着球的学生通常都会说，他可能会毫不犹豫地把球递出去。经过多次精心设计的练习，学生们不再坚守最初的直觉，会开始考虑更广泛的选择。

从表面上看来，BAM似乎并没有什么大作用。该项目的成本非常低，因为它只是以小组的形式进行，每周一小时，总共持续不到一年。粗略地描述可能会让它听起来像天真、善良的大学生在宿舍里幻想出来的互助活动。我可能不会推荐大家投资这个项目。

不过，我当初也不看好苹果手机。经过多次大规模实验，世界顶级的独立研究人员证实，BAM项目对孩子们的生活产生了巨大的影响。项目进行期间，因暴力犯罪被捕的人数下降了一半，高中毕业率急剧上升。我们尚且缺乏关于这些孩子长期职业发展情况的数据，但没关系：犯罪率下降所伴随的成果足以保证收益率至少能达到500%，甚至很可能超过3500%。这可没算错，只是听起来离谱而已。股票市场的社会收益率不过10%，针对弱势青春期男孩的BAM训练产生的社会收益率却高达其数百倍。从社会层面来看，投资BAM这类项目就相当于在2001年投资了谷歌。[30]

我曾参加过为期12周的法院强制的父母培训计划，探究BAM与它之间的差异也很有用处。这两个项目都旨在帮助孩子们慢下来，做出更好的决定。父母培训计划尝试通过父母实现这一目的，BAM选择聘请顾问，直接与孩子们接触。换句话说，父母培训计划对父母的要求**较高**，BAM对父母的要求**较低**。父母培训计划会为教育和专业背景各异的父母们提供30小时的培训。BAM则会聘请具有多年青少年咨询经验、拥有学士甚至硕士学位的人员。在加入BAM之前，这些人就已经接触过数百名十几岁的孩子；相比而言，大多数父母都只亲自抚养过1至3个孩子。然后，BAM还会为顾问额外提供300小时的培训，是父母培训计划为父母提供培训时长的10倍。

然而，能从BAM这类项目中获益的孩子，其家庭很少能凭自己的力量进行投资。大多数学校都不开设这样的课程。对父母们来说，就像被大学和早期教育弄得头昏脑涨一样，评估课外项目也是个难题。他们怎么知道，BAM是不是比其他乍听起来类似的项目更有效？他们能从哪里获得足够的信心，去自行寻找类似的服务并为之付费？

有位父亲向社会学家玛格丽特·纳尔逊倾诉了他在为儿子萨姆选择课外活动时的沮丧心情："我太苦恼了……我们还在犹豫，这些东西是否真的有必要……我们明年要在足球这方面投入1 100美元……但那甚至不是最有竞争力的足球队……还有夏令营之类的……我真不知道它们到底有多大用处，哪些是真的值得的。鉴于我们的财务状况，什么都参加总归是不现实的。"[31]

经验教训很明确。在从出生到早期职业生涯形成的各个童年阶段，如果父母能轻松锁定有助于孩子技能发展的最佳投资——这在理想情况下非常简单，是水到渠成的事——那么许多家庭都会愿意接受。我们的社会将能够更快速地积累财富，就算与股票和债券等其他金融资产形式的储蓄相比也不落下风。相反，如果父母很难确立这些投资，那么投资根本就不会发生。

若是错过了技能发展的关键投资，孩子们在职业道路和个人身份上的选择就会越来越少。等到孩子们将近成年，却只能看到一堆糟糕的选择时，他们能怎么办？只能从中挑选一个。

个人责任

许多美国人认为，无论对父母要求更多还是更少，其实都没有必要；只要坚持让孩子为自己的人生负责，承担起更多的个人责任就好。虽然我一直在说，父母是孩子技能发展的管理者，但到了青春期的某个时刻，孩子就会开始自己做决定，而正是在这个时候，许多孩子做出的决定都非常糟糕。

具体来说就是，许多青少年会怀孕或犯罪。青春期生育或犯罪都与辍学、在贫困环境中长大脱不了干系。对于低收入家庭的孩子来说，青春期生育或犯罪的概率确实很高。

我们应该如何理解这样的事实？是这些孩子犯下了严重的错误，毁掉了原本光明的未来？还是前期技能发展不足导致这些孩子被迫面临如此糟糕的选择，生育和犯罪都有其苦衷？

先从生育说起。自20世纪50年代以来，由于青少年怀孕率的下降（而非堕胎率的上升），美国的青少年生育率急剧下降。[32]尽管如此，美国仍然是全世界发达国家中青少年怀孕率最高的一个。美国女孩的性生活并不比其他国家的女孩频繁，但她们较少会采取避孕措施。在青少年性行为发生率最高的州，避孕措施也最不流行。正因如此，在密西西比州等地方，青少年生育率能达到俄罗斯等国家的两倍。

性生活较频繁，避孕措施较少：听起来似乎很多十几岁的女孩都想生孩子。她们为什么会这样？

她们是觉得可以依靠社会福利吗？绝对不是。西欧国家的社会福利比美国丰厚许多，但那里的青少年生育率可比美国低多了。美国社会对年轻的单身母亲尤为吝啬，这样的人却层出不穷。在美国，福利待遇最贫乏的州，青少年生育率最高。她们把孩子生下来，可不是因为觉得政府能助其一臂之力。

出现这种情况，似乎也并不只是因为青少年缺乏了解或严厉的警告。事实摆在眼前，主流的禁欲培训项目对青少年性行为没有丝毫影响。侧重于避孕的性教育项目似乎更有希望，但充其量也只具有微小的作用。MTV电台的大热真人秀节目《16岁大肚》（*16 and Pregnant*）是目前为止最有效的性教育项目之一，该节目记录了少女妈妈们日复一日的艰难生活。看过该节目的少女们对避孕表现出了更浓厚的兴趣，怀孕率也明显下降。[33]

在不同的州和不同的时期，限制堕胎的政策有着很大的差别，但其对青少年生育率的影响非常小。20世纪90年代，医疗补助制度让更多低收入女性对避孕措施有所了解，也确实使得青少年生育率略有降低，但还不足以解释各州和各国之间的巨大差异。

所有证据其实都指向了同一个方向：有些少女之所以会决定成为母亲，或多或少是因为觉得母亲就是她们最好的“职业”选择。重点在于，她们没有更好的机遇。

就算少女怀孕真的合理，我们还是希望它对这些女孩未来发展的影响能降到最低。为了验证这一预测，研究人员采用了许多方法，对生活环境相似但生育年龄不同的女孩进行比较。他们将这些女孩与同学校的其他女孩、与她们的亲姐妹做对比。他们研究了那些怀孕但意外流产了的女孩的情况，还研究了那些更有可能避免早孕（单纯是因为她们进入青春期的时间较晚）的女孩的情况。经过各种研究，研究人员发现，对最有可能成为少女妈妈的人来说，生育本身对她们以后教育、职业或结婚率的影响微乎其微。

看起来，生育并不会耽误这些女性的技能发展。相反，针对她们已经脱轨的技能发展，这可以算是意外的合理反应。

社会学家凯瑟琳·艾丁和玛利亚·科拉法斯历经多年，采访了数百名少女妈妈。她们搬进了一个低收入社区，真正了解了那些年轻女性的状况，并深入研究了决定生育的各种因素。她们把研究结果写成了《我能信守的承诺》（*Promises I Can Keep*）这本好书。她们发现，那些女孩并非对此毫无认知。她们知道频繁、无保护措施的性行为会导致怀孕。她们也知道，不该“想要”自己养不起的孩子。其中一些女性在初次怀孕时选择了流产，但后面进行性行为时还是没有采取保护措施，并且一旦怀孕，就会把孩子生下来。从某种程度上来说，她们知道自己要面对什么。

艾丁和科拉法斯经常听到这些女性说，她们有多讨厌上学，这也难怪。一般在最低标准的5年公共支持结束后，低收入家庭的孩子从幼儿园开始就落后别人一大截，再往后，错失的技能发展投资越来越多，阻力越来越重，差距还会继续拉大。到了青春期，学校已经成了无聊和挫败感的代名词，因为一切都没有意义，也看不到进步的可能。这些女孩也不会像流行歌曲里唱的那样“爱上坏小子”；她们会在力所能及的范围内找男人。但很遗憾，她们只能接触到因为在童年早期技能发展不当而养出一身毛病的男人——和她们自己没什么差别。

做母亲，甚至是十几岁没结婚就做母亲，让这些女孩找到了一种使命感，这是她们在其他任何领域都无法获得的感觉。艾丁和科拉法斯形容那是“极度的孤独感、与父母和同龄人的斗争、轻率的行为、抑郁和绝望、学业上的失败、毒品，以及生活完全脱离控制的普遍感觉。在这样的空虚之中，她们怀了孕，然后生了孩子，就有了目标、认可、陪伴和秩序，这些都是这些年轻女性先前缺失的东西。从某种意义上来说，这些年轻女性坚信，生个孩子，所有问题就会迎刃而解”。[34]

艾丁和科拉法斯说的是在技能发展系统中落败的女孩，她们的父母尽管有不少都掌握了专业的育儿知识，却无法为她们提供坚持学习、获得经济成就所必需的条件。必须要有人帮助这些女孩更流畅地安排技能发展的过程。美国社会无法提供这样的服务，只能将重担几乎全压在父母肩上。

要求女孩承担更重的个人责任，并不能纠正她们的所谓不良行为。对于被技能发展系统抛弃的女孩来说，成为少女妈妈**就是**个人责任的体现。要想杜绝这一现象，我们就必须在孩子进入青春期之前，为她们提供更丰富的技能发展机遇。

年轻男性的犯罪行为也是如此。在警方档案中，大部分所谓严重犯罪［杀人，强奸，抢劫，严重袭击，（入室、汽车）盗窃］的嫌疑人都在15至25岁。[35]和青少年怀孕率一样，美国的监禁率同样高得离奇。就青少年监禁而言，美国也是**与众不同**。

美国的未成年人监禁率是全世界任何其他国家的5倍。[36]这是一笔很大的开销。监禁一个未成年人每年要花8.8万美元，差不多是上学费用的7倍。[37]监禁不仅对孩子没有助益，还进一步剥夺了其技能发展的机会。被判犯下重罪的年轻人会失去公民的诸多基本权利和福利，比如大学奖学金、公共住房、社会福利和投票权等。[38]

为什么会有这么多美国年轻男性无视严重的后果犯下罪行？他们甘愿舍弃美好的未来？还是说，他们和少女妈妈一样，早就被命运扼住了咽喉？

首先，一个重要的事实是，大多数犯罪（可能超过95%）都不会受到惩罚。在美国这样自由开放（真是谢天谢地！）的社会中，要想把那么多犯罪者都抓捕归案，实在是太难了。想走歪路子赚钱的年轻男性摸透了这一点，对他们来说，一次性或偶尔的犯罪，并不算什么大事。[39]

其次，逮捕、监禁和较长的刑期对这些人获释后就业和收入的负面影响小得离奇。[40]这些研究所采用的策略就是，衡量被逮捕者和未被逮捕者之间难以观察的差异。有一项研究评估了被逮捕或被监禁前后的收入和就业状况变化。还有一项研究对比了被指控相同罪名，但随机分配给较严格或较宽纵法官的犯罪者之间的差别。由于随机因素，被分配给更严格法官的犯罪者将面临更高的定罪率和更长的刑期。

不出所料，监禁确实对人有害。刑满释放后，这些人就业和收入水平相较之前都会下降。但出人意料的是，影响并不算大，甚至比失业、住院等常见事件的影响还要小。[41]严厉的处罚还会拉高以后新罪名的定罪率，尤其是盗窃和与毒品相关的犯罪，这也会对合法就业机会产生负面影响。

入狱对劳动力市场发展的负面影响怎么会比失业更小？原因在于，入狱的人基本原先就是劳动力市场的“毒瘤”，影响再坏也坏不到哪里去。他们大多数都没有正式工作，即使有工作，赚的工资也只达到了贫困线。监禁困住了那些本来就看不到机会的人，等到出狱，他们的机会也只是更渺茫了些而已。

正如我们所见，收入在很大程度上反映了技能水平，并且平均来说，这些人在成年之前也只能掌握极少的生产技能。它们是长期投资的成果，而我们几乎完全把这份责任扔给了父母。有些对早期技能投资不足的年轻女性选择早早生育，是“差中选优”，和她们一样，有些对早期技能投资不足的年轻男性选择了犯罪。

监禁的影响并不总是那么微不足道。很多研究都考察了监禁对年轻男性的影响。青少年时期的监禁就伴随着非常可怕的后果：高中毕业率骤降、未来的犯罪率猛增。[42]单是强调“个人责任”，监禁根本吓不住那些冲动的青少年，让他们不要毁掉自己光明的未来，只能进一步加深小时候技能差异留下的阴影。

青少年的冒险行径并非意外，不代表“品格”的败坏，也不是一种文化弊病。我们的社会选择将90%的技能培养过程交给父母管理，就必然会导致技能发展上的巨大不平等。在这样的系统中生活了14年、16年或18年后，有些孩子根本就没学会什么技能，也没有什么好的路可以走。糟糕的选项，必然导致糟糕的选择。

向前发展并不是要求孩子承担更多的个人责任，也不是要求父母付出更多。而是在某些非常重要的方面，降低对父母的要求，给父母更多支持。

家庭照护：通向另一种现实的大门

如果我们**降低**而非**提高**对父母的要求，为孩子的技能发展进行真正有效的投资，结果会怎样？目前，公共K12系统只负责监管孩子不到10%的时间，占比实在太低。我们应该将相关责任大幅转移给专业人士。也就是说，父母无须自行开发、识别、管理，公共资金会覆盖这些方面的服务。

这就是被称为“家庭照护”的新政策，能够弥补医疗保险的缺口。

医疗保险为老年人的健康问题提供了保障。家庭照护则将为年轻人的技能问题提供保障。医疗保险每年需耗费7 500亿美元。家庭照护的花费会低很多。医疗保险的受益者是老年人和所有爱他们、希望在未来享受同样待遇的人，但对纳税人没有多大好处。家庭照护的受益者是年轻人和所有爱他们的人，**并且**能为纳税人带来巨大的利益，给那些工作、上学、结婚、购物、欣赏艺术、开公司，以及从事任何活动——这些活动依赖于我们社会中其他人充分发挥才能——的人带来好处。

如果抛开其他方面，单看对税收带来的好处，那么家庭照护会提高政府将来的税收收入，从而回本。这是什么意思？意思是，对于在家庭照护被确定为法案的那年开始工作的纳税人来说，该项目要么能减轻他们这一生的纳税负担，要么能让他们享受更多有价值的公共服务，比如高质量的道路、学校、医疗保健和军事安全等。这怎么可能呢？原因就是，家庭照护会让年轻一代在成年后拥有更高水平的技能。他们会赚更多的钱，缴更多的税。这样一来，政府必然会在降低税率和优化公共服务之间做出选择。

本书谈及多种高效率的技能发展项目，家庭照护将从本质上扩大此类项目的规模，这也是人们关注的重点。出于一些原因，有些时候，扩大小规模实验项目就会导致质量下降。因为小规模实验项目可以邀请精英研究团队，利用他们的独特才能，或是不考虑烦琐程度和说客等现实性限制因素，或是召集表现异常的实验对象充当新实验的小白鼠。好在从学前教育到助学金再到学徒制，家庭照护的大部分核心因素都得到了证实，它们确实可以在大规模实行的基础上产生巨大收益。许多时候，项目的影响之所以没有达到预期，主要是因为资金不足，而家庭照护正是专门针对这一问题做的设计。资金不足并不是什么神秘且棘手的问题；如果建筑商买不到充足的混凝土和钢材，桥梁和隧道建设也“无法大规模开展”。[43]

我在这里说的是一种家庭照护形式的核心功能，附录里有更详细的描述。这并不是遥不可及的梦。我曾将一种家庭照护形式写进了皮特·布蒂吉格在2020年竞选总统时的政策纲领中。拜登总统在近期具有里程碑意义的《美国家庭计划》中也表明了类似的意志，尽管在某些关键方面，它对父母的要求还是太多。[44]越来越多的美国人逐渐意识到，公众对父母及子女的大力支持，就像对军队的支持一样，有助于我们作为同一国家公民的核心利益。

家庭照护的第一步就是带薪休假，创造亲子间相互了解的机会，且不必有组织安排或经济方面的担忧。诸如“设法搬向机遇”（在第二章中讨论过）之类的新项目将帮助父母选择有优势的地区生活、育儿，还会帮他们申请公寓、与房东交涉、签合同，并在必要的情况下支付保证金，利用好每一个机会。出于基本的尊重和诚意，家庭照护将在现有对婴儿营养的保障基础上，提供尿不湿和其他婴儿必需品。接下来，家庭照护还将参考初学者计划、大规模公共学前项目等成功范本，全面展开全天、全年且高质量的早教项目。质量、评估和适时优化都是能够保障的因素，毕竟也曾有过低质量项目对优势儿童造成严重负面影响的案例。此类早期投资将帮助所有孩子建立健康的亲子关系、体验“婴儿大学”，而这都是富裕家庭的孩子生来就能享受的东西。这将大大缓解数百万在职父母的巨大压力。[45]

家庭照护将持续在现有K12学校教育覆盖不到的时间里，为孩子们提供更丰富的支持。额外的资源能够用于辅导、艺术和科学、体育、政治和商业等课外活动以及其他应对营养和健康问题的干预措施，覆盖放学后和周末及较长的假期，满足本地家庭的需求和利益。此类措施能否成功实行，取决于时机、内容、设计和目标。一旦出错，项目就会失败。单纯延长课程或学期时长，或是在已经负担很重的教学日里增加缺乏监管的自由学习时间，都会对参与者造成伤害，加剧现有的不平等现象。不过，如果安排得宜，这些项目也能让孩子的生活更加丰富多彩。为了筛选高质量项目，家庭照护还需继续深入探究，并持续评估各种不同的方法。如果可以逐步扩大成功范本的规模，就能进一步减轻父母独自应对孩子的家庭作业、课后时间和暑期活动的巨大负担。将监管儿童技能发展的更多责任分摊给当地公共系统和非营利性组织，恰好体现了100多年前“社区学校”的丰富经验。[46]

家庭照护将简化大学申请和筹资系统，并创建更丰富的高中指导形式。增加的大学财政援助不仅将覆盖学费和学习材料，还将包含食宿和交通。这样一来，所有孩子都可以毫无后顾之忧地上大学，而不仅限于富裕家庭的孩子。扩充的支持项目将有助于增强大学生的坚持性，提高毕业率和向劳动力市场的过渡率。对于那些不在乎四年制大学文凭的孩子来说，增加对学徒计划等职业项目的资助，能让大学课程与在职培训更紧密地联系在一起。所有这些项目对父母几乎都没有任何要求，而是单纯是向孩子提供专业服务。新的方法将使孩子们尽可能轻松地——几乎自动地——通过有效的培训走向终身经济独立，并为其所属的社区和国家提供生产服务。[47]

我们将为所有孩子从出生开始的身心健康需求提供充足的医疗保健。面向低收入父母及孩子的医疗补助额度仅相当于面向老年人的医疗保险赔付额度的72%。这样吝啬的赔付率将许多医疗服务人员拦在了医疗补助的门外，也让父母在保障孩子的健康上更显艰难。与其他群体的医疗保健相比，儿童保健至少也要得到同等水平的公共支持，这也具有重要的象征意义。[48]

孩子们得以从更小的时候就能在公共资助的高质量学习环境中度过更长的时间，也会出现新的机遇，给负担过重的父母们减负，将技能培养的重担转交给大规模开展有效项目的有报酬的专业人士。

举一个非常具体的例子，许多父母都能立即产生共鸣，那就是营养。全国各地数以百万计的在职父母每天都要抽出时间，各自为孩子准备好主餐和零食，让他们带去学校。有了家庭照护，就可以省去这些麻烦了。保育中心、学校和大学将在明亮、舒适的环境中为孩子们提供高品质的餐食，公共补助也能确保价格合理。从幼儿期开始，让孩子定时接触有营养的食物，可以塑造孩子终身的口味和习惯。那些廉价、容易上瘾的食品会让许多孩子在还没能理解“营养”或“肥胖”是什么意思之前，就需要与肥胖做斗争。好在面对它们的冲击，父母也不再需要孤军奋战了。

以上就是对家庭照护等类似项目的简要说明。在每一环节，家庭照护都会降低对父母的要求，提高对受公共资助的专业人士的要求。这是一个认真严肃地对待技能发展的国家的愿景，而不是要求孤立无援、负担过重的志愿者抽出空闲时间，为我们的经济奠定基础。

依靠着父母的慷慨态度，公众已经收了太久的“渔翁之利”。现在，是时候摆正对父母和孩子的态度了。

太过容易

这里好像有些不对劲。孩子那么多，要在童年的每个阶段都得到丰厚的投资，应该不是这么容易的事。就好像我们可以轻松找到被低估的股票，将其收入囊中，然后一笔笔地赚钱。大多数有经验的金融投资者都没能成功地“跑赢市场”，为什么这么多儿童发展研究人员似乎都拥有了像沃伦·巴菲特那样的投资头脑？

肯定有哪里出了问题。孩子技能发展过程的管理权主要还是在那些身处各行各业的父母手中。他们承受着所有负担，包括复杂性、有限的学习和反馈、过度自信和不信任、借贷限制和溢出效应等。如果每一家试图挑战难题的公司都必须从人海里随机聘请一两位有意向的经理担任首席执行官，让这些人无法获得可靠的信息或明确的反馈，并放弃所有借贷或外部投资的机会——那么没错，在这样的世界里，激动人心的商业机遇也会以同样的方式从指缝中溜走。

从某种程度上来说，一整个局面都颇令人费解。如果真有可能在大规模提高生产力和财富水平的情况下减轻不平等、降低犯罪和青少年怀孕率，美国为什么不早进行这类投资呢?

很遗憾，不幸的是，美国和其他大多数国家都存在一些阻碍此类投资的病态现象。真实情况可能比听起来更加荒谬。研究人员证实，在儿童技能发展方面有很多极好的投资。然而，即使妇女进步运动孕育出了美国儿童局、科拉·希利斯为艾奥瓦儿童福利研究站解决了障碍、尤妮斯·肯尼迪·施莱佛提前半个世纪为国家儿童健康与人类发展研究所铺平了道路，我们仍然几乎没有尝试过利用这些投资，或是在情急之下想起它们。

要想弄明白为什么会这样，更重要的是如何改变现状，我们必须要牢牢记住，像美国这样的国家是怎样做出决策的。

7

为什么我们不投资技能发展

未竟的事业

儿童技能发展是美国规模最大、最重要的产业。但和科拉·希利斯在一百年前所面临的情况一样，它与其他产业仍存在巨大的差异。

从研发开始说吧。研发能够随着时间的推移帮助行业提高效率，比如关于雷达和计算机的军事研究、联邦政府资助的关于基因组学和疾病的生物医学研究、谷歌公司关于自动驾驶汽车的研究，以及默克公司关于疫苗的研究。儿童领域的类似研发产生了新的技能培养技术，从孕期叶酸补充剂到卡罗来纳州的婴儿课程，范围甚广。研发团队还可以寻找更好的方法，在不丧失作用的前提下，扩大有效项目的规模。

在大多数行业中，研发都会合理控制公共和私人资金的占比，由政府承担较为基础的、长期的、高风险的投资，由私人企业开辟从科学发现到市场化产品的道路。然而，负责培养儿童技能的主要团体——家庭、学校、学区和州教育部门——很少进行研发，几乎将这方面的职责全都交给了联邦政府。虽然许多机构都在进行儿童相关的研究，但其中贡献最大的还是尤妮斯·肯尼迪·施莱佛国家儿童健康与人类发展研究所。该机构为克雷格·雷米的初学者学前教育实验提供了资助，并发起了比艾奥瓦研究站起点高数千倍的儿童发展研究。[1]

表 7.1

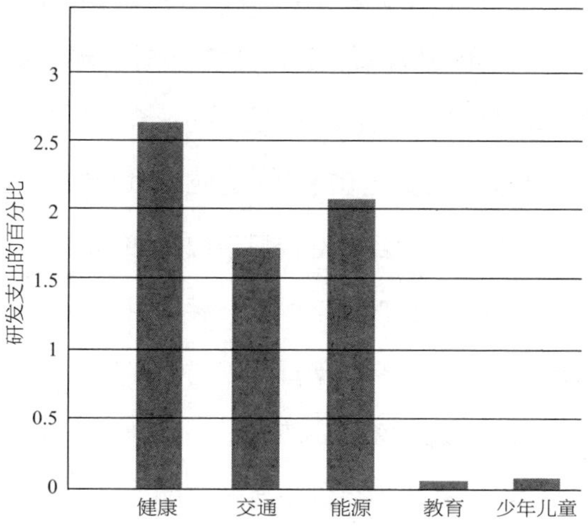

1995 年按领域划分的研发支出额度。①

这项投资已经是很大的进步，但在正确的背景下来说，依然只是杯水车薪。表7.1列举了其他几个行业研发支出占比的数据。在健康、交通和能源领域，研发支出的占比都在2%左右，也就是数

① 资料来源：尼尔·莱恩和哈罗德·瓦默斯，《投资我们的未来：针对21世纪美国儿童的国家研究倡议》（宾夕法尼亚州达比，戴安出版社，1997年），第22页。

千亿美元。比如，自2000年以来，医疗保健行业每年在研发上的投入基本都超过1 000亿美元。而在儿童发展领域，研发支出不到公共支出总额的千分之一——在公共和私人支出总和中所占份额几近于零。[2]

换句话说，日子一天天过去，美国经济范畴规模最大、最重要的一个领域竟然几乎没有在促进生产率提升的研发工作上投入任何资金。只有一个词能形容这种行为：**愚蠢**。

一旦我们意识到，在了解儿童技能发展方面的付出有多微不足道，那些原本想不通的事就会变得合理。为什么佩里学前教育研究计划和初学者计划作为有史以来最重要的社会科学项目，其规模却如此之小（尤其是在与成人用药的普通临床试验对比之下）？为什么只有极少数大规模的社会实验着眼于应对如何培养更有能力的成年人这一重大议题，而没有每年积极开展数百项新研究？为什么在法院强制要求近50万家庭参与父母计划的情况下，直到30多年后的今天，才勉强完成了第一次稍显严谨的项目评估？为什么联邦政府没有更新具有里程碑意义的先行教育和早期先行教育计划影响研究及其他许多重要的实验，以了解这些投资如何影响儿童的教育成果、犯罪率、青少年怀孕率、就业情况及其他长期成果，即便参与者如今都已经成年，即便IRS数据银行和其他行政管理数据集早就减轻了后续研究的负担？

如果儿童发展行业的研发支出占比能与其他行业保持同等水平，那么其研发支出应该在年均1 000亿美元左右，相当于目前数额的100倍。科拉·希利斯的主要观点是，我们对待儿童发展方面的投资远不如对待其他关键领域的研发那般重视（比如人们在她那个年代对待农业，或是人们在我们这个时代对待健康和能源），时至今日，依然如此。为什么我们还没有解决这个问题?

世界上被剥夺公民权利的最大规模的少数群体

为什么我们的社会不在了解并改善儿童发展方面投入更多?因为孩子们没有投票权。这就是问题所在。

我不是认为**应该**赋予孩子投票权；而是因为孩子们没有投票权，所以政客都不愿意为他们谋求利益。未成年人是世界上被剥夺公民权利的最大规模的少数群体。

父母拥有投票权，但这只是一种冰冷的安抚。女性、少数族裔、穷人、“平民”——全世界历史上每一个被剥夺公民权利的群体都曾遭受过抢劫、剥削和忽略。男性自称可以代表女性，白人自称可以代表非白人，富裕的地主自称可以代表劳工，这些都无关紧要。只有强势的、直接的代表才能维护一个群体的利益。[3]

好像对孩子们的利益还不够苛刻似的，其父母参与民主的路也愈加坎坷。年轻人及低收入人群——比如刚成年和为人父母的人——的投票率大约只有老年人和富人的一半。因此，不仅孩子被剥夺了公民权利，而且刚成年的人同样不完全具有公民权利，孩子的政治监护人也不完全具有公民权利。对孩子们来说，民主就像试图追究某人的责任，却对着他叔叔的前室友的牙医大喊大叫一样，一点用都没有。

与年轻人缺乏权利相比最明显的就是，老年人权利过剩。老年人的投票率大约是有子女的年轻人的两倍。[4]老年人可以通过AARP进行游说。作为美国最具影响力的组织之一，AARP有3 800万名会员，每人每年须支付16美元的会费。

孩子可不具备强大的游说力量；只有一些规模较小的组织专为他们服务，比如儿童保护基金和救助儿童会等。许多年来，为老年人争取利益的游说支出均超过为孩子争取利益的游说支出，比例甚至超过了10 ∶ 1。[5]

不能投票、没有游说就相当于没有权力，政策制定者会“看人下菜碟”。联邦、州和地方公共资金每在孩子身上花1美元，就会在老年人身上花至少2美元。从联邦层面来说，对老年人有利的决策数和对孩子有利的决策数，比例超过了6 ∶ 1。私人层面的支出远不足以补平整体性的差异。[6]

拨给老年群体的很大一部分支出，都用在了医疗保健上，因为老年健康问题基本都要花大价钱才能解决。但孩子的技能发展问题也需要花大价钱才能解决——尽管这样说不好听，但这些技能问题可能会成为长时间的困扰，因为其影响会在家庭、社区和几代人之间产生连锁反应。88岁老人的健康问题严重吗？可没这么严重。

老年人拥有医疗保险这项大规模的公共项目，孩子也理应享有福利程度相当的技能培养项目，比如家庭照护之类，但事实上并没有。

说真的，为什么老年人的医疗支出如此之高？因为在过去50年里，医疗技术取得了巨大的进步，为老年人在医疗保健方面的开销创造了许多新形式。这非常好，我和我的家人都能从这些创新中受益，我感激不尽。然而，我们为了开发这些造福老年群体的技术已经花费了数千亿美元，在研发促进儿童技能发展的技术上却几乎一毛不拔。这就体现了研发的差距。本应存在许多复杂的、昂贵的方案，可以解决孩子的各种技能缺陷；而我们只是懒得去开发。然后还要声称孩子不需要什么昂贵方案，来为在孩子身上的低支出开脱。

就连我们用来证明政策合理性的基本标准也不适用于老年人。除非有缜密的因果证据表明，某项投资的收益率很高，甚至某些政策就是要以更高的税收“赚回成本”，研究人员和政策制定者才可能提出要在年轻人身上做投资。这个门槛相当高。另一方面，只要确定某种新方案对老年人真的有益，我们就会毫不犹豫地进行投资，无论效果多么轻微，也无论费用多么昂贵。公共资助的医疗保险基本每月都要报销1万美元，用于某种新的癌症治疗方案，它或许能够让一位老人多活几个月。[7]单是一个月的费用，就足以让一个在校学习不好的孩子参加一整年的补习。然而几乎所有的学区都认为，这实在是太贵了。

老年人一生都在为社会做贡献，他们理应得到医疗保健等优质公共服务。孩子降生在我们的社会中——并非他们的主动选择——也理应得到公共援助。现状却是：老年人像在吃不限量的自助餐，大大小小的健康问题都有人帮忙解决；孩子像在吃剩饭剩菜，会影响一生的技能发展问题几乎无人问津。这实在不合情理。只看医疗保健的话，同样的钱，若是花在孩子们身上，其实可以拯救更多人的人生，带来更多年的健康生活。[8]但凡在民主的层面上，孩子能得到更平等的对待，财政支出都不会是现在的样子。

然而，未成年人永远都无法获得投票权；这是民主概念的一个小漏洞。因此，我们在这方面必须提高对父母的要求，也只能靠父母——以及认可此方法存在广泛益处的人，无论其是否为人父母——去替孩子争取政治利益。

就家庭照护的某些方面，两党已经达成了高度共识。近90%的美国人——包括75%的共和党人——都支持提供公共投资，让公众都接受得起高质量的早期教育。[9]在儿童发展问题上实现政治团结的主要障碍是一张由谎言编织而成的网，让父母们相互对立，看不到彻底改善的希望。流传最广的包括："无力负担论""零和育儿论""政府失败论"——是时候该戳破这些谎言了。

无力负担论

许多父母都信了纳税人无力在儿童发展方面发挥更大作用的说法。这就是"无力负担论"。

所谓"负担能力"就是个幌子。军事准备是否负担得起？道路和污水处理系统是否负担得起？你能负担得起修车胎、补屋顶上洞的费用吗？

好的投资需要钱。负责任的成年人总能赚到钱。据说富裕家庭和企业有大幅减税的待遇，可以满足其支出需求。与之不同，我们讨论过的关于儿童技能发展投资的所有可靠证据都能证明，家庭照护可以为自己买单。家庭照护就好比修补漏气的轮胎或漏水的屋顶——能够帮我们预防伤害更高、费用更贵的问题。唯一比投资更昂贵的选择就是不投资。

投资成本其实并不夸张。家庭照护的费用大约占GDP的2%，我会在附录中做说明。我们可以分析一下这个数字。

如今，我们在医疗保险方面的支出占GDP的4%。也就是说，预计用在家庭照护上的费用只有老年人医疗保健开销的一半。如果我们无法负担儿童技能发展方面的公共投资，那一定也负担不起为老年人提供的公共医疗保健——但很明显我们负担得起。

另外，我们目前在军事方面的支出约占GDP的3.2%。所以，我们也可以把家庭照护视为一支新的军队。这支军队虽不能帮我们抵御外来威胁，却可以保护我们免遭可怕的内部威胁——因为对孩子技能发展投资不足而导致的损害。

还有另一个视角。在过去的50年间，最富裕的1%的美国人收入大幅增长。缴完税后，其收入占GDP的比例也要比从前高出约7个百分点。[10]他们之中许多都颇有天赋，工作也努力，为造福所有人而奋斗。另外一些要么是因为运气好发了笔横财，要么就是靠着损人利己的法子致富。无论你怎么看待美国最富裕的这些人，在过去50年里，他们比其他所有家庭都更有天赋或更努力，配得上大幅增长的收入，这无须否认。因此，从这一大笔递减的税收中划出三分之一，用来修补我们支离破碎的技能发展系统，显然非常合理。

家庭照护不仅负担得起，还将在儿童保育、教学、咨询、管理及其他人类服务领域创造约600万个新岗位。这些工作兼具难度、创造性和高价值，无法轻易被人工智能取代，也无法被外包到国外。

新岗位将根据儿童（尤其是低收入家庭儿童）的分布比例，设置在全美的各个地区，从而对萧条的地方经济造成刺激。同时，孩子们也可以自行选择留下来，或是离开去寻找更好的机遇。[11]

因此，负担能力就是个幌子。不过，还有另一种反对的声音。许多人不愿承认，甚至还没有意识到自己内心的想法：为什么有父母或还没孩子的人愿意给**其他人的孩子**投资？

零和育儿论

内德·约翰逊在华盛顿特区经营着一家辅导及大学预科公司。几年前，他曾指导过一个学生，那个学生的父母问他："多少钱可以让你只教我们家孩子，**而不再接收他们学校同班的其他学生**？"

这些父母因为零和育儿论近乎疯狂，认为对别人的孩子好就是在伤害自己的孩子。这是第二个谎言，阻碍父母们围绕共同的政治利益团结一致争取。

许多富裕的父母都已经习惯透过顶尖大学录取的棱镜观察世界。如果**其他**孩子掌握了更多技能，那么**他们的**孩子就需要经过更加激烈的竞争，才能获得顶尖大学的宝贵入学机会，（据称这样会）过上富裕的生活。

零和谬论分散了父母们对更大**共同**利益的关注。只有不到0.5%的孩子最终能考入常春藤盟校。优化投资的主要作用在于保障更多孩子身体健康，从高中毕业，拿到非重点大学的实用性高等教育文凭，并建立有效益的职业生涯，而非为你的孩子培养更多竞争对手，降低其被哈佛录取的可能性。

即使你的孩子顺利进入了此类超级顶尖的大学，取得的经济优势基本也相当有限，少数族裔和低收入家庭的孩子可能是个例外。无论是哈佛大学还是其他一些名声显赫的四年制大学，顶尖大学招收的绝大多数学生在经济层面都注定不凡。美国社会最伟大的成就之一就是其健全的高等教育系统。以分毫之差错失常春藤盟校的孩子都可以选择国内任意一所世界一流的大学，在那里接受算得上最高水平的教育。这真的很了不起。从很多方面来说，上最顶尖的大学基本相当于参加一场军备竞赛，需要父母出力培养技能，也需要天赋非凡的孩子拥有运气，此外还少不了出于善意提供资金的社会和专业群体。[13]

事实上，儿童发展的绝大部分都**不是**顶尖大学录取这样的零和游戏——而是所有人在不可切分的共同生活中，利用自己的技能互相受益的**超和**现实。当有更多的孩子能在校外获得所需的投资，可以在校内更加放松、集中精力时，老师们就得以用更少的时间解决问题，用更多的时间帮助孩子掌握学术知识。孩子们也不会再频繁地相互打扰，可以有更长的时间相互协作。

超和育儿的意义远不止于教室内的溢出效应。作为获益于税收的公民，我们所有人——包括没有孩子的人——将别人孩子30%的额外收益纳入囊中。如果家庭照护投资能让一个孩子的年收入提高3万美元，就相当于每年会多出1万美元的税收，可以用在对公共有益的事业或减税上，让其他所有人都获益。反之亦然：如果我们不能帮助别人的孩子掌握技能，我们缴的税就得用来支付他们复读、紧急医疗保健、监禁和收入补贴等费用。我们要么帮助父母为孩子做好准备，为共同财富的积累做贡献；要么对父母不管不顾，共同承担这份后果。没有第三种选择。

高收入带来的税收只是超和育儿的部分影响。支持对他人子女的投资，他们就能生产更优质的商品和服务、开发更多技术、经营更多的商业项目、创造更多艺术作品，并发起更多的社会和政治运动。从狭义上讲，更健康、技能水平更高的孩子比更富裕的国家意义更大；他们能把国家发展得更有动力、更强大、更幸福、更有文化活力，对我们所有人都有益。

然而，即便父母们看清了负担能力的诡计，认可了共同的超和利益，许多美国人对政府的支持仍抱持着一种习得性无助感。或许，在捍卫孩子真实利益的道路上，这才是父母们最需看破的诡计。

政府失败论

这很有意思。许多父母（包括许多对美国历史和自由制度感到无比自豪的父母）面对政府将我们团结在一个国家这件事，态度都悲观得离奇。这些美国人对政府失败论深信不疑：他们坚信，雄心勃勃的公共项目往往都会以纳税人利益受损而惨败收场。然而，和“无力负担论”“零和育儿论”一样，“政府失败论”也是个骗局。

受此观点打击最大的可能就是联邦政府。美国的联邦政府并不完美，任何与一些资金不足或功能错乱的政府机构有过接触的人都能证明这一点。但它在成功投资这方面有着悠久且辉煌的历史。其中许多投资都涉及与私营和非营利性组织，尤其是大学的合作。联邦项目资助的研究投资过于大胆，风险太高，持续时间还长，私人企业无法独自承担。

许多这样的项目都失败了。这很合理——所谓**风险**就是如此。憎恶政府的人把这些失败单拎出来，说“我们早知道会这样”，却在绝大多数营利性公司也以失败收场时［比如安然和泰拉诺斯（Theranos）等公司的骗局］，对“内部”高风险项目的失败装聋作哑。一旦涉及联邦投资，这份担忧就更容易误导人了，因为整体工作的成功是任何人都无法企及的高度。[14]

由联邦机构协调、补贴并开展的研发投资创造出了现代个人电脑和智能手机、药物、生物技术、纳米技术、航空工业、核能和武器、互联网、农业技术、绿色技术以及其他许多基础技术，推动了美国向经济和军事超级大国的转变。促成变革性研发的重要联邦机构及项目包括国家科学基金会、国家卫生研究所（包括NICHD）、国防部、国防高级研究计划局、小企业创新发展法、罕见病药物法、国家纳米技术计划等。

苹果、谷歌及辉瑞等公司私营部门的创新通常也跟随着美国政府投资的脚步。企业采用由纳税人出资、民主化创造的技术，将其商业化以获取利润，并在此过程中打造自己创造性创业天才的形象。

联邦层面的成功革新彰显了我们的民主政府做出明智投资、造福全体美国人的力量。然而，在帮助美国人弥补劣势或不幸的社会项目中的进步性公共投资，或许与科学创新有所不同。这些进步性投资一般不都失败了吗？

不，它们没有失败。它们同样取得了巨大的成功。如果你的印象与之相反，也无须自责。数十年的错误数据、错误统计、错误分析和宣传歪曲了这些进步性投资的形象。身为美国人，当我们看向进步性政府投资的被记载的历史时，就好像在看着一张哈哈镜里胡乱变形的画。

若是不了解我们在过去已经共同取得了怎样的成就，就不可能理解我们在未来能够共同取得怎样的成就。我保证，在给你讲述这个故事的时候，不会因为夸大其词而矫枉过正。我们确实很难评判公共投资成败与否，毕竟还存在很多未知的东西。

在美国历史上，为了解决贫困和不平等问题，我们曾发起过两次大规模的全国性投资运动：一是20世纪30年代富兰克林·D.罗斯福总统的新政，二是20世纪60年代林登·B.约翰逊总统的反贫困战争。在这两项运动中，儿童技能发展都扮演了重要角色。

新政带来了社会保障老年保险、贫困老年补助、失业保险和抚养未成年子女家庭补助（即社会福利，如今已改称为更为冒犯的“贫困家庭临时救助”）等诸多福利。新政项目名副其实：它们缓解了老年、失业者和儿童群体中普遍存在的贫困现象。正因如此，世界上所有富裕的民主国家都采用了美国在罗斯福新政期间开创的社会保险项目——这是全世界选民们的要求。至少自第二次世界大战结束以来，新政项目并未让大多数美国人产生强烈的矛盾感。罗纳德·里根本人曾四次投票支持罗斯福，成为总统后，他也对新政项目大加赞赏。[15]

和罗斯福新政差不多，反贫困战争侧重于将对成年人的贫困救助与强化对儿童技能的培养相结合，为陷入困境的家庭提供援助。反贫困战争带来了医疗保险、医疗补助、先行教育计划、食物券计划、住房补助、联邦教育补助金，以及其他许多延续至今的项目。这些项目的规模都相当巨大。截至1970年，经通货膨胀调整后的联邦医疗、教育和福利支出翻了三倍，达到了联邦预算的15%，相当于GDP的2.7%。[16]

然而，现在的大多数人都认为，反贫困战争必然会走向失败。1988年，里根总统曾调侃说："联邦政府向贫困宣战，而贫困赢了。"前众议院议长、共和党人保罗·瑞安在2016年时写道："过去50年里，尽管联邦政府花了数万亿纳税人的钱在（反贫困战争）项目上，但2014年的官方贫困率（14.8%）也不比1966年的数据（14.7%）好看。而在那时候，许多项目才刚刚开始实行。"[17]

令人惊讶的是，关于反贫困战争"失败了"的论断纯属无稽之谈。我们来看看，谎言是如何诞生的。

谬论的起源：第一部分

里根和瑞安等认为反贫困战争是个失败，他们所引述的主要证据是，"官方贫困率"数据显示，贫困率并没有下降多少。

然而，事实上，美国的"绝对贫困率"——官方贫困率是根据过去的生活水平来计算的——实现了大幅下降。这怎么可能呢？面对美国贫困人口比例这样基础的问题，能理性思考的人怎么会产生不同意见？原因如下：官方贫困率对贫困的判断标准存在缺陷，只有迷信官方的人，才会将其奉为圭臬。

官方贫困率有三个众所周知的大问题：通货膨胀调整过度、资源统计不全和资源漏算。要想弄明白这些问题，我们得先知道，贫困率是怎么算出来的。[18]

官方贫困率衡量的是某一年收入低于规定标准的美国人比例。1964年，一位名叫莫利·欧桑斯基的联邦公务员确立了这一标准，目的是为白宫新成立的经济机会局提供粗略的指导，方便其将工作重点放在最弱势的社区。时间紧迫，欧桑斯基灵机一动：她参考了农业部对养活一个家庭所需食品价值的预算，将数值乘三，得出了一个标准。从那时起，基于通货膨胀，该标准每年都会根据居民消费价格指数（CPI）的浮动更新一次。

有了标准，我们还需要决定如何判断一个家庭的收入状况，再看它是高于还是低于标准。官方贫困率是指，前一年上报的税前现金收入低于1964年设定的贫困线（经通货膨胀调整后）的美国人比例。按照这种算法，从1964年到1966年，美国的贫困率下降了约20%，随后几十年变化都不明显。这就是里根和瑞安等批判反贫困战争、声称其无效的人所引述的主要证据。

官方贫困率的第一个问题是对**通货膨胀**的调整。CPI会夸大通货膨胀的幅度。也就是说，自20世纪60年代以来，美元的价值平均每年下跌约4%。但事实上，美元的价值平均每年仅下跌至多3%。举例来说，这项错误就相当于，婴儿配方奶粉的量突然增加了10%，售价也上涨了10%。CPI假定，考虑到通货膨胀，我们用同样的价钱，购买婴儿配方奶粉的量会少10%，但其实我们的购买力根本没有下降。[19]

随着时间的推移，每年夸大1个百分点的通货膨胀会造成巨大的扭曲。特别是，它会导致定义贫困的标准上升得比原本合理的速度快很多。1964年，一个年收入低于3 169美元的四口之家会被定义为贫困。现如今，由于参照CPI对通货膨胀进行了调整，这一标准差不多要达到2.5万美元。对实际通货膨胀的普遍估计表明，若是延续1964年的生活水平，如今的贫困线应该在1.4万美元左右，而非2.5万美元。标准放得低些，被判定为贫困的人就少些，贫困率的下降也会更加明显。

官方贫困率的第二个问题是**忽略**了家庭资源。由于只计算税前现金收入，官方贫困率忽略了多种旨在减轻贫困的收入：比如劳动所得税减免等税收优惠政策，以及比如SNAP和住房补助等非现金援助政策。将这部分收入排除在外，却声称贫困率没有下降，实在是令人费解。这就好比给患者用能够治疗其疾病的药的同时辩称该患者从严格意义上说还病着，因为你无法计算药物的影响。

官方贫困率的第三个问题是**漏算**资源。没有完美的方法可以衡量一个家庭的收入。官方贫困率的计算需要人们准确且诚实地告知一年前的收入状况。但人们很难精准记得自己去年赚了多少钱（我只有一个粗略的概念），也很难决定是否要对一个从未见过的调查统计员坦诚相告。要是那人其实是个催债员或资格审查员，试图从你这里套取真实收入信息怎么办？

上报的问题确实存在，且在过去20年里愈加严重。也就是说，告知调查统计员真实收入的人在逐渐减少。如今，要是把人们在调查中透露的社会福利和SNAP等项目收益全部加起来，大概也只有联邦政府在这些项目上公开支出的50%至60%。越来越多的人要么忘了，要么拒绝告知真实的收入。如果低收入人群上报的收入越来越少，就会过分夸大贫困的持久性。

研究人员针对所有这些问题进行调整后，发现自1964年以来，贫困率其实下降了86%。近期所谓贫困人口减少掩盖了“极端贫困”人口增加的说法，也被证实是同种错误数据的产物。只要关注一下罗纳德·里根和保罗·瑞安等认为反贫困战争是个失败的人所参照的更有意义、更准确的标准，就不难发现，唱衰实在为时过早。[20]

这是否意味着我们已经消除了贫困？不，并没有。美国是世界上唯一一个执着于“绝对”贫困（以过去的生活水平为固定标准的贫困）的发达国家，其他所有国家都着眼于和当前生活水平做比较的“相对”贫困。根据最普遍的评判标准，如果一个家庭的收入低于全国收入中间水平的50%，就算贫困家庭。照这样算，美国的贫困率，尤其是儿童贫困率，比其他大多数发达国家都要高得多。[21]

其他国家之所以关注相对贫困，理由也相当充分。在中世纪，只要有一把霰弹枪、一台冰箱和一些蛋白棒，任何人都可以过上奢侈的生活。如今这些东西可不足以让人变富，这就是绝对贫困标准向我们传递的信念。

但话又说回来，关于贫困率的这番辩论可不是评估反贫困战争项目影响的好方法。即便反贫困战争项目取得了成功，贫困率也可能因为无关的人口和技术趋势出现无规则的变化。评估特定的技能培养项目对参与者成年后的影响，这才是更好的选择。我们发现，构成反贫困战争的所有大规模的儿童投资——医疗补助、食物券和先行教育计划——都切实改善了孩子未来的收入和健康状况，产生了高投资收益率，并以参与者缴税额提高的形式，在很大程度上回了本。[22]

因此，反贫困战争“失败了”的说法纯属无稽之谈。美国人有能力，也确实开展了强有力的项目来促进儿童的技能发展。我们有充分的理由乐观地认为，如果政客们希望诸如家庭照护之类的重大新举措能获得成功，并专注于让它随着时间的推移更好地发挥作用，而非质疑它的合法性或破坏它的实施，就一定能获得成功。

但如果这一切都是真的，为什么还有那么多重要人物坚持宣称反贫困战争失败了？为什么这个谬论能存在这么久？

谬论的起源：第二部分

我们可以换种方式来思考这个问题：为什么20世纪30年代的新政广受欢迎，时至今日仍是人们口中的骄傲，而20世纪60年代的反贫困战争却被口诛笔伐，成为现在人们厌弃的东西？

这些举措会获得如此不同的回应，原因有很多。新政发生在大萧条时期。当时许多人都怀疑，民主资本主义是否已进入了大规模失业的永久性的新阶段，担心公众会因为看不到希望而转向共产主义或法西斯主义。在此情况下，就连许多保守派人士都赞同罗斯福总统的主张，认为联邦政府必须采取措施——想尽一切办法——以打破困局。

相比之下，反贫困战争发生在经济繁荣时期。与1934年相比，1964年只有少数人认为，政府有必要采取激烈的干预措施。不过，两者还有另一个不同之处，即它们与白人至上主义之间的关系。

新政实行的时候，南方的白人种族隔离主义者能随意阻挠立法。大多数重要的参议院委员会主席都由南方的参议员担任，且他们会集体影响有关民权和种族平等的立法投票。在此权力下，新政的立法完全无法避开南方的种族主义秩序。

新政的政策制定者采用了两种方法作为应对。首先，他们确保大多数黑人职工都无法轻易从相关项目中获益。其次，他们将项目管理权交给了州和地方政府，因为重建时期后，黑人公民被大规模剥夺了选举权，所以他们无须对黑人负责。由此，新政谨慎地授权南方政府将更多的资金留给白人家庭。

比如，社会保障老年保险不接受农工和家政工参保，一定程度上是为了将这两种职业里75%的黑人职工排除在外。抚养未成年子女家庭补助和贫困老年补助管理权都在各州政府手里，从而使得项目管理趋于本土化，为种族歧视敞开大门。失业保险结合了这两种策略。[23]

相比之下，反贫困战争是国内民主党压倒性地明确反对南方种族主义秩序的重要一环。在此之前，民主党进步主义者和种族隔离主义者之间的分歧就多次发生，其中一些发生在罗斯福执政时期，甚至是在罗斯福政府制定新政排斥黑人的时候。比如，罗斯福政府认可黑人领袖；罗斯福在第二次世界大战期间颁布行政命令，禁止联邦承包商在雇佣中存在种族歧视；以及1948年，杜鲁门的民主党纲领中包含了民权的内容。民主党也承担起了更多关于北方黑人的责任。当南方黑人被恐怖主义和合法的借口剥夺了投票权时，北方黑人依然享有相当大的投票权。[24]

1963年，约翰·F.肯尼迪宣布竞选总统，局面突然陷入了混乱。1963年4月，黑人领袖与马丁·路德·金达成合作，在亚拉巴马州伯明翰策划了一场抵制当地商店的运动，要求在就业和公共设施（酒店、餐厅等）等方面取消种族隔离。白人执法部门依然选择暴力压制。电视直播画面显示，警察对包括儿童在内的黑人和平抗议者实施了殴打、警犬和高压水枪攻击。

当时正值总统竞选季中期。公众对伯明翰事件的强烈抗议让肯尼迪十分震惊。最终，他宣布支持全国性的民权立法。

此举几乎“立竿见影”。南方白人纷纷退出了民主党。1963年初，在肯尼迪批准民权立法之前，60%的南方白人都支持他参选总统。从4月到7月，南方白人对他的支持率就下降到了30%。有一半的南方白人瞬间倒戈，转而支持戈德华特。在其他地区，白人对肯尼迪的支持依然坚定。

戈德华特有什么值得一提的？他反对民权立法。还有什么？他反对其他任何形式的进步的政府开支。

经济学家伊莉亚娜·库齐姆科和埃博尼亚·华盛顿对此关键时刻背后的力量做出了清晰的判断。2005年前后，非营利性机构罗珀民意研究中心发布了从20世纪30年代开始的大量盖洛普调查数据。在深入探究这批数据时，一个调查问题引起了库齐姆科和华盛顿的注意：“如果你所在的政党提名了一位十分够格的总统候选人，但他碰巧是个黑人，你会给他投票吗？”在1958年至1972年，盖洛普公司用完全相同的方式将这个问题问了九遍。因此，研究人员可以轻松地以同样的标准将“种族保守的”白人同更具包容性的白人区分开来。[25]

库齐姆科和华盛顿发现，这个调查问题相当准确地预测出了20世纪60年代，哪些南方白人会放弃对所属政党的忠诚。背弃民主党的白人并不在乎戈德华特对教育、医疗或社会保障的看法。他们对女性、天主教徒、犹太人或移民也没有特殊的意见。他们只是单纯的种族主义者。既然民主党否定了他们的世界观，他们当然会选择离开。

肯尼迪的决定，以及随之而来南方坚持种族主义的白人选民的出走，将民主党变成了一个反种族隔离的政党。1963年11月，肯尼迪遇刺身亡，林登·约翰逊接任总统。1964年3月，马丁·路德·金在亚拉巴马州塞尔玛领导了另一场和平抗议，警方暴力镇压的场景再次被电视直播了出去。不到一周后，约翰逊在历史上著名的黑人高校霍华德大学发表演讲时，坚决支持民权立法，并以黑人民权运动的福音赞歌《我们终将胜利》结束了演讲。

约翰逊践行了自己的诺言。1964年的民权法案禁止在就业和公共设施方面实行种族歧视。从此以后，酒店、餐厅、市场都需遵循受联邦法律保护的种族融合制度。1965年的投票权法确保黑人公民拥有投票权。1965年的移民法取消了移民的种族限额，最终取消了诸如排华和排日法案等种族主义法律。1968年的民权法禁止在住房方面实行种族歧视。

这是一个全新的世界。林登·约翰逊以总统的身份开创了这个新世界，这一事实对南方白人选民来说，简直是双重打击。约翰逊在其职业生涯中一直心照不宣地支持着白人至上主义，且始终与坚持种族主义的南方同事和导师保持着密切联系。他以总统的身份强烈倡导民权立法，是对多年交情令人震惊且戏剧化的背叛。[26]

反贫困战争始于1964年，正值这个新的政治世界诞生之初。1963年以后，白人种族隔离主义者就不再是民主党进步性立法的守门人了，因为他们都已加入共和党。因此，林登·约翰逊设计的反贫困战争项目与30年前富兰克林·罗斯福设计的新政项目有着非常明显的差别。反贫困战争项目不会排斥黑人、赋予当地白人自由裁量权，而是对黑人敞开了怀抱，保留联邦政府的控制权，并禁止地方政府实行种族歧视。[27]

反贫困战争被共和党人贴上了失败的标签，因为对他们来说，这场战争从一开始就注定要失败，原因很简单：它拒绝了白人至上主义。这就是如今美国政府失败论的主要起源。

内部细节

想近距离观察这场政治变革吗？来认识一下李·阿特沃特吧。阿特沃特是共和党的一位政治战略家，从小在南卡罗来纳州长大。1978年，他为南卡罗来纳州的参议员斯托姆·瑟蒙德安排了连任竞选活动，在自己的政治道路上实现了重大突破。瑟蒙德曾是三K党成员，也是种族隔离的积极捍卫者。

1948年，瑟蒙德以“州权民主党人”的身份宣布参加总统竞选，与在民主党纲领中提倡民权的哈里·杜鲁门针锋相对。接受“南方民主党”提名时，瑟蒙德表明了自己的观点：“现有的军事力量不足以迫使南方人民取消种族隔离，并允许（黑X）进入我们的剧院、游泳池、家宅和教堂。”[28]

1964年，瑟蒙德成了首位高调转投共和党人戈德华特的南方民主党人。后来，他一直担任共和党参议员，直到2002年任期结束。你或许会认为，与瑟蒙德这样明确种族主义态度的人往来，会阻碍阿特沃特在国家共和党的仕途。事实远非如此。阿特沃特成为20世纪八九十年代杰出的国家共和党竞选战略家，一手策划了罗纳德·里根和乔治·W.布什的总统竞选活动。在乔治·W.布什成为总统之前，他们的私人关系就极好。1988年，阿特沃特成功接任国家共和党主席一职。他没有被疏远，反而备受欢迎。

在1981年的那场著名采访中，阿特沃特简单介绍了共和党反政府意识形态的起源：“若是在1954年，你可以说‘黑X，黑X，黑X’，但到了1968年，可不能再提‘黑X’这个词了，它会成为刺伤你的利剑。只会起反作用。所以只能换成强制校车接送、州权之类的内容。现在谈减税实在太过抽象，你所提及的完全都是经济方面的事情，它们的副作用就是，黑人会比白人受到更大的伤害。”[29]

1963年以前，共和党的成员主要是企业主和富人。他们反对提高税收、扩大政府开支，只是为了保护个人利益，而非信了政府项目从未奏效这一空洞的假说。突然之间，为了捍卫白人至上主义，南方白人选民争相拥入。如何才能统一这两个完全不同的群体？

方法如下：使用政府失败论。对南方工人阶层白人选民来说，教育、医疗保健和经济安全方面强有力的公共投资就是最全面的保障。一旦认为这些项目会失败，甚至起到反面效果，被逼入富人联盟的白人就会强硬地提出反对。在此后的数十年里，政府失败论愈演愈烈。如今，它已不只是种族偏见的烟雾弹，而成为许多美国人的坚定信念。但他们并不了解它的起源，也不知道它根本就是个谬论。

这是一个悲伤的故事。但故事还没有结束。

一条前进的道路

100多年前，美国的父母们共同创立了美国儿童局。相比于没有投票权的儿童，社会更加重视有投票权的成年人的需求。拥护者们希望能有一个联邦机构作为“所有孩子”的代言人，抵御压力的冲击。由于父母们没能在两次世界大战和大萧条期间保持统一的政治战线，该策略没能成功，儿童局也日渐式微。

东隅已逝，桑榆非晚。父母依然可以代表孩子争取政治权力。之所以要写这本书，就是因为我乐观地相信，或许换个策略就能成功。父母们可以一同实施家庭照护之类的项目，再慢慢维护、优化。家庭照护能让我们的技能培养系统更加现代化，降低对父母的要求，将更多责任交给专业人士。它会为了全民让美国变得更好，并大大修复限制了美国几代人的阶层和种族裂痕。这是更加美好的另一种现实，实现的前提是，有更多的父母能够意识到，我们当前的技能培养系统对孩子的未来发展造成了多么严重的损害，以及责怪父母没能完成根本不可能完成的任务有多荒谬。

所幸，政治层面的解决方案就在我们眼前。父母们只需借鉴前人的智慧即可。AARP的诞生并非必然；先驱们成功觉醒，并围绕着共同的利益集合了一大群人，这是他们努力的成果。[30]父母们开展类似运动所面临的障碍并非无法逾越。我们可以揭穿无力负担论、零和育儿论和政府失败论的真相，并消除其影响。

一个多世纪以来，有个跨党派组织一直在尝试为全国父母代言：母亲大会。母亲大会成立于1897年，为美国儿童局的建立和维护出了力，并促使科拉·希利斯投身于建设艾奥瓦研究站的伟大事业。后来，母亲大会改革成了全国家长教师协会——成功的PTA的前身。如今全国PTA拥有近350万会员，是美国规模最大的会员制非营利性儿童权益保障组织。该组织会以自己的方式凸显父母在儿童技能发展过程中的关键作用，其政策立场指向家庭照护的许多方面，比如早期教育、营养和青少年司法等。

很遗憾，现在的PTA并不能满足父母们的需求，因为它采用的主要策略是对父母提出更高的要求——更多的奉献、更强的领导力和组织力、更多的培训——结果不言而喻。自20世纪60年代以来，越来越多的母亲都获得了全职工作，PTA会员占美国总人口的比例已经下降了80%。[31]

除了对父母要求过高，PTA还对学校的招生策略加以限制，使其政策议程推向了对既有技能培养系统轻微的、零碎的优化，而这根本不足以缩小不同社会经济背景下孩子之间的技能差异。PTA提供的会员服务也已过时。父母们不需要PTA小组与老师分享、交换信息；他们可以使用网络社交工具（如Edmodo或Class Dojo）进行交流。他们也不需要PTA准备好的美术、科学与工程或社交情感技能培训课程——有很多提供免费、高质量在线课程的渠道可供选择。[32]

父母需要一个组织能在孩子技能发展的各个方面为他们提供支持，使得他们为人父母的生活更轻松、更有条理，并督促被选出来的官员们不要懈怠。至于对会员的吸纳，应该优先考虑与为孕妇服务的妇产科医生合作，然后在儿童保育中心、图书馆、工作场所、宗教场所和互联网的各个平台做推广，锁定那些在网上购买验孕棒、尿不湿和婴儿摇篮的消费者。PTA可以采用一种经过了时间考验的策略，为父母需要的所有新产品和服务（奶瓶和配方奶粉、婴儿车和婴儿床、书籍和保姆）提供团购优惠，以此提升会员的价值定位。只要赶得上亚马逊、沃尔玛或塔吉特的“宝宝礼物清单”活动，哪怕只是小小的会员附加优惠，也能帮助会员迅速赚回会费。与其自主开展教育项目，不如帮助父母和学校研究网络上的海量资源和针对儿童技能发展的公共服务。甚至可以考虑为会员提供类似《父母》杂志之类的期刊，帮助会员了解时尚的名人父母、关于育儿难题的专家建议，以及一流的摄影作品。

这些策略可不是我自己想出来的，是我从AARP那里照搬来的。PTA的会员不足350万，年收入2 000万美元。而AARP的会员将近4 000万，年收入20亿美元。AARP对绝大多数会员几乎没有要求。任何人，无论年龄，只要每年支付16美元就可以成为会员，一句话都不会多问。若是自动续费，就只需12美元，且配偶可免费获得会员资格。AARP的会员能享受团购优惠，减轻社会保障和医疗保险的压力。[33]《美国退休人员协会》杂志或许并没那么重要，但确实地位特殊，能够体现AARP的积极态势。

PTA正在向AARP的策略靠拢，但进展十分缓慢。最多只需16美元，AARP的会员就能享受200多种优惠。而人们要花25美元才能成为PTA的会员，享受6种优惠，其中一种还是AARP的会员费折扣。最近几期《美国退休人员协会》杂志介绍了维奥拉·戴维斯、布鲁斯·斯普林斯汀和凯文·科斯特纳。而最近几期PTA的《我们的孩子》杂志只刊登了一些专题文章，比如《洗手的小技巧》《建立更优质人际关系的技巧》等，并配上了来沙尔牌肥皂液的库存照片和横幅广告。

新成立的组织试图填补这一空白。比如儿童保护基金和“每个孩子都重要”项目，应对特定事项的组织如关于早期教育的0至3岁组织和儿童看护组织，以及关于儿童虐待与忽视的美国儿童福利联盟。然而，这些组织并没有采用大规模吸纳会员的策略，帮助父母们进一步争取个人和政治利益，而是依托于上层人士的利他主义捐赠。因此，它们在预算、会员资格或重量级政治影响力方面，与AARP完全不同。上层人士的利他主义捐赠会让我们无法摆脱“为人父母的陷阱”。

那么，忙碌的父母们该何去何从？加入全国PTA，盼着某一天它能表现出应有的倡导力？等待新组织突然诞生？现在用谷歌搜索“美国父母协会”，只能搜到“美国宠物主人协会”，AAP.com则是一家工业暖通空调公司的官网。

很遗憾，目前我们大多数人面对这个问题时，就只能采取一项简单的行动：**投票，并帮助你生活中的其他人参与投票**。政客及其富裕的捐赠者通常会让投票变成一件麻烦事，让父母和刚成年的人这类忙而缺钱的人发不了声。因此，在这本书的末尾，我希望父母能在这件关键的事上多做努力，以此让社会降低对父母的要求。虽然麻烦，但父母们**必须**投票，并帮助其他父母参与投票。你们——父母、刚成年的人以及所有关心美国儿童发展的人——就是孩子们在政治层面仅有的发声渠道。

请投票支持针对儿童技能发展的公共投资，降低对父母的要求，提高对公共资助的专业支持系统的要求。

请倡导实行让父母更方便投票、参与公共项目的政策。

请筛除宣扬无力负担论、零和育儿论和政府失败论的领导者。

请坚定相信存在另一种现实，即孩子们的潜力不会遭到阶层和种族的限制。只要我们齐心协力，就可以共同迈入这样的世界。

请澄清一下，无论父母对孩子真挚的爱有多么深厚，受复杂性、学习不足、信息不对称、借贷限制和溢出效应等深层次的结构性障碍影响，他们都无法以一己之力打造出这样的世界。

请解释一下，父母无法独立培养充足的技能就像父母无法独自驾驶直升机一样，不会造成任何威胁，也不值得批判。

请不要理睬任何声称只要政府不干预，孩子就能好好成长的人。让大家都知道，这样的人就是骗子，只会加深“为人父母的陷阱”。

做到这些，就相当于为帮助子孙后代过上更美好的生活做出了更大的贡献。

我知道，与我所描述的问题相比，这些行动难免显得老套。这也是没有办法的事。在此提醒大多数人，单凭自己的力量，几乎不可能解决这个世界上最大的问题，这本身就显得颇为草率。阿尔·戈尔主演的电影《难以忽视的真相》（*An Inconvenient Truth*）描述了气候变化带来的灾难性风险。在影片的末尾，许多观众都想知道，自己能做些什么，电影给出的答案却颇为扫兴。[34]“购买节能灯泡”“买一辆混合动力汽车”“回收”得了吧，我们都知道回收金枪鱼罐头根本不能缓解全球气候变化。如果你像我一样，兴致满满地想帮助父母和孩子提高培养技能的效率，那你可能也会觉得，我在这里提到的个人行动实在微不足道。

但这从来都不是主张变革的书籍存在的主要意义。重点是要让更多人接纳某些观念，并希望随着时间的推移，这些观念能逐渐渗入市长、州长、立法者、总统及其他决策者的议程中。这样看来，《难以忽视的真相》或许已经取得了成功：它将气候变化问题迫切需要关注的议题引入了主流，从而让真正有作用的政策——碳排放税、限额与交易、对清洁能源创新的大规模公共投资，以及具有可靠执行机制的国际条约——更有可能得到落实。这同样适用于符合该传统的所有优秀作品：《寂静的春天》（*Silent Spring*）、《汤姆叔叔的小屋》（*Uncle Tom's Cabin*）、《屠场》（*The Jungle*）、《标准石油公司史》（*The History of Standard Oil*）等。它们通过对个人看法的改变，让新的集体性选择成为可能。

美国的状况可能得到显著改善。父母会过得更好：育儿是规模最大、最重要的行业，而他们被迫承担了技能培养的大部分职责。孩子们会过得更好：他们成年后的生活会更安全、更充实、更有效率。低收入、工人阶层和少数族裔的孩子会过得更好：他们可以在一代人的时间内在经济层面追上中上阶层的白人孩子，而不必在下一个世纪里作为弱势群体艰难求生。最终，所有美国人都将受益于生活在一个更强大、更安全、更富裕、更公正、更具创新力、站在全球社会前沿的国家。

除非能成立拥有数千万会员和数十亿收入的跨党派“美国父母协会”，否则家庭照护之类的计划都只是空谈。即使最新的“美国家庭计划”能在不大幅删减的情况下通过国会批准，也难以生根，更别想着慢慢得到完善。就好比，在医疗保险和社会保障制度蓬勃发展的同时，先行教育计划和联邦儿童保育补助都未能再有进展。面对企业、劳工和老年人等组织成熟的选民群体，父母和孩子已经无路可退。只有见多识广、有政治组织的成年人才能发起坚定的倡议，我们理应为孩子争取。

在美国，有6 300万父母与未满18岁的孩子生活在一起，还有数百万有着不同背景和政治信仰的美国人渴望能为孩子的最大利益发声。我们是一个大团队。我们是一个充满热情的团队。只要能团结一致，谋求更优质的育儿方法，就一定能获得成功。[35]

附　录

家庭照护的细节

我大胆规划了一项给孩子做投资、为父母提供支持的家庭照护计划，并将在本附录中概述所需成本。我并不是要一板一眼地制定出详细的、精准的政策组合，而是想提供一个范例，看看组合起来会是什么效果，以及能够意识到待解决问题严重性的项目需要多少成本。各州在基本国家质量要求、地方及去中心化服务供给、严格的评估、竞标采购流程和逐步实施等方面的变化都可能助力该项目。

- **带薪休假**。实行全国性带薪家庭休假计划，包括60天的带薪育婴假和20天的带薪个人或家庭病假。这一部分侧重于育婴假的新福利。有证据表明，其收益远高于成本；也有证据表明，带薪休假的时长还不够。从缩短非育婴假开始，工作场所的混乱安排可能会导致低薪职工的就业率下降。

○ 计算依据：根据塔尼亚·拜克和艾琳娜·帕特尔在《关于联邦带薪育婴假和病假计划的建议》[①]中的成本估算进行调整。缩短育婴假，可将成本降至每年320亿美元。将老年、幸存者和残疾保险的工资税提高0.5个百分点，即可覆盖这部分资金。

○ 成本：每年320亿美元。

● 尿不湿。扩大WIC福利范围，为低收入父母提供尿不湿援助。对父母们来说，此举可能比扩大单独的、分散的尿不湿支持网络带来更大的便利。比如，2019年的《李–迪劳罗终止尿不湿需求法案》就提出了这一建议。

○ 计算依据：全国尿不湿网络库估计，父母们每月需花费约75美元购买尿不湿，相当于这项成本为每年900美元。约翰·霍普金斯医疗集团发布的"如厕训练"[②]中称，孩子使用尿不湿的平均时长为2.25年。每年大约有400万新生儿，其中大约50%的婴儿都参加了WIC。也就是说，为所有WIC参与者提供免费尿不湿的成本为900美元 × 2.25年 × 400万新生儿 × 0.5的WIC参与率，即每年40亿美元。和婴儿配方奶粉一样，WIC可以采用竞标的形式，通过谈判大幅压低尿不湿的价格，且无须完全替父母支付尿不湿的费用。这样算来，有望将总成本控制在每年20亿美元，甚至可能更低。[③]

---

① Tanya Byker and Elena Patel, *A Proposal for a Federal Paid Parental and Medical Leave Program*, policy proposal (Washington, DC: Hamilton Project, 2021).

② Johns Hopkins Medicine, "Toilet Training," n.d., https://www.hopkinsmedicine.org/health/wellness -and-prevention/toilettraining.

③ Steven Carlson, Robert Greenstein, and Zoë Neuberger, *WIC's Competitive Bidding Process for Infant Formula Is Highly Cost- Effective* (Washington, DC: Center for Budget and Policy Priorities, 2017).

○ 成本：每年20亿美元。

● **早教**。引入高质量、全天、全年的普及性儿童保育和学前教育，参考初学者计划等项目，为从婴儿到幼儿园的所有孩子提供服务，包括每天10小时起步的照护和交通费补贴。且这些都是全额资助的福利项目，而非单笔补助金。该政策能够保证，所有家庭最多只需花费其收入的7%，就可获得高质量的儿童保育。

○ 计算依据：请参阅主要的立法建议。比如，马克·赞迪和索菲亚·克罗佩克亚的“全民儿童保育和早期学习法案：助力家庭与经济”[①]；伊丽莎白·E.戴维斯和亚伦·索杰纳，《增加联邦政府对幼儿保育和教育的投资，以提高质量、机会和负担能力》。[②]

○ 成本：每年1 000亿美元。

● **课外活动**。为高质量的课后和暑期课外活动提供补贴，保证所有家庭只需花费其收入的不到7%，就可获得此类学习机会。

○ 计算依据：作者估算得出。

○ 成本：每年1 000亿美元。

● **寄养**。将联邦政府的预算增加一倍，通过额外的咨询、辅导、指导、助学金、数据管理及其他服务，为寄养和收养提供支持。

○ 计算：目前的联邦支出约为每年130亿美元；请参阅凯瑞·德沃格特和霍普·库珀的“美国的儿童福利资金”。[③]在此基础上增加

---

① Mark Zandi and Sophia Koropeckyj, “Universal Child Care and Early Learning Act: Helping Families and the Economy,” Moody’s Analytics, February 2019.

② Elizabeth E. Davis and Aaron Sojourner, *Increasing Federal Investment in Children’s Early Care and Education to Raise Quality, Access, and Affordability* (Washington, DC: Hamilton Project, 2021).

③ Kerry DeVooght and Hope Cooper, “Child Welfare Financing in the United States” (N.p.: State Policy Advocacy and Reform Center, 2012).

一倍就要再多支出130亿美元。由于报告给出的是2010年的数据，考虑到通货膨胀，还需再加20%。

○ 成本：160亿美元。

● **大学指导咨询**。为高中毕业班的学生提供个性化、集中化的顾问支持，进行大学升学和职业规划。为最需要帮助的那四分之一毕业生提供额外的支持。

○ 计算依据：25%的毕业生 ×400万未成年人（每组）×300美元（每人）=5亿美元。成本数据来自斯科特·卡雷尔和布鲁斯·萨切尔多特的“为什么上大学的干预有效？”。[1]

○ 成本：3 000亿美元。

● **家庭决策支持**。以彼得·博格曼、拉吉·切迪、斯蒂芬妮·德卢卡、纳撒尼尔·亨德伦、劳伦斯·F.卡兹在《设法搬向机遇：社区选择障碍的实验性证据》[2]中所描述的“设法搬向机遇”（CMTO）项目为基础，引入“家庭决策支持”，制定并事施有关社区、儿童保育、学校、医生和公益申请的关键决策，为低收入家庭提供个性化、集中化的顾问支持。

○ 计算依据：CMTO项目将覆盖搬迁时的2 600美元即一次性直接成本，以及更高的住房补贴，即每年2 800美元。后者取决于西雅图的租房形式，所以我在这里只算直接成本。假设收入排行的后四

---

① Scott Carrell and Bruce Sacerdote, “Why Do College-G oing Interventions Work?,” American Economic Journal: Applied Economics 9, no. 3 (2017): 124—151.

② Peter Bergman, Raj Chetty, Stefanie DeLuca, Nathaniel Hendren, Lawrence F. Katz, and Christopher Palmer, *Creating Moves to Opportunity: Experimental Evidence on Barriers to Neighborhood Choice*, NBER Working Paper no. 26164 (Cambridge, MA: National Bureau of Economic Research, 2019, rev. 2020).

分之一家庭符合条件，每三年可领取一次补助，就相当于每年约有8%的家庭能得到补助。假设非住房干预的成本较低，并避免重复计算参与其他家庭照护项目的成本。我会按家庭而非孩子为单位计算。假设每个家庭有2个孩子。假设0至18岁的孩子全都符合条件。即400万未成年人（每组）×18个组×0.5家庭（每个孩子）×0.33干预措施（每年）×2000美元（每项干预措施）×25%符合条件的家庭=60亿美元（每年）。

○ 成本：每年60亿美元。

● **辅导**。

○ 计算依据：如罗斯安娜·安德、乔纳森·古良和延斯·路德维格在《提高弱势学生的学习成绩：推广个性化辅导》[①]中的叙述，大规模实行的成本为每个学生每年2 500美元。假设以10%最需要帮助的学生为目标群体。假设只考虑K12学生，即有13个组群。也就是说：400万孩子（每组）×13个组×10%的学生×2500美元（每年）=130亿美元（每年）。

○ 成本：每年130亿美元。

● **对上大学的支持**。增加对大学支持项目和助学金的投入，大幅简化或自动化助学金申请流程，在学生开始申请大学前完成审批。

○ 计算依据：目前，佩尔助学金为700万学生提供资助，每年支出300亿美元（美国教育部，“联邦佩尔助学金项目的机构分配情况”[②]）。

① Roseanna Ander, Jonathan Guryan, and Jens Ludwig, *Improving Academic Outcomes for Disadvantaged Students: Scaling Up Individualized Tutorials* (Washington, DC: Hamilton Project, 2016).

② “Distribution of Federal Pell Grant Program Funds by Institution,” accessed May 26, 2021, https://www2.ed.gov/ffnaid /prof/resources/data/pell- institution.html.

根据需要，通过有效的支持服务和援助对学生的人均支出增加一倍，可以将大学入学率从30%左右的基准线提高约20个百分点（作者的计算基于《美国高等教育公平的标准：2020年历史趋势报告》①），以及雷切尔·富尔彻·道森、梅丽莎·S.卡尼和詹姆斯·X.苏利文的《提高学生高中毕业率的综合性方法：形势调查》②。也就是说，满足佩尔助学金申请要求的群体中，总入学人数会以20/30%=67%的比例增加。因此，支出将从300亿美元增加至［2×300亿美元（每年）］+67%×［2×300亿美元（每年）］=1 000亿美元。

○ 成本：每年700亿美元。

● **学徒项目**。扩大学徒项目及职业培训基础设施的规模。

○ 计算依据：实行家庭照护计划后，受益于更优质的学习环境和高等教育指导，所有孩子的大学毕业率都在向高收入家庭的大学毕业率贴近，总体大学毕业率将从35%提高到60%。也就是说，有每组160万孩子拿不到大学文凭。在这之中，假设有100万人有兴趣和基本技能，可以从学徒项目中受益。假设每年参与学徒项目的人均成本在5 000美元左右。③

○ 成本：每年50亿美元。

---

① *Indicators of Higher Education Equity in the United States: 2020 Historical Trend Report*, [Washington, DC: Pell Institute and PennAHEAD, 2020], http://pellinstitute.org/downloads/publications- Indicators_of_Higher _Education_Equity_in_the_US_2020_Historical_Trend_Report .pdf.

② Rachel Fulcher Dawson, Melissa S. Kearney, and James X. Sullivan, *Comprehensive Approaches to Increasing Student Completion in Higher Education*: A Survey of the Landscape, NBER Working Paper no. 28046 (Cambridge, MA: National Bureau of Economic Research, 2020).

③ Robert Lerman, "Expanding Apprenticeship Opportunities in the United States (Washington, DC: Brookings Institution, 2014), implying $5 billion for 1 million apprenticeships/year.

与儿童相关的研发。逐步将美国教育部及其他类似职能机构对NICHD和教育科学研究所（IES）的投入预算从每年15亿美元（2019年，NICHD的预算为每年10亿美元，IES的预算为每年5亿美元）提升至每年500亿美元，使得与儿童相关的研发能贴近其他行业研发的水平，至少要占儿童发展支出总额的1%（请参阅引言部分，即至少达到每年5万亿美元），重点在于评估、扩大、优化并增加对儿童发展项目和技术，以及儿童发展基础科学的公共投资。

○ 成本：每年500亿美元。

● **医疗保健**。优化儿童医疗补助和儿童健康保险计划。

○ 计算依据：提高儿童报销率，以缩小与医疗保险支付率之间的差距。截至2018年，儿童方面的医疗补助为每年1 170亿美元；请参阅质量及健康成果部门医疗保险和医疗补助服务中心的“医疗补助和儿童健康保险计划受益人一览”。[①]当前的报销率仅占医疗保险支付率的72%；要想追平差距，医疗补助支出需增加38%，即每年440亿美元。作为增长的一部分，需实现审核规则和流程的现代化，并将此类流程与其他家庭支持项目（如SNAP）相整合。

○ 成本：每年440亿美元。

● **学校餐食**。提高学校就餐体验的整体质量。

○ 计算依据：目前在学校早餐和午餐项目上的支出为每年200亿

---

① “Medicaid and CHIP Beneffciaries at a Glance” (Baltimore, MD: Centers for Medicare & Medicaid Services, February 2020).

美元。为改善食品质量和种类、优化用餐环境，我们可以先将投入资金翻倍，从每年200亿美元增加至每年400亿美元。

○ 成本：每年200亿美元。

按此版本家庭照护计划计算时总价值为每年4 580亿美元，相当于2019年GDP总值（21.4万亿美元）的2.1%。因为公共资金支持可以让许多家庭都不必再自掏腰包，购买类似的服务，所以实际经济成本远低于政府的"财政"成本。

表格和图表

表 A.1

阶层和种族的不平等

结 果	均 值	标准差	贫富差异	黑人与白人的差异
阅读分数	508	112	83	99
大学毕业率	30%	46 PP	34 PP	12 PP
家庭收入	74 000美元	65 000美元	53 000美元	36 000美元

注：父母收入的"富"和"穷"指的是收入排行的前四分之一和后四分之一。"PP"指百分点。

SAT数据来源：美国大学理事会，《2009年准大学毕业生的总体概况报告》，2009年，https://secure-media.collegeboard.org/digitalServices/pdf/research/cbs-2009-national-TOTAL-GROUP.pdf。

大学毕业率和收入差异数据来源：作者基于1979年全国青年纵向调查（NLSY）数据文件的计算，发布于https://www.nlsinfo.org/content/cohorts/nlsy79/get-data。至于1979年NLSY，采用了样本权重，包含了弱势和军队子样本的过采样数据，父母收入是指养育14至18岁未成年人的父母的平均收入，儿童成年后的收入按35至55岁的平均水平计算。如果只限于白人孩子，贫富差异也与此类似。

表 A.2

按阶层和种族划分，学校和家庭内技能培养资源的差异			
技能培养资源	父 母	学校差异	家庭差异
学生人均支出	富裕/贫穷	2%	700%
教师技能（获得四年制大学文凭的百分比）	富裕/贫穷	– 0%	256%
教师技能（测试分数）	富裕/贫穷	– 10%	150%
指导时间	大学毕业/高中毕业	– 0%	23%
班级规模	大学毕业/高中毕业	– 0%	21%
学生人均支出	白人/黑人	– 17%	124%
教师技能（获得四年制大学文凭的百分比）	白人/黑人	– 0%	100%
教师技能（测试分数）	白人/黑人	– 10%	160%

注：正差值表示较有利群体在特定的质量评估中占优，负差值表示较弱势群体占优。

全国教育统计中心表A-6_FY2012和表B-6_FY2012分别体现了各学区间低收入家庭学生占比高或低、白人学生占比高或黑人学生占比高在学校差异方面的“学生人均支出”，数据基于全国教育统计中心的“按贫困程度和种族/民族特征划分，调整或不调整联邦财政收入的学区学生人均支出”①。学区间K12学校学生人均支出差异，参见肯尼斯·肖尔斯和西蒙·埃吉德米尔的“揭开真相：学区内学校支出不平等及相关因素”。②各学区内，少数族裔和贫困学生平均比其他学生多得到1%至2%的资源，所以我将重点放在了全国范围内的学区间差异上。“学生人均支出”体现的家庭差异被定义为“拓展人均支出”，参考尼拉吉·考沙尔、凯瑟琳·马格努森和简·沃德弗格的“家庭收入与儿童学习投资有何关系？”③拓展支出上的贫富差异表现为，富裕的父

① “School District Current Expenditures per Pupil with and without Adjustments for Federal Revenues by Poverty and Race/Ethnicity Characteristics,” accessed September 14, 2021, https://nces.ed.gov/edffn/Fy11_12_tables.asp.

② Kenneth Shores and Simon Ejdemyr, “Pulling Back the Curtain: Intra- district School Spending Inequality and Its Correlates,” working paper, May 25, 2017, https://sejdemyr.github.io/docs/ejdemyr_shores_schoolineq.pdf.

③ Neeraj Kaushal, Katherine Magnuson, and Jane Waldfogel, “How Is Family Income Related to Investments in Children’s Learning?,” in *Whither Opportunity? Rising Inequality, Schools, and Children’s Life Chances*, ed. Greg J. Duncan and Richard J. Murnane (New York: Russell Sage Foundation, 2011), table 3.未公布的会议文稿。

母支出为每年7 207美元，贫穷的父母支出为每年430美元；黑人和白人的差异表现为，白人父母支出为每年3 423美元，黑人父母支出为每年1 525美元。

“教师技能（获得四年制大学文凭的百分比）”指学校和家庭差异方面教师获得四年制大学文凭的百分比。学校差异几乎为零，因为几乎所有K12学校的教师都必须拿到四年制大学文凭。①

黑人和白人父母的家庭差异源自表104.70。②

家庭差异方面的教师技能（测试分数）用母亲的AFQT测验结果表示。③根据作者对父母收入排行的最前四分之一和最后四分之一计算，富裕和贫穷母亲之间也存在类似的差异。基于教师在WEST基本测试中的表现计算学校差异方面的教师技能（测试分数）④结合作者的计算，根据正态分布属性及全州WEST基本测试分数分布情况，将平均分数差异大致转换为百分位数差值。⑤这些仅是华盛顿州的研究结果，但正如丹·戈德哈伯、凡妮莎·坎斯和罗迪·西奥博尔德在《一向如此吗?追踪美国公立学校教师质量差异的演变史》⑥中所记录的那样，华盛顿州的人口统计数据就像美国整体的一面镜子，并与北卡罗来纳州的研究体现出了类似的教师差异。⑦

学校差异方面的“指导时间”用每年在学校学习的小时数表示，根据南方实行种族隔离的黑人和白人学校的长期趋同性推断得知。⑧家庭差异方面的“指导时间”被

---

① “Table 209.20. Number, Highest Degree, and Years of Teaching Experience of Teachers in Public and Private Elementary and Secondary Schools, by Selected Teacher Characteristics: Selected Years, 1999—2000 through 2017—2018,” in Cristobal de Brey, Thomas D. Snyder, Anlan Zhang, and Sally A. Dillow, *Digest of Education Statistics*, 2019, NCES 2021—009 (Washington, DC: Institute of Education Sciences, National Center for Education Statistics, US Department of Education, February 2021), https://nces.ed.gov/pubs2021/2021009.pdf.

② “Table 104.70: Number and Percentage Distribution of Children under Age 18, by Parents’ Highest Level of Educational Attainment, Child’s Age Group and Race/Ethnicity, and Household Type: 2010 and 2018,” https://nces.ed.gov/programs/digest/d19/tables/dt19_104.70.asp, in de Brey et al., *Digest of Education Statistics*, 2019.

③ Petra E. Todd and Kenneth I. Wolpin, “The Production of Cognitive Achievement in Children: Home, School, and Racial Test Score Gaps,” *Journal of Human Capital 1*, no. 1 (Winter 2007): 91—136.

④ Dan Goldhaber, Lesley Lavery, and Roddy Theobald, “Uneven Playing Field? Assessing the Teacher Quality Gap between Advantaged and Disadvantaged Students,” *Educational Researcher 44*, no. 5 (June 1, 2015): 293—307.

⑤ Washington Professional Educator Standards Board, “Washington Prospective Teacher Assessment System: 2007—2008 Results,” December 2008, https://app.leg.wa.gov/ReportsToTTeLegislature/Home/GetPDF?ffleName=Final07—08AssessmentReportPrintVersion_8d8f9d36 -9055-42a3-9b72-bdab8ceae096.pdf.

⑥ Dan Goldhaber, Vanessa Quince, and Roddy Theobald, “Has It Always Been This Way? Tracing the Evolution of Teacher Quality Gaps in U.S. Public Schools.

⑦ In *American Educational Research Journal 55*, no. 1 (February 1, 2018): 171—201.

⑧ David Card and Alan B. Krueger, “School Quality and Black– White Relative Earnings: A Direct Assessment,” *Quarterly Journal of Economics 107*, no. 1 (1992): 151—200.

定义为母亲照管孩子的总时长①。

学校差异方面的“班级规模”用每个教师对应的学生数量表示，根据卡德和克鲁格的《学校质量及黑人和白人的相对收入》推断得知。②家庭差异方面的“班级规模”用每位父母对应的孩子数量表示，基于作者的计算和温迪·王、金·帕克和保罗·泰勒以及格雷琴·利文斯顿和德维拉·科恩的研究数据。按照这种方法，家庭方面的班级规模为每对父母0.93个孩子/每对父母1.19个孩子。③

表 A.3

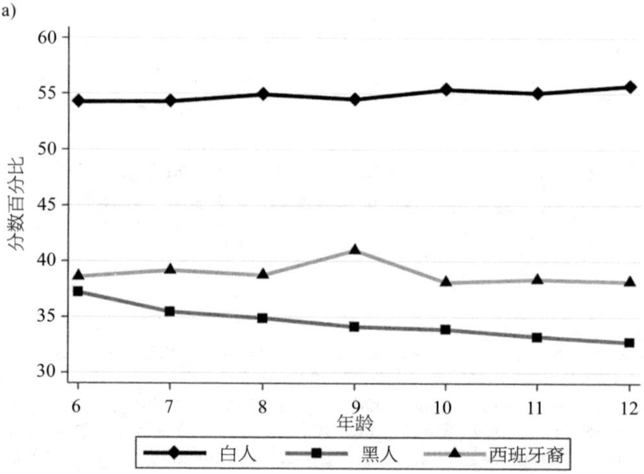

① Jonathan Guryan, Erik Hurst, and Melissa Kearney, “Parental Education and Parental Time with Children,” *Journal of Economic Perspectives 22*, no. 3 (Summer 2008): 23—46.

② Card and Krueger, “School Quality and Black–White Relative Earnings.”

③ Wendy Wang, Kim Parker, and Paul Taylor, Breadwinner Moms (Washington, DC: Pew Research Center, 2013), chap. 4, “Single Mothers,” https://www .pewresearch.org/social-trends/2013/05/29/chapter-4-single-mothers/; Gretchen Livingston and D’Vera Cohn, *Record Share of New Mothers Are College Educated* (Washington, DC: Pew Research Center, 2013), http://www.pewsocialtrends.org/2013/05/10/record-share-of-new-mothers-are-college-educated/.

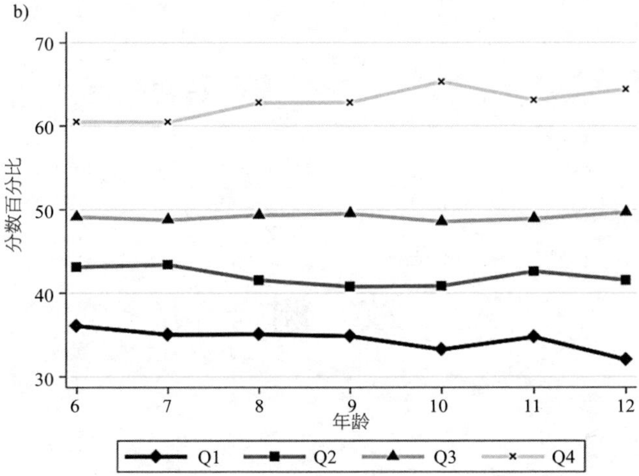

PIAT 数学分数根据种族和收入的平均百分位排名。

注：作者的计算采用了NLSY1979调查中的儿童相关数据，对詹姆斯·赫克曼和佩德罗·卡内罗《美国的不平等：人力资本政策的作用？》中（*Inequality in America: What Role for Human Capital Policies?*）“人力资本政策”部分的数据进行了修正。[①]根据孩子6至10岁时的平均家庭收入计算而来。测试分数是各年龄段的收入群体在PIAT数学测试中的平均百分比排名。

① James Heckman and Pedro Carneiro, “Human Capital Policy,” in *Inequality in America: What Role for Human Capital Policies?*, ed. James J. Heckman and Alan B. Kruger (Cambridge, MA: MIT Press, 2003), ffgure 2.9, 130—131.

致 谢

感谢我的经纪人埃里克·卢普福，在我看来，他为这本书所做的贡献已经远远超出了经纪人应尽的职责。感谢我的编辑艾米丽·泰波尔，她给我提供了无数具有深刻洞见的反馈，还请来了非常优秀的审稿人。感谢麻省理工学院出版社的每一个人，从文案编辑到封面设计，一切都出自他们之手。感谢简·弗兰松早期的编辑参与，以及在出版方面的专业智慧。

感谢我的父母，朱迪斯·C.格林和克里斯多夫·希尔格、我的妻子，宝·林，以及我的终身挚友文森特·泰德·廖对这本书的细致建议，他们真的帮了大忙。特别感谢丹尼·亚甘多年来在许多方面的深刻见解和亲切帮助。还要感谢安妮·伯恩哈德、内森·伯恩哈德、梅雷迪斯·博克、埃里克·贾内拉、桑德拉·索吉基安和克里斯·沃尔特斯的宝贵意见。加布里埃尔·伯格提供了宝贵的意见和极好的研究协助。还要感谢赛斯·斯蒂芬斯-大卫德维茨早期在起草提案、介绍合适对象，以及写作过程方面的建议等方面的帮助。

我想感谢拉吉·切迪、约翰·弗里德曼和伊曼纽尔·苏索让我加入IRS数据银行非凡的早期研究，他们还给予我慷慨的专业指导和鼓励。能加入他们的团队，我备感荣幸。还要感谢布朗大学和国家经济研究局曾与我共事过的许多优秀人才，以及修习布朗大学经济学课程（编号1375）的同学们，是他们帮助我拓宽了对本书所涉的许多议题的思路。

许多研究人员和相关从业者都毫无保留地与我分享了自己的经验和看法，回答我的提问，并提供了专业见解，使我获益良多。我要特别感谢初学者计划团队的弗朗西斯·坎贝尔、克雷格·雷米和约瑟夫·斯帕林，婴儿健康与发展项目团队的鲁比·赫恩、唐纳·斯派克、海伦娜·克雷默和唐纳·布莱恩特，护士家庭合作计划团队的弗兰·本顿和温迪·奥谢，父母计划团队的罗杰·摩根和拉尔夫·弗莱老哥，以及父母计划中的管理人员、老师和父母，感谢他们不介意我进入课堂观察。我还从安娜·艾泽尔、尼克·布鲁姆、珍妮·布鲁克斯-冈恩、斯科特·卡雷尔、基思·爱德华斯、马克·胡克斯特拉、艾伦·卡兹丁、伊莉亚娜·库齐姆科、特立尼·奥尔森、布鲁斯·萨克多特、亚伦·索杰纳和迈克尔·斯托尔米勒那里学到了宝贵的新知识。

宝，感谢你多年来和我探讨，鼓励我、支持我。没有你就没有这本书。菲利克斯，希望你有一天能体会到这本书的妙意，或者看得开心就行。我对你们的爱非言语所能表达。

注　释

引　言

1. 关于联邦游说支出，请参阅OpenSecrets, “Top Spenders,” accessed March 24, 2021, https://www.opensecrets.org/federal-lobbying/top-spenders?cycle=a。
2. 至于7 400万儿童这一数据，请参阅Annual Estimates of the Resident Population for Selected Age Groups by Sex: April 1, 2010 to July 1, 2019,” in US Census Bureau, “National Population by Characteristics: 2010—2019,” last updated April 20, 2021, https://www.census.gov/data/tables/time-series/demo/popest/2010s-national-detail.html#par_textimage_1537638156。

    根据同等岗位工作的常规薪酬计算，在美国，各种育儿活动的年均总价值可达到5万亿美元以上。假设每户人家育有两个孩子，夫妻加在一起，就是一对普通父母在育儿上所能创造的市场价值。

    平均来说，每位美国家长每周都有约50个小时要花在关怀孩子、做家务、有益孩子成长的休闲活动（比如打扫卫生、购物、玩耍等）和保持待机状态上。即便等到孩子年纪稍长，还没入睡甚至没在家睡的时候，父母们在夜间也会保持十二分的警觉。不过，在按时薪计算时，我把夜班时长（比如从晚7点照顾到早7点）从每周80小时减到了20小时，因为夜间幼托的费用通常都会减半，且父母可以轮流照看。超过40小时即为加班，按1.5倍的工资计算，也就是说，相当于每周工作了55小时。全职保姆的平均时薪约为19美元，我就按这一数值计算。相当于52周的时间，能获得54 340美元的工资。关于父母的时间分配，请参阅Wendy Wang, *Parents' Time with Kids More Rewarding Than Paid Work—and More Exhausting* (Washington, DC: Pew Research Center, October 8, 2013)。关于夜间半薪的规则，请“How Much Should I Pay My Sitter for an Overnight?,” accessed May 5,

2021, https://www.care.com/c/questions/3525/how-much-should-i-pay-my-sitter-for-an-overni/。

杰西卡·希乐斯在《代孕能挣多少钱？》中写到，一次代孕的基本报价为10—15万美元。Comparably公司2021年3月24日发布的《奶妈薪资》则表示，奶妈们的年薪可达到57 000美元。根据詹妮弗·M·韦弗、托马斯·J·斯科菲尔德和劳伦·M·帕普在《持续母乳喂养会导致母亲往后十年都更加敏感》中所述，美国母亲的母乳喂养平均时长为4个月。超过18年以上按年计算，父母的薪酬还要再加8 000美元。虽然这项工作只能由母亲完成，但通常都有两个孩子，所以我们平摊到父母两人头上，只计算一次。

除开保育相关（避免重复计算），平均每个孩子每年需花费10 920美元；由父母双亲共同承担时只计算一次。请参阅Mark Lino, Kevin Kuczynski, Nestor Rodriguez, and TusaRebecca Schap, *Expenditures on Children by Families*, 2015, Miscellaneous Report no. 1528—2015 (Washington, DC: Center for Nutrition Policy and Promotion, US Department of Agriculture, January 2017, rev. March 2017), https://fns-prod.azureedge.net/sites/default/ffles/crc2015_March2017.pdf。

加起来，每位家长每年应获薪酬73 260美元。

若是正经严肃地看待父母这份工作，计算薪酬时还得考虑到咨询服务这一项，比如健康宣传、辅导、大学建议和求职面试准备，等等这些全都超出了传统保姆服务的范畴。

在统计父母创造的总价值时，我们按平均资源消耗（各项开销、怀孕、哺乳）算上了7 400万儿童的花费，按平均亲子时长算上了6 300万照看18岁以下儿童的父母应得薪酬，并假设单亲父母弥补了缺位父母的一半工作，计入了相应的加班费。

请参阅表A3，"Parents with Coresident Children under 18, by Living Arrangement, Sex, and Selected Characteristics: 2020," in US Census Bureau, "America's Families and Living Arrangements: 2020," https://www.census.gov/data/tables/2020/demo/families/cps-2020.html。

第二大行业是医疗保健，2019年创造的GDP达到了约3.8万亿美元。请参阅US Centers for Medicare and Medicaid Services, "National Health Expenditure Fact Sheet," last rev. December 16, 2020, https://www.cms.gov/Research-Statistics-Data-and-Systems/Statistics-Trends-and-Reports/NationalHealthExpendData/NHE-Fact-Sheet.html。

就评估家庭劳动的传统方式而言，给予直接或间接的儿童保育是父母的重要职能，其价值占全美GDP的20%—50%，与我的估算相符。这些方式并不承认为人父母独特、亲密且时常加班的工作性质，因此对其市场价值有所低估。请参阅Nadim Ahmad and Seung-Hee Koh, *Incorporating Estimates of Household Production of Non-market Services into International Comparisons of Material Well-Being*, OECD Statistics Working Papers (Paris: Organization for Economic Cooperation and Development, 2011)。

3. 参考福特探险者报价，https://www.ford.com/suvs/explorer/，2021年5月7日公布。

4. Claudia Goldin and Lawrence F. Katz, *The Race between Education and Technology* (Cambridge, MA: Belknap Press of Harvard University Press, 2010); David J. Deming,"The Growing Importance of Social Skills in the Labor Market," *Quarterly Journal of Economics* 132, no. 4 (2017): 1593—1640.
5. George Stoddard, *The Meaning of Intelligence* (New York: Macmillan, 1942), 321.
6. Qin Jiang and James Kai- sing Kung, "Social Mobility in Late Imperial China: Reconsidering the 'Ladder of Success' Hypothesis," *Modern China*, May 2020; José-A ntonio Espín-Sánchez, Salvador Gil-Guirado, W. Daniel Giraldo-Paez, and Chris Vickers,"Labor Income Inequality in Preindustrial Mediterranean Spain: The City of Murcia in the 18th Century," *Explorations in Economic History* 73 (July 2019): 101274, table 2; N. Boberg- Fazlic, P. Sharp, and J. Weisdorf, "Survival of the Richest? Social Status, Fertility, and Social Mobility in England 1541—1824," *European Review of Economic History* 15, no. 3 (December 2011): 365—392, table 8; Joana-Maria Pujadas-Mora, Gabriel Brea-Martínez, Joan-Pau Jordà Sánchez, and Anna Cabré, "The Apple Never Falls Far from the Tree: Siblings and Intergenerational Transmission among Farmers and Artisans in the Barcelona Area in the Sixteenth and Seventeenth Centuries,"*History of the Family* 23, no. 4 (October 2018): 533—567, table 4; Jason Long, "The Surprising Social Mobility of Victorian Britain," *European Review of Economic History* 17, no. 1 (February 1, 2013): 1—23; Maristella Botticini and Zvi Eckstein, The Chosen Few: *How Education Shaped Jewish History, 70—1492* (Princeton, NJ: Princeton University Press, 2012).
7. Loukas Karabarbounis and Brent Neiman, "The Global Decline of the Labor Share," *Quarterly Journal of Economics* 129, no. 1 (February 1, 2014): 61—103.
8. 运气因素包括在繁荣或衰退时期从高中或大学毕业，进入一个会或不会被机器人或进口制度挤压就业空间的行业，以及其他一些会让性格相似的人获得不同收入的条件。请参阅 Robert H. Frank, *Success and Luck: Good Fortune and the Myth of Meritocracy* (Princeton, NJ: Princeton University Press, 2017)。

   社会关系非常重要，但很难与技能（包括社交技能）割离开来。请参阅 Patrick Bayer, Stephen L. Ross, and Giorgio Topa, "Place of Work and Place of Residence: Informal Hiring Networks and Labor Market Outcomes," Journal of Political Economy 116, no. 6 (December 2008): 1150—1196。面对不同类型工作时的倾向包括愿意牺牲陪伴亲近之人的时间来追求职业发展、愿意承担经济和健康方面的风险，以及愿意在薪资和自主权等其它目标之间权衡退让等等。请参阅Isaac Sorkin, "Ranking Firms Using Revealed Preference," *Quarterly Journal of Economics* 133, no. 3 (August 2018): 1331—1393。

   关于制度和政策对收入不平等的推动作用，请参阅David Autor, Lawrence Katz, and Melissa Kearney, "Trends in U.S. Wage Inequality: Revising the Revisionists,"*Review of Economics and Statistics* 90, no. 2 (May 2008): 300—323, and Nicole M. Fortin and TTomas Lemieux, "Institutional Changes and Rising Wage Inequality: Is There a Linkage?," *Journal of Economic Perspectives* 11, no. 2 (2009):

75—96。

9. 贫富收入差距参见附录表A.1，具体数据请参阅 Raj Chetty, Nathaniel Hendren, Patrick Kline, and Emmanuel Saez, “Where Is the Land of Opportunity? The Geography of Intergenerational Mobility in the United States,”Quarterly Journal of Economics 129, no. 4 (2014): 1553—1623, table 2，“百分位计边际收入分配”，请参阅Opportunity Insights网站https://opportunityinsights.org/data/?geographic_level=0&topic=0&paper_id=592#resource-listing对孩子在快30岁和30岁出头时家庭收入的第25和第75百分位数进行了比较。参考数据可知，如果我们把所有低于第25百分位和所有高于第75百分位的孩子的收入放在一起比较，差距还要大得多，大概能到10万美元。也就是说，全国青年纵向调查（NLSY）可能漏掉了很大一部分高收入者，且其中高收入父母的比例高得离谱。根据作者的计算，如果年均5万美元的收入差距相当于在18岁时继承了一笔100万美元的信托基金，那么按5%的比率折算，在直到65岁的职业生涯中，年均差距也能达到5万美元。

   黑人与白人的收入差距能达到年均3.6万美元，同样参见附录表A.1。拉吉·切迪、纳撒尼尔·亨德伦、玛吉·R·琼斯和桑亚·R·波特在《美国的种族和经济机遇：代际视角》一文中记录的家庭收入差距中位数也证实了这一差值。鉴于全国青年纵向调查对高收入者的统计缺漏，黑人和白人收入差距的真实平均数（而非中位数）很可能还要大得多。

10. 作者根据NLSY79数据的计算。Bureau of Labor Statistics, US Department of Labor, National Longitudinal Survey of Youth 1979 cohort, 1979—2016 (rounds 1—27) (Columbus, OH: Center for Human Resource Research (CHRR), The Ohio State University, 2019).

11. 作者根据NLSY79数据的计算，且与以下资料中记录的收入情况相一致：William R. Johnson and Derek Neal, “Basic Skills and the Black-White Earnings Gap,”in *The Black-White Test Score Gap*, ed. Christopher Jencks and Meredith Phillips (Washington, DC: Brookings Institution Press, 1998), 480—497; George E. Schreer, Saundra Smith, and Kirsten Thomas, “‘Shopping While Black’: Examining Racial Discrimination in a Retail Setting,” *Journal of Applied Social Psychology* 39, no. 6 (2009): 1432—1444; Cassi Pittman, “‘Shopping While Black’: Black Consumers’ Management of Racial Stigma and Racial Proffling in Retail Settings,” *Journal of Consumer Culture* 20, no. 1 (2017): 3—22; Kimberly Barsamian Kahn, Jean McMahon, Tara Goddard, and Arlie Adkins, *Racial Bias in Drivers' Yielding Behavior at Crosswalks: Understanding the Effect* (Portland, OR: National Institute for Transportation and Communities, 2017)。关于其他领域的种族歧视，请参阅第五章及其参考文献。

   部分研究人员认为，测试分数的差异反映的是测试中而非技能上的种族偏见。比如，威廉·M·罗杰斯三世和威廉·E·斯普里格斯声称掌握了AFQT存在种族偏见的证据（“What Does the AFQT Really Measure: Race, Wages, Schooling and the AFQT Score,” *Review of Black Political Economy* 24, no. 4 [1996]:13—43）。詹姆斯·J·赫克曼则摆出了极具说服力的理由反驳他们的论点（“Detecting

Discrimination,"*Journal of Economic Perspectives* 12, no. 2 [1998]: 101—116）。克里斯托弗·詹克斯也陈列了证据，驳斥AFQT分数体现的种族差异说明该测试存在偏见，其概念及环境都更为白人所熟悉的观点（"Racial Bias in Testing," in *The Black-White Test Score Gap*, ed. Jencks and Phillips, 55—85）。

作为对比，詹克斯还分析了一些研究，认为相对于测试分数，职场主管评级时的种族差异较小，并试图以此证明测试分数的种族差异可能过分夸大了经济技能的差异。然而，主管评级的差异并不能与测试成绩的差异相提并论，因为前者的结果与其他员工对工作的选择有关，且不同种族群体的工作分配情况差异巨大。比如，假设A组员工的平均技能水平高于B组员工；A组的大部分员工都将从事技术含量较高的工作；B组的大部分员工则都将从事技术含量较低的工作；且大多数员工在自己的岗位上都收获了满意的主管评级。在本案例中，群体经济技能水平的差异很大，主管评级的差异却很小。詹克斯，《测试中的种族偏见》。

12. Seth D. Zimmerman, "The Returns to College Admission for Academically Marginal Students,"*Journal of Labor Economics* 32, no. 4 (October 2014): 711—754; Jonathan Smith, Joshua Goodman, and Michael Hurwitz, *The Economic Impact of Access to Public Four-Year Colleges*, NBER Working Paper no. 27177 (Cambridge, MA: National Bureau of Economic Research, 2020). 另请参阅第六章关于大学经济回报的论述。
13. Raj Chetty, John N. Friedman, Emmanuel Saez, Nicholas Turner, and Danny Yagan, "Income Segregation and Intergenerational Mobility across Colleges in the United States,"*Quarterly Journal of Economics* 135, no. 3 (2020): 1567—1633. 以上作者所参考的数据只允许他们根据父母的收入水平而非种族进行比较，且并没有控制其他许多的技能维度（比如平均绩点、专业等）。
14. Thomas D. Snyder, ed., *120 Years of American Education: A Statistical Portrait* (Washington, DC: National Center for Education Statistics, 1993). 因为把孩子送进公立学校读书的父母无需缴纳额外的税款，所以说公立学校是"免费"的。
15. Joseph A. Buckhalt, "Insufffcient Sleep and the Socioeconomic Status Achievement Gap,"*Child Development Perspectives* 5, no. 1 (March 1, 2011): 59—65; Scott E. Carrell, Teny Maghakian, and James E. West, "A's from Zzzz's? The Causal Effect of School Start Time on the Academic Achievement of Adolescents," *American Economic Journal: Economic Policy* 3, no. 3 (August 2011): 62—81; Mona El-Sheikh, Erika J. Bagley, Margaret Keiley, Lori Elmore-Staton, Edith Chen, and Joseph A. Buckhalt, "Economic Adversity and Children's Sleep Problems: Multiple Indicators and Moderation of Effects," *Health Psychology* 32, no. 8 (August 2013): 849—859.
16. 2018年的数据显示，公立K12学校每年投入在每个学生身上的资金为12 612美元，13年义务教育总计约16.4万美元。根据本章的数据，父母为孩子花的钱和付出的精力价值73 260美元一年。到孩子18岁成年，相当于总共132万美元。因此，按美元计算，公立K12学校的支出仅占父母支出的12%。请参阅美国人口普查局，"2018年公立中小学教育财政数据"，2020年4月14日更新，https://www.census.gov/data/tables/2018/econ/school-finances/secondary-education-finance.html。

17. 1973年，在“圣安东尼奥独立学区诉罗德里格斯案”中，最高法院判定这些巨大的教育差异不属于违反宪法（法院档案编号411 US 1），https://supreme.justia.com/cases/federal/us/411/1/。
18. 公共支出并不能弥补私人支出在课外活动上拉开的差距。请参阅Kaisa Snellman, Jennifer M. Silva, Carl B. Frederick, and Robert D. Putnam, “The Engagement Gap: Social Mobility and Extracurricular Participation among American Youth,”*ANNALS of the American Academy of Political and Social Science* 657, no. 1 (2015): 194—207; Annette Lareau, Unequal Childhoods: Class, Race, and Family, 2nd ed. (Berkeley: University of California Press, 2011)。低收入家庭确实更需仰仗亲朋好友的慷慨帮助；请参阅Lynda Laughlin, *“Who’s Minding the Kids?” Child Care Arrangements: Spring 2013*, Household Economic Studies (Washington, DC: US Department of Commerce Economics and Statistics Administration, US Census Bureau, 2013)。 然而，鉴于社交网络中潜在收益的相关性很强，高收入家庭无偿接受的帮助越少，其市场价值就越高。因此，这种方式并不能显著缩小差异。
19. 注意，在本书中，我将轮流使用黑人和非裔美国人这两个术语。请参阅Lydia Saad, “Gallup Vault: Black Americans’ Preferred Racial Label,” Gallup, July 13, 2020, https://news.gallup.com/vault/315566/gallup-vault-black-americans-preferred-racial-label.aspx。
20. 请参阅附录表A.2。
21. Jonathan Kozol, *Savage Inequalities: Children in America’s Schools* (New York: Broadway, 1991)。关于报道极端差异的文章示例，请参阅Alana Semuels, “Good School, Rich School; Bad School, Poor School,” *Atlantic*, August 25, 2016; Emma Brown, “In 23 States, Richer School Districts Get More Local Funding TTan Poorer Districts,” *Washington Post*, March 12, 2015。
22. 至少自1990年代以来，轻度贫困和重度贫困地区的儿童获得的资助总额都大致等同。请参阅Matthew M. Chingos, *How Progressive Is School Funding in the United States?*, Evidence Speaks (Washington, DC: Brookings Institute, June 15, 2017)；National Center for Education Statistics, table 1-6 , “Current Expenditures per Pupil...,” fiscal year 2012, and table B-6, “Current Expenditures per Pupil ...,” fiscal year 2012, https://nces.ed.gov/edfin/Fy11_12_tables.asp，包含联邦资助，并未额外向轻度贫困学生倾斜。

    低估联邦资助相较于州和地方资助的价值尚且情有可原，但若是在探究现存的资助不平等现象时，完全忽视了这项资金，就会产生误导。请参Nora Gordon, *Increasing Targeting, Flexibility, and Transparency in Title I of the Elementary and Secondary Education Act to Help Disadvantaged Students* (Washington, DC: Hamilton Project and Brookings Institution, 2016)。
23. Snyder, *120 Years of American Education.*
24. Emma Brown, “In 23 States, Richer School Districts Get More Local Funding Than Poorer Districts,” *Washington Post*, March 12, 2015；另请参阅Kenneth Shores and Simon Ejdemyr, “Do School Districts Spend Less Money on Poor and Minority

Students?," *Brown Center Chalkboard* (blog), Brookings Institution, May 25, 2017, https://www.brookings.edu/blog/brown-center-chalkboard/2017/05/25/do-school-districts-spend-less-money-on-poor-and-minority-students/。

25. 城市研究所，《美国的成绩单：你所在州的排名如何？》(America's Gradebook: How Does Your State Stack Up?)，2021年5月13日发布，https://apps.urban.org/features/naep/。犹他州的家庭收入很高。请参阅US Census Bureau, "Historical Income Tables: Households," table H-8, "Median Household Income by State," last rev. September 8, 2020, https://www.census.gov/data/tables/time-series/demo/income-poverty/historical-income-households.html。

26. Shelby Webb, "School Districts in Houston, Statewide Feel Crushing Effects of Budget Troubles," Houston Chronicle, April 15, 2018; "2012 Excellence in Education Winners," H- E- B, accessed September 13, 2021, https://www.heb.com/staticpages/articletemplate.jsp?name=2012-Excellence-in-Education-Winners.就学生的社会经济特征而言，这些低支出学区并未明显落后。请参阅"Cypress-Fairbanks Independent School District Demographics," Point2, accessed May 13, 2021, https://www.point2homes.com/US/Neighborhood/TX/Harris-County/Cypress-Fairbanks-Independent-School-District-Demographics.html，以及"Cypress-Fairbanks IDS," Texas Tribune, accessed September 13, 2021, https://schools.texastribune.org/districts/cypress-fairbanks-isd/。

    至于卡皮斯特拉诺联合学区，请参阅Ed-Data, "Capistrano Unified," accessed May 13, 2021, https://www.ed-data.org/district/Orange/Capistrano-Unified。卡皮斯特拉诺联合学区内25%的儿童有资格享受免费或折扣午餐，10%的儿童是英语学习者，比例远低于全国平均水平。请参阅Cristobal de Brey, Thomas D. Snyder, Anlan Zhang, and Sally A. Dillow, *Digest of Education Statistics, 2019*, NCES 2021-009 (Washington, DC: Institute of Education Sciences, National Center for Education Statistics, US Department of Education, February 2021), tables 204.10 and 204.20,https://nces.ed.gov/pubs2021/2021009.pdf。

27. William A. Fischel, "Did Serrano Cause Proposition 13?," *National Tax Journal* 42, no. 4 (December 1989): 465—473; William A. Fischel, "How Serrano Caused Proposition 13," *Journal of Law & Politics* 12 (1996): 607—636; Fabio Silva and Jon Sonstelie, "Did Serrano Cause a Decline in School Spending?," *National Tax Journal* 48, no. 2 (June 1995): 199—215.

28. 我的重点是公共支出。家庭越富裕的小孩，其学校通过家长教师协会获得的私人捐款也越多。但私人资金只占学校资金总额的1%，所以对此结果的影响也几乎可以忽略不计。请参阅Ashlyn Aiko Nelson and Beth Gazley, "The Rise of School-Supporting Nonprofits," *Education Finance and Policy* 9, no. 4 (October 2014): table 6。

29. C. Kirabo Jackson, Rucker C. Johnson, and Claudia Persico, "The Effects of School Spending on Educational and Economic Outcomes: Evidence from School Finance Reforms,"*Quarterly Journal of Economics* 131, no. 1 (February 2016): 157—218; C. Kirabo Jackson, Cora Wigger, and Heyu Xiong, "Do School Spending Cuts Matter?

Evidence from the Great Recession," *American Economic Journal: Economic Policy* 13, no. 2 (May 2021): 304—335.

30. 证实存在巨大师资差异的研究包括：Hamilton Lankford, Susanna Loeb, and James Wyckoff, "Teacher Sorting and the Plight of Urban Schools: A Descriptive Analysis," *Educational Evaluation and Policy Analysis* 24, no. 1 (March 1, 2002): 37—62; Dan Goldhaber, Vanessa Quince, and Roddy Theobald, "Has It Always Been This Way? Tracing the Evolution of Teacher Quality Gaps in U.S. Public Schools," *American Educational Research Journal* 55, no. 1 (February 1, 2018): 171—201; C. Kirabo Jackson, "Student Demographics, Teacher Sorting, and Teacher Quality: Evidence from the End of School Desegregation," *Journal of Labor Economics* 27, no. 2 (April 2009): 213—256。

证实师资差异较小的研究包括：Eric Isenberg, Jeffrey Max, Philip Gleason, Matthew Johnson, Jonah Deutsch, and Michael Hansen, *Do Low-Income Students Have Equal Access to Effective Teachers? Evidence from 26 Districts* (Washington, DC: National Center for Education Evaluation and Regional Assistance, Institute of Education Sciences, US Department of Education, 2016); Raj Chetty, John N. Friedman, and Jonah E. Rockoff, "Measuring the Impacts of Teachers I: Evaluating Bias in Teacher Value-Added Estimates," *American Economic Review* 104, no. 9 (2014): 2593—2632。

关于老师对教导高水平学生的倾向，请参阅Barbara Biasi, Chao Fu, and John Stromme, *Equilibrium in the Market for Public School Teachers: District Wage Strategies and Teacher Comparative Advantage*, NBER Working Paper no. 28530 (Cambridge, MA: National Bureau of Economic Research, 2021); Andrew C. Johnston, *Preferences, Selection, and the Structure of Teacher Compensation*, SSRN Scholarly Paper (Rochester, NY: Social Science Research Network, February 14, 2020)。

31. 数学相关请参阅附录图表A.1。语言、阅读和社交情感技能也呈现为类似的模式。请参阅Valerie E. Lee and David T. Burkham, *Inequality at the Starting Gate: Social Background Differences in Achievement as Children Begin School* (Washington, DC: Economic Policy Institute, 2002), https://www.epi.org/publication/books_starting_gate/; Emma García, *Inequalities at the Starting Gate: Cognitive and Noncognitive Skills Gaps between 2010—2011 Kindergarten Classmates* (Washington, DC: Economic Policy Institute, 2015), https://www.epi.org/publication/inequalities-at-the-starting-gate-cognitive-and-non cognitive-gaps-in-the-2010-2011-kindergarten-class/; Todd Elder and Yuqing Zhou, "The Black-White Gap in Noncognitive Skills among Elementary School Children," *American Economic Journal: Applied Economics* 13, no. 1 (2021): 105—132; Karl Alexander, Sarah Pitcock, Matthew Boulay, and Paul Reville, eds., *The Summer Slide: What We Know and Can Do about Summer Learning Loss* (New York: Teachers College Press, 2016); Anna Aizer, "Home Alone: Supervision after School and Child Behavior," *Journal of Public Economics* 88, no. 9 (August 1, 2004): 1835—1848; Marte Rønning, "Who Benefits from Homework Assignments?,"

Economics of Education Review 30, no. 1 (February 1, 2011): 55—64; Michael D. Kurtz, Karen Smith Conway, and Robert D. Mohr, "Weekend Feeding ('BackPack') Programs and Student Outcomes," *Economics of Education Review* 79 (December 1, 2020): 102040。

32. 比如，请参阅Francesco Agostinelli, Matthias Doepke, Giuseppe Sorrenti, and Fabrizio Zilibotti, *When the Great Equalizer Shuts Down: Schools, Peers, and Parents in Pandemic Times*, NBER Working Paper no. 28264 (Cambridge, MA: National Bureau of Economic Research, 2020)。

第一章

1. Alice Boardman Smuts, *Science in the Service of Children, 1893—1935* (New Haven, CT: Yale University Press, 2008); Jeffrey P. Brosco, "The Early History of the Infant Mortality Rate in America: 'A Reflection upon the Past and a Prophecy of the Future,'" *Pediatrics* 103, no. 2 (February 1999): 478—485; Dorothy E. Bradbury, *Four Decades of Action for Children: A Short History of the Children's Bureau* (Washington, DC: US Department of Health, Education, and Welfare, 1956); Kriste Lindenmeyer, *A Right to Childhood: The U.S. Children's Bureau and Child Welfare, 1912—1946* (Champaign: University of Illinois Press, 1997); Richard A. Meckel, *Save the Babies: American Public Health Reform and the Prevention of Infant Mortality, 1850—1929* (1990; reprint, Rochester, NY: University of Rochester Press, 2015).
2. 引　自S. Josephine Baker, *Fighting for Life* (1939; reprint, New York: New York Review Books Classics, 2013), 188。
3. 引自Smuts, *Science in the Service of Children*, 102。
4. 这部分主要借鉴了Smuts, *Science in the Service of Children*, and Hamilton Cravens, *Before Head Start: The Iowa Station & America's Children* (Chapel Hill: University of North Carolina Press, 1993). See also Ginalie Swaim, "Cora Bussey Hillis: Woman of Vision," *Iowa Heritage Illustrated*, Summer and Fall 2004, 116—127; H. L. Minton, "The Iowa Child Welfare Research Station and the 1940 Debate on Intelligence: Carrying on the Legacy of a Concerned Mother," *Journal of the History of the Behavioral Sciences* 20, no. 2 (1984): 160—176; and Cora Bussey Hillis, "How the Iowa Welfare Research Station Came into Being," 1919, Cora Bussey Hillis Papers, State Historical Society of Iowa, Iowa City，除另有说明，本书中所有对希利斯观点的引用皆出自于此。
5. Smuts, *Science in the Service of Children*, 118. See also Shawn Kantor and Alexander Whalley,"Research Proximity and Productivity: Long-Term Evidence from Agriculture," *Journal of Political Economy* 127, no. 2 (April 2019): 819—854; Julian M. Alston, Matthew A. Andersen, Jennifer S. James, and Philip G. Pardey, "The Economic Returns to U.S. Public Agricultural Research," *American Journal of Agricultural Economics* 93, no. 5 (October 2011): 1257—1277.
6. 引 自 University of Iowa Medical Museum, "ICRWS Nurses," in the exhibit *Bucking*

the System: Women in the Health Sciences at the University of Iowa, 1874—1950, last modified June 5, 2006, http://web.archive.org/web/20121130190703/http:/www.uihealthcare.com/depts/medmuseum/galleryexhibits/womeninhealth/icwrs/icwrsnurses.html。

7. 1901年，希利斯开始为建立艾奥瓦州儿童研究机构奔走，两年后，莉莉安·沃德在与弗洛伦斯·凯利通信时首次提出了美国联邦儿童局的概念。沃德也提到了联邦政府对农业的支持："如果政府可以设立一个部门来负责全国的农作物，为什么不能再设立一个部门来负责全国的儿童成长呢？"（引自Bradbury, *Four Decades of Action for Children*, 1。）在《少儿服务的科学》一书中，斯曼兹表示，进步时代的改革者们对此类比深表认同。
8. 这幅漫画成为了斯曼兹《少儿服务的科学》的卷首插图。
9. Allison Atteberry and Andrew McEachin, "School's Out: The Role of Summers in Understanding Achievement Disparities," *American Educational Research Journal* 58, no. 2 (2021): 23—82; Allison Atteberry, Daphna Bassok, and Vivian C. Wong, "The Effects of Full-Day Prekindergarten: Experimental Evidence of Impacts on Children's School Readiness," *Educational Evaluation and Policy Analysis* 41, no. 4 (December 1, 2019): 537—562.

诸多研究表明，相比于中高收入家庭的小孩，早教项目对低收入家庭的小孩帮助更大。一些低质量的早教项目甚至会对较高收入家庭的小孩产生负面影响。福利待遇究竟在多大程度上提高了中上阶层的收入占比，这取决于项目的性质和质量，以及父母所提供的学习环境。这是正在研究中的关键领域。关于婴儿健康与发展项目，请参阅see Greg J. Duncan and Aaron J. Sojourner, "Can Intensive Early Childhood Intervention Programs Eliminate Income-Based Cognitive and Achievement Gaps?," *Journal of Human Resources* 48, no. 4 (2013): 94—968. On Head Start, see Marianne P. Bitler, Hilary W. Hoynes, and Thurston Domina, *Experimental Evidence on Distributional Effects of Head Start*, NBER Working Paper no. 20434 (Cambridge, MA: National Bureau of Economic Research, 2014)。关于美国的公里学前教育项目，请参阅Elizabeth U. Cascio, "Does Universal Preschool Hit the Target? Program Access and Preschool Impacts," *Journal of Human Resources*, January 11, 2021, 0220; Mariana Zerpa, "Short and Medium Run Impacts of Preschool Education: Evidence from State Pre-K Programs," working paper, Department of Economics, University of Leuven, 2021。

国际研究也证实了这些结论。关于德国、挪威和西班牙的公共早教项目，请参阅Thomas Cornelissen, Christian Dustmann, Anna Raut, and Uta Schönberg, "Who Benefits from Universal Child Care? Estimating Marginal Returns to Early Child Care Attendance?," *Journal of Political Economy* 126, no. 6 (August 2, 2018): 2356—2409; Tarjei Havnes and Magne Mogstad, "No Child Left Behind: Subsidized Child Care and Children's Long-Run Outcomes," *American Economic Journal: Economic Policy* 3, no. 2 (May 2011): 97—129; Tarjei Havnes and Magne Mogstad, "Is Universal Child Care Leveling the Playing Field?," *Journal of Public Economics* 127 (July 2015):

100—114; Christina Felfe, Natalia Nollenberger, and Núria Rodríguez-Planas, "Can't Buy Mommy's Love? Universal Childcare and Children's Long-Term Cognitive Development," *Journal of Population Economics* 28, no. 2 (April 1, 2015): 393—422。在丹麦，面向弱势儿童的公共早教项目产生了巨大、积极且长期的影响：请参阅Maya Rossin-Slater and Miriam Wüst, "What Is the Added Value of Preschool for Poor Children? Long-Term and Intergenerational Impacts and Interactions with an Infant Health Intervention," *American Economic Journal: Applied Economics* 12, no. 3 (2020): 255—286。

虽然对条件优越的儿童来说，高质量的早教项目多少都有点帮助，但加拿大魁北克（第三方评估基本都判定为"最低质量"）和意大利博洛尼亚（师生比相对偏高，能达到1：6）的低质量早教系统确实给这些儿童带来了相当严重的负面影响。请参阅Michael Baker, Jonathan Gruber, and Kevin Milligan, "Universal Child Care, Maternal Labor Supply, and Family Well-Being," *Journal of Political Economy* 116, no. 4 (2008): 709—745; Michael Baker, Jonathan Gruber, and Kevin Milligan, "The Long-Run Impacts of a Universal Child Care Program," *American Economic Journal: Economic Policy* 11, no. 3 (August 2019): 1—26; Margherita Fort, Andrea Ichino, and Giulio Zanella, "Cognitive and Noncognitive Costs of Day Care at Age 0—2 for Children in Advantaged Families," *Journal of Political Economy* 128, no. 1 (January 1, 2020): 158—205。

10. Smuts, *Science in the Service of Children*, 124.
11. 这项研究在道德方面最大的妥协在于，为了上完一学期的课，有的孩子要延迟几个月才能去养父母家。关于研究内容，请参阅Harold M. Skeels, Ruth Updegraff, Beth L. Wellman, and Harold M. Williams, "A Study of Environmental Stimulation: An Orphanage Preschool Project," ed. George D. Stoddard, *University of Iowa Studies* 15, no. 4 (1938): 207。
12. Skeels et. al, "A Study of Environmental Stimulation," 25.
13. 引自George Stoddard, foreword to Skeels et. al, "A Study of Environmental Stimulation"。
14. Dean L. May and Maris A. Vinovskis, "A Ray of Millennial Light: Early Education and Social Reform in the Infant School Movement in Massachusetts, 1826—1840," in *Family and Kin in Urban Communities, 1700—1930*, ed. Tamara K. Hareven (New York: New Viewpoints, 1977), 62—99; Carl F. Kaestle and Maris A. Vinovskis, "From Apron Strings to ABCs: Parents, Children, and Schooling in Nineteenth-Century Massachusetts," in "Turning Points: Historical and Sociological Essays on the Family," supplement, *American Journal of Sociology* 84 (1978): S39—S80; Cristobal de Brey, Thomas D. Snyder, Anlan Zhang, and Sally A. Dillow, *Digest of Education Statistics, 2019*, NCES 2021-009 (Washington, DC: Institute of Education Sciences, National Center for Education Statistics, US Department of Education, February 2021), table 202.20: "Percentage of 3-, 4-, and 5-Year-Old Children Enrolled in Preprimary Programs, by Level of Program, Attendance Status, and Selected Child and Family Characteristics: 2018," https://nces.ed.gov/programs/digest/d19/tables/dt19_202.20.

asp。

15. Kaestle and Vinovskis, “From Apron Strings to ABCs,” S58.
16. Minton, “The Iowa Child Welfare Research Station,” 163.
17. Minton, “The Iowa Child Welfare Research Station,” 162.
18. 尽管如此，一位认同艾奥瓦研究站成果的研究人员坦承，目前的证据表明，“对此表示怀疑、坚持智力固定论的人无需摒弃自己的信念，也不必觉得是对学术的不忠实。”请参阅J. McVicker Hunt, *Intelligence and Experience* (New York: Ronald Press Company, 1961), 33。
19. Robert Mcg. Thomas Jr., “Samuel A. Kirk, 92, Pioneer of Special Education Field,” *New York Times*, July 28, 1996.
20. Samuel A. Kirk, *The Foundations of Special Education: Selected Papers and Speeches of Samuel A. Kirk*, ed. Gail A. Harris and Winifred D. Kirk (Reston, VA: Council for Exceptional Children, 1993).
21. Samuel A. Kirk, *Early Education of the Mentally Retarded: An Experimental Study*, 1st ed. (Urbana: University of Illinois Press, 1958).科克还引用了纽厄尔·凯法特1939—1940年间以博士研究生的身份在艾奥瓦研究站参与研究时的成果。
22. David P. Weikart, *How High/Scope Grew: A Memoir* (Ypsilanti, MI: High/Scope Press, 2004).
23. “查尔斯·尤金·比蒂”，个人简介，https://www.facebook.com/AACHMuseum/posts/the-first-charles-eugene-chief-beatty-of-ypsilantibecame-the-first-african-ameri/10154437108578509/；尤金·比蒂，1981年1月2日接受A·P·马歇尔的采访，密歇根州伊普西兰蒂社区图书馆，A·P·马歇尔采访记录原稿，非裔美国人口述历史档案，http://history.ypsilibrary.org/oral-histories/eugene-beatty/?fbclid=IwAR0uW2EeVmdZmR2lgiPFH7bEE-bUfR6cB8r2pe78Gl87x47Qyu9ga617I-g。关于帮忙获得父母们的信任，请参阅Louise Derman-Sparks and Evelyn K. Moore, “Our Proud Heritage: Two Teachers Look Back—the Ypsilanti Perry Preschool, Part I,” *Young Children*, September 2016, https://www.naeyc.org/resources/pubs/yc/sep2016/ypsilanti-perry-part-1. On two and a half hours, see Edward Zigler and Sally J. Styfco, “Is the Perry Preschool Better than Head Start? Yes and No,” *Early Childhood Research Quarterly* 9, no. 3 (January 1, 1994): 269—287。
24. Irving Lazar, Richard Darlington, Harry Murray, Jacqueline Royce, Anne Snipper, and Craig T. Ramey, “Lasting Effects of Early Education: A Report from the Consortium for Longitudinal Studies,” *Monographs of the Society for Research in Child Development* 47, nos. 2—3 (1982): ix—xiv, 1—151.
25. Samuel A. Kirk, “Preschool and Early Education Programs for Handicapped Children,” in *Foundations of Special Education*, 53.
26. Eileen McNamara, *Eunice: The Kennedy Who Changed the World* (New York: Simon & Schuster, 2018), 168.
27. Kate Clifford Larson, *Rosemary: The Hidden Kennedy Daughter* (Boston: Mariner Books/Houghton Mifflin Harcourt, 2016).

28. McNamara, *Eunice*, 181.
29. 最开始的五年（1964—1968年），NICHD平均每年都能获得约5 000万美元的资助。换算成2020年的物价，相当于4亿美元一年。1917年，艾奥瓦研究站仅收到了2.5万美元。换算成2020年的物价，相当于50万美元。也就是说，两者获得的国家资助相差800倍。关于NICHD所获资助，请参阅National Institutes of Health, “History of Congressional Appropriations, 1960—1969” (table), https://officeofbudget.od.nih.gov/pdfs/FY08/FY08%20COMPLETED/appic3806%20-%20 transposed%20%2060%20-%2069.pdf。
30. John F. Kennedy, “Remarks Upon Signing Bill for the Construction of Mental Retardation Facilities and Community Mental Health Centers,” October 31, 1963, Online by Gerhard Peters and John T. Woolley, The American Presidency Project, https://www.presidency.ucsb.edu/node/236620.
31. Janet F. Williams, Vincent C. Smith, and the Committee on Substance Abuse, “Fetal Alcohol Spectrum Disorders,” *Pediatrics* 136, no. 5 (November 1, 2015): e1395—e1406; Centers for Disease Control, “CDC Grand Rounds: Newborn Screening and Improved Outcomes,” *Morbidity and Mortality Weekly Report* 61, no. 21 (2012): 390—393; Centers for Disease Control, “Folic Acid & Neural Tube Defects: Data & Statistics,” last rev. November 9, 2017, https://www.cdc.gov/ncbddd/birthdefectscount/data.html。
32. 因为费用和名声问题，接受正规特殊教育服务的儿童比例远低于存在严重学习障碍的儿童比例。我的理论依据是在国家教育进展评估中得分低于“基础”线的儿童比例。请参阅B. Hussar, J. Zhang, S. Hein, K. Wang, A. Roberts, J. Cui, M. Smith, F. Bullock Mann, A. Barmer, and R. Dilig, *The Condition of Education 2020*, NCES 2020144 (Washington, DC: National Center for Education Statistics, 2020)。
33. 请参阅纪录片*Dr. Frank: The Life and Times of Frank Porter Graham* (UNC Center for Public Television, 1994)，https://vimeo.com/11191367。历史学家奥古斯都·伯恩斯也曾说过，格雷厄姆促使“南方大学通过研究对当地诸多传统和惯例发起了严峻挑战，在此之前绝无仅有”。
34. 弗朗西斯·坎贝尔，作者于2020年4月1日给他做了电话采访。除另有说明，本书中所有对坎贝尔观点的引用皆出自于此。
35. 华盛顿大学资金规划与发展办公室，*Final Supplemental Environmental Impact Statement for the University of Washington Population Health Facility Project* (Seattle: University of Washington, 2017), 60—61，https://facilities.uw.edu/files/media/population-health-facility-final-seis-3-28-17.pdf。南希·罗宾逊在几年后成为了华盛顿大学的教职员工：请参阅Dave Shaw, “From Turmoil to Triumph,” *Endeavors*, July 11, 2017, https://endeavors.unc.edu/from-turmoil-to-triumph/。
36. 克雷格·雷米，作者于2020年4月2—3日给他做了采访。除另有说明，本书中所有对雷米观点的引用皆出自于此。
37. Frances A. Campbell and Craig T. Ramey, “Effects of Early Intervention on Intellectual and Academic Achievement: A Follow-Up Study of Children from Low-

Income Families," *Child Development* 65, no. 2 (1994): 684—698.

38. Craig T. Ramey, Albert M. Collier, Joseph J. Sparling, Frank A. Loda, Frances A. Campbell, David L. Ingram, and Neal W. Finkelstein, *The Carolina Abecedarian Project: A Longitudinal and Multidisciplinary Approach to the Prevention of Developmental Retardation* (Chapel Hill, NC: Frank Porter Graham Child Development Center, 1974), 26.

39. 约瑟夫·斯帕林表示，他的理论依据主要来自列夫·维果茨基和让·皮亚杰的作品。请参阅Joseph Sparling and Kimberly Meunier, "Abecedarian: An Early Childhood Education Approach That Has a Rich History and a Vibrant Present," *International Journal of Early Childhood* 51, no. 2 (August 1, 2019): 207—216。

40. 约瑟夫·斯帕林，作者于2020年4月8日给他做了采访。除另有说明，本书中所有对斯帕林观点的引用皆出自于此。

41. Jorge Luis García, James J. Heckman, Duncan Ermini Leaf, and María José Prados, "Quantifying the Life-Cycle Benefits of an Influential Early-Childhood Program," *Journal of Political Economy* 128, no. 7 (July 2020): 2502—2541，并带有在线附录。

42. 关于佩里和初学者计划的早期和长期影响，请参阅Eric I. Knudsen, James J. Heckman, Judy L. Cameron, and Jack P. Shonkoff, "Economic, Neurobiological, and Behavioral Perspectives on Building America's Future Workforce," *PNAS* 103, no. 27 (2006): 10155—10162。关于先行教育计划的长期影响，请参阅，如Martha J. Bailey, Brenden D. Timpe, and Shuqiao Sun, *Prep School for Poor Kids: The Long-Run Impacts of Head Start on Human Capital and Economic Self-Sufficiency*, NBER Working Paper no. 28268 (Cambridge, MA: National Bureau of Economic Research, 2020); Pedro Carneiro and Rita Ginja, "Long-Term Impacts of Compensatory Preschool on Health and Behavior: Evidence from Head Start," *American Economic Journal: Economic Policy* 6, no. 4 (November 2014): 135—173。关于短期成果的消失和长期成果的持续，请参阅Raj Chetty, John N. Friedman, Nathaniel Hilger, Emmanuel Saez, Diane Whitmore Schanzenbach, and Danny Yagan, "How Does Your Kindergarten Classroom Affect Your Earnings? Evidence from Project Star," *Quarterly Journal of Economics* 126, no. 4 (November 2011): 1593—1560。

43. 有趣的是，项目对平均收入的巨大影响在男性身上体现明显，对女性来说却不然。说明该项目对家庭总收入的影响或许更大，因为女性参与者在接受更高水平的教育后，就有可能找到更高收入的伴侣。家庭总收入和财富相关的数据被收集并保存在弗兰克·波特·格雷厄姆儿童发展研究所，但尚未进行整理（弗朗西斯·坎贝尔在2020年10月14日接受作者采访时提及）。相比而言，实验组成员的结婚率略高，未婚且生育两个及以上小孩的可能性极低（F. A. Campbell, E. P. Pungello, M. Burchinal, K. Kainz, Y. Pan, B. H. Wasik, O. A. Barbarin, J. J. Sparling, and C. T. Ramey, "Adult Outcomes as a Function of an Early Childhood Educational Program: An Abecedarian Project Follow-Up," *Developmental Psychology* 48, no. 4 [2012]: table 5）。因为更高收入的伴侣能提供更多的支持，所以更具优势的女性最终的个人收入往往低于与其教育和技能水平相匹配的数值（Derek Neal, "The

Measured Black-White Wage Gap among Women Is Too Small," *Journal of Political Economy* 112, no. S1 [February 2004]: S1—S28)。部分经济学家反对"寻找更高收入的配偶是一种零和转移而非新价值的创造"这一观点，因为事实显然并非如此。那些女性之所以能嫁给更高收入的男性，是因为她们凭借着更高的教育和技能水平，在成为伴侣或母亲后能提供更高的价值。

另请参阅Frances Campbell, Gabriella Conti, James J. Heckman, Seong Hyeok Moon, Rodrigo Pinto, Elizabeth Pungello, and Yi Pan, "Early Childhood Investments Substantially Boost Adult Health," Science 343, no. 6178 (March 28, 2014): 1478—1485; Jorge Luis García, James Heckman, Duncan Ermini Leaf, and María José Prados, *Quantifying the Life-Cycle Benefits of a Prototypical Early Childhood Program* (Cambridge, MA: National Bureau of Economic Research, June 2017)；参考公布的原始版本。黑人和白人的收入差异参考自附录表A.1。

44. Carneiro and Ginja, "Long-Term Impacts of Compensatory Preschool."
45. 鲁比·普利尔·赫恩，作者于2020年6月12日和2021年3月17日给她做了电话采访。除另有说明，本书中所有对赫恩观点的引用皆出自于此。
46. 8座城市分别是：阿肯色州的小石城、纽约、波士顿、迈阿密、费城、达拉斯、西雅图和康涅狄格州的纽黑文市。1984年，项目总耗资4 000万美元，相当于2021年的1亿美元。在本章注释第36条和第45条所引述的采访中，鲁比·赫恩和克雷格·雷米给出了大概的金额数字。
47. 唐娜·布莱恩特和海伦娜·克雷默，作者于2021年6月9日一起做了电话采访。
48. 珍妮·布鲁克斯-冈恩，作者于2020年7月1日给她做了电话采访。
49. 对于这种单点的复刻失败，我找不到确切的解释。与我交谈过的一些研究人员认为，可能是因为波士顿当时就已落实了相当全面的新生儿干预措施。还有一些人回忆说，波士顿的实验对象本来条件就比较好。但这一理论与8座城市公布的收入和教育水平数据存在冲突。
50. Greg J. Duncan and Aaron J. Sojourner, "Can Intensive Early Childhood Intervention Programs Eliminate Income-Based Cognitive and Achievement Gaps?," *Journal of Human Resources* 48, no. 4 (Fall 2013): 945—968.

    多亏了佩里计划、初学者计划、IHDP及本章节注释9引用过的大量研究，有压倒性的证据表明，高质量的早教项目能够显著优化低收入少数群体的技能发展轨迹、改善他们的长期发展情况。不过，不同的项目带来的福利也有所不同。关于保证少数群体更大收益的研究，请参阅Katherine A. Magnuson and Jane Waldfogel,"Early Childhood Care and Education: Effects on Ethnic and Racial Gaps in School Readiness," *Future of Children* 15, no. 1 (2005): 169—196; Daphna Bassok, "Do Black and Hispanic Children Benefit More from Preschool? Understanding Differences in Preschool Effects across Racial Groups," *Child Development* 81, no. 6 (2010): 1828—1845。关于未发现此模式的研究，请参阅Bianca Montrosse-Moorhead, Shauna M. Dougherty, Tamika P. LaSalle, Jennie M. Weiner, and Hannah M. Dostal, "The Overall and Differential Effects of a Targeted Prekindergarten Program: Evidence from Connecticut," *Early Childhood Research Quarterly* 48 (July

1, 2019): 134—145; Jason T. Hustedt, Kwanghee Jung, Allison H. Friedman-Krauss, W. Steven Barnett, and Gerilyn Slicker, "Impacts of the New Mexico PreK Initiative by Children's Race/Ethnicity," *Early Childhood Research Quarterly* 54 (January 1, 2021): 194—203。

51. Guthrie Gray-Lobe, Parag Pathak, and Christopher Walters, "The Long-Term Effects of Universal Preschool in Boston," NBER Working Paper no. 28756 (Cambridge, MA: National Bureau of Economic Research, May 2021); David L. Kirp, *The Sandbox Investment: The Preschool Movement and Kids-First Politics* (Cambridge, MA: Harvard University Press, 2009); Cascio, "Does Universal Preschool Hit the Target?"; Zerpa, "Short and Medium Run Impacts of Preschool Education"; Beth Meloy, Madelyn Gardner, Marjorie Wechsler, and David Kirp, "What Can We Learn from State-of-the-Art Early Childhood Education Programs?," in *Sustaining Early Childhood Learning Gains: Program, School, and Family Inffuences*, ed. Arthur J. Reynolds and Judy A. Temple (Cambridge: Cambridge University Press, 2019), chap. 5. Also see C. Weiland and H. Yoshikawa, "Impacts of a Prekindergarten Program on Children's Mathematics, Language, Literacy, Executive Function, and Emotional Skills," *Child Development* 84, no. 6 (2013): 2112—2130; Ellen S. Peisner-Feinberg, Jennifer M. Schaaf, Doré R. LaForett, Lisa M. Hildebrandt, and John Sideris, "Effects of Georgia's Pre-K Program on Children's School Readiness Skills: Findings from the 2012—2013 Evaluation Study," 2014, University of North Carolina Frank Porter Graham Child Development Institute.

第二章

1. 尽管众多研究人员如今都认为，仅凭“基因与环境”作区分已经是过时的理论，但收养研究依然提供了衡量产后父母投入对孩子发展的全局性意义的最佳方法。由于越来越多的证据表明，两种力量之间存在复杂的相互作用关系，所以基因-环境或先天-后天区别论已不再流行。比如，父母的压力或创伤等环境因素可能改变遗传和细胞发育情况（表现遗传学），影响孩子外表和性格的遗传因素可能大大改变孩子生长的环境。举例来说，请参Stephanie A. Tammen, Simonetta Friso, and Sang-Woon Choi, "Epigenetics: The Link between Nature and Nurture," *Molecular Aspects of Medicine* 34, no. 4 (July 1, 2013): 753—764. On genes influencing environments, see, for example, Prarthana Franklin and Anthony A. Volk, "A Review of Infants' and Children's Facial Cues' Influence on Adults' Perceptions and Behaviors," *Evolutionary Behavioral Sciences* 12, no. 4 (October 2018): 296—321。已经有研究人员会利用“产前”和“产后”因素之间的区别，去锁定收养研究设计更遵循经验的组成部分。就我在本书中的目的而言，我更感兴趣的是，无论是何机制，当前可调整的儿童环境特征是否可能改变儿童未来的社会和经济发展结果。
2. Harold M. Skeels and Marie Skodak, "Techniques for a High-Yield Followup Study in the Field," *Public Health Reports* 80, no. 3 (March 1965): 249—258.

3. Skeels and Skodak, "Techniques for a High-Yield Followup Study."
4. 布鲁斯·萨塞尔多特，作者于2018年1月24日给他做了电话采访。除另有说明，本书中所有对萨塞尔多特观点的引用皆出自于此。
5. Bruce Sacerdote, "How Large Are the Effects from Changes in Family Environment? A Study of Korean American Adoptees," *Quarterly Journal of Economics* 122, no. 1 (February 2007): 119—157. 35%的回复率并不完美，仍需对此结果保持谨慎的态度，但敏感性检查和对其他家庭的拓展研究表明，其并未对结果产生显著影响。
6. Sacerdote, "How Large Are the Effects," table 7, columns 2 and 4. 这里的"适度"一词指的是一种标准偏差。在这个样本中，此差异类似于由两个受教育程度较高但孩子较少的父母和两个受教育程度较低但孩子较多的父母所抚养的孩子，两者之间的发展差异。
7. Christopher Avery and Sarah Turner, "Student Loans: Do College Students Borrow Too Much–or Not Enough?," *Journal of Economic Perspectives* 26, no. 1 (Winter 2012): 165—192; Anthony P. Carnevale, Stephen J. Rose, and Ban Cheah, *The College Payoff: Education, Occupations, Lifetime Earnings* (Washington, DC: Georgetown University Center on Education and the Workforce, 2013). 请注意，折算成现在的价格，卡内瓦莱、罗斯和班恩与艾弗里和特纳的估计相一致；请参阅《大学的回报》的技术性附录。

   我关注的是终身收入意义上的"财富"，这也是大多数人福祉的主要决定因素。在最近的研究中，安德里亚斯·法格朗和他的同事在被收养的挪威籍韩国人身上应用了萨塞尔多特的方法。他们发现，养父母对孩子成年后的金融财富、股市参与和投资组合风险相关情况也存在着很大的影响。请参阅Andreas Fagereng, Magne Mogstad, and Marte Rønning, "Why Do Wealthy Parents Have Wealthy Children?," *Journal of Political Economy* 129, no. 3 (November 2, 2020): 703—756。
8. Douglas Almond, Janet Currie, and Valentina Duque, "Childhood Circumstances and Adult Outcomes: Act II," *Journal of Economic Literature* 56, no. 4 (2018): 1360—1446.
9. Mike Stoolmiller, "Implications of the Restricted Range of Family Environments for Estimates of Heritability and Nonshared Environment in Behavior–Genetic Adoption Studies,"*Psychological Bulletin* 125, no. 4 (1999): 392—409.
10. Sacerdote, "How Large Are the Effects," table 3，与1980年美国社区调查中的大学毕业率进行了对比。
11. 詹妮弗·兰特，戈拉德尼领养中心的副总裁，作者于2019年1月4日给她做了电话采访。戈拉德尼的收养费用目前约为5万美元。另请参阅Sarah K. S. Shannon, Christopher Uggen, Jason Schnittker, Melissa Thompson, Sara Wakeffeld, and Michael Massoglia, "The Growth, Scope, and Spatial Distribution of People with Felony Records in the United States, 1948—2010," *Demography 54* (2017): 1795—1818; Robin Munro, "Three Ways to Adopt a Child," *Holt International Magazine*, December 2, 2016, https://www.holtinternational.org/magazine/2016/12/02/three-ways-to-adopt-a-child/。

12. 关于养父母相比亲生父母低得多的犯罪率，请参阅斯托尔米勒在《行为-基因收养研究中家庭环境的限制范围对遗传力估计和非共享环境的影响》一书中的讨论，第397页。关于美国的虐待率，请参阅Christopher Wildeman, Natalia Emanuel, John M. Leventhal, Emily Putnam-Hornstein, Jane Waldfogel, and Hedwig Lee, "The Prevalence of Confirmed Maltreatment among US Children, 2004 to 2011," *JAMA Pediatrics* 168, no. 8 (August 2014): 706—713。关于荷兰被收养儿童的遭虐待率，请参阅Marinus H. van IJzendoorn, Eveline M. Euser, Peter Prinzie, Femmie Juffer, and Marian J. Bakermans-Kranenburg, "Elevated Risk of Child Maltreatment in Families with Stepparents but Not with Adoptive Parents," *Child Maltreatment* 14, no. 4 (2009): 369—375。
13. 萨塞尔多特的评估已在有限的范围内进行了调整，表明在父母技能培养方面的一个标准差（"中等"）优势就能让孩子的大学毕业率提高40—60个百分点，并使其收入增加50%—70%。在萨塞尔多特的样本中，这些孩子的收入均值约为5万美元，也就是说，能增加2.5—3.7万美元。如附录表A.1所示，与按阶层和种族划分的大学毕业率和收入差异相比，这样的数值已经很大了。
14. M. Schiff, M. Duyme, A. Dumaret, J. Stewart, S. Tomkiewicz, and J. Feingold, "Intellectual Status of Working-Class Children Adopted Early into Upper-Middle-Class Families," *Science* 200, no. 4349 (June 30, 1978): 1503—1504; Michel Schiff, Michel Duyme, Annick Dumaret, and Stanislaw Tomkiewicz, "How Much Could We Boost Scholastic Achievement and IQ Scores? A Direct Answer from a French Adoption Study," *Cognition* 12, no. 2 (September 1982): 165—196. 另请参阅 Christiane Capron and Michel Duyme, "Assessment of Effects of Socio-economic Status on IQ in a Full Cross-Fostering Study," Nature 340, no. 6234 (August 1989): 552—554; Mikael Lindahl and Erik Plug, "The Origins of Intergenerational Associations: Lessons from Swedish Adoption Data," *Quarterly Journal of Economics* 121, no. 3 (2006): 999—1028; Kenneth S. Kendler, Eric Turkheimer, Henrik Ohlsson, Jan Sundquist, and Kristina Sundquist, "Family Environment and the Malleability of Cognitive Ability: A Swedish National Home-Reared and Adopted-A way Cosibling Control Study," *Proceedings of the National Academy of Sciences of the United States of America* 112, no. 15 (April 14, 2015): 4612—4617。
15. 对熟知罗伯特・普洛明和T・J・布沙尔等学者在行为遗传学文献中所述知名研究的读者来说，这些研究结果实在令人惊讶。因为他们都认为，父母的作用远没有外行人所以为的那么重要。

    尽管对双胞胎的研究成功激发了学者和公众的想象力，但在实践中，此类研究存在严重的偏见，往往会过分夸大基因的重要性，淡化父母行为和儿童发展环境中其他因素的重要性。如果实验人员有意将双胞胎安置在相似的家庭（比如，父母的种族相同或家庭住址相近）中，这种偏见就会导致更极端的全距限制问题，同时产生交互作用，即相似的基因会导致父母、老师、同伴和学习环境中的其他因素对他们施以异常相似的影响。请参阅Stoolmiller, "Implications of the Restricted Range," 404 and references therein; Franklin and Volk, "A Review of

Infants' and Children's Facial Cues"。越来越多的证据表明，环境干预因素能够很大程度地影响父母的作用及父母为儿童技能发展规划的学习环境，但现代遗传学家同样对此视而不见。我在本书中也将对这项新兴的研究进行讨论。

关于概述，请参阅Bruce Sacerdote, "Nature and Nurture Effects on Children's Outcomes: What Have We Learned from Studies of Twins and Adoptees?," *Handbook of Social Economics* 1 (2011): 1—30; Richard E. Nisbett, Joshua Aaronson, Clancy Blair, William Dickens, James Flynn, Diane F. Halpern, and Eric Turkheimer, "Intelligence: New Findings and Theoretical Developments," *American Psychologist* 67, no. 2 (February–March 2012): 130—159。

16. 美国的教室面积通常在900平方英尺左右，建筑单价为250美元。请参阅C. Kenneth Tanner, "Minimum Classroom Size and Number of Students per Classroom," unpublished manuscript, 2000, rev. 2009, https://www.scarsdaleschools.k12.ny.us/cms/lib/NY01001205/Centricity/Domain/1105/2014-11-19%20Meeting%20of%20Greenacres%20Building%20Committee%20Meeting%20Handout%203%20-%20Classroom%20Size%20Standards.pdf;"School Costs: Did You Know... ?," Spaces 4 Learning, July 1, 2015, https://spaces4learning.com/articles/2015/07/01/school-costs.aspx#:~:text=The%20median%20cost%20of%20a,The%20cost%20is%20%2426.5%20million。

关于军人薪资，请参阅Jim Woodruff, "How Much Does the Military Pay? Salary, Requirements, and Job Description," *Chron*, updated June 28, 2018, https://work.chron.com/much-active-duty-soldiers-make-22371.html#:~:text=All%20soldiers%20on%20active%20duty,first%20four%20months%20of%20service。

关于治疗癌症的费用，请参阅Peter Moore, "The High Cost of Cancer Treatment,"*AARP: The Magazine*, June 1, 2018, https://www.aarp.org/money/credit-loans-debt/info-2018/the-high-cost-of-cancer-treatment.html。

17. S. J. Pennycook, M. Varela, C. J. D. Hetherington, and A. I. Kirkland, "Materials Advances through Aberration-Corrected Electron Microscopy," *MRS Bulletin* 31 (2011): 36—43, doi:10.1557/mrs2006.4.
18. 纳税记录包括纳税人提交的1040等各种表格，关键的是，还包括第三方提交的"信息申报表"，比如雇主提交的W2工资单、大学提交的1098-T入学表格、银行提交的1099-INT利息结算表等。详细信息请参阅Chetty et al., "How Does Your Kindergarten Classroom Affect Your Earnings?"。
19. Chetty et al., "How Does Your Kindergarten Classroom Affect Your Earnings?"
20. 小星星项目的测试包含这样一道样题：给孩子们听单词"杯子"（cup）的尾音，要求他们在"铅笔"（pencil）、"鸭子"（duck）和"船"（ship）三张图片中圈出以该尾音开头的那一个。虽然分数只能略微体现孩子未来的发展走向，但平均来说，在幼儿园时的测试分数越高，未来就能发展得越好。请参阅Chetty et al., "How Does Your Kindergarten Classroom Affect Your Earnings?"。
21. Chetty, Friedman, and Rockoff, "Measuring the Impacts of Teachers I"; Raj Chetty, John N. Friedman, and Jonah E. Rockoff, "Measuring the Impacts of Teachers II:

Teacher Value-Added and Student Outcomes in Adulthood," *American Economic Review* 104, no. 9 (September 2014): 2633—2679; Gray-L obe, Pathak, and Walters, "The Long-Term Effects of Universal Preschool in Boston."

22. 更多相关信息，请参阅Susan Athey, Raj Chetty, Guido W. Imbens, and Hyunseung Kang, *The Surrogate Index: Combining Short-Term Proxies to Estimate Long-Term Treatment Effects More Rapidly and Precisely*, NBER Working Paper no. 26463 (Cambridge, MA: National Bureau of Economic Research, 2019)。当然，这种映射也并非直接评估长期结果的完美替代品。
23. Will Brawley, *Restaurant Owners Uncorked: Twenty Owners Share Their Recipes for Success* (N.p.: CreateSpace Independent Publishing Platform, 2011), 118.
24. Brawley, *Restaurant Owners Uncorked.*
25. Melonyce McAfee, "The Decade of the Parenting Manual," *New York Times*, April 19, 2020; Amazon, "Best Sellers in Parenting," accessed June 8, 2020, https://www.amazon.com/Best-Sellers-Books-Parenting/zgbs/books/11401/ref=zg_bs_unv_b_3_11403_1。
26. 引自Annette Lareau and Kimberly A. Goyette, eds., *Choosing Homes, Choosing Schools* (New York: Russell Sage Foundation, 2014), Kindle Edition, location 6210。
27. 引自Lareau and Goyette, eds., *Choosing Homes, Choosing Schools*, locations 4031, 4076, and 4009, respectively。
28. Raj Chetty, Nathaniel Hendren, and Lawrence F. Katz, "The Effects of Exposure to Better Neighborhoods on Children: New Evidence from the Moving to Opportunity Experiment,"*American Economic Review* 106, no. 4 (April 2016): 855—902; Peter Bergman, Raj Chetty, Stefanie DeLuca, Nathaniel Hendren, Lawrence F. Katz, and Christopher Palmer, *Creating Moves to Opportunity: Experimental Evidence on Barriers to Neighborhood Choice*, NBER Working Paper no. 26164 (Cambridge, MA: National Bureau of Economic Research, 2019, rev. 2020).
29. 引自Bergman et al., *Creating Moves to Opportunity*, 34 and 36, respectively。
30. Bergman et al., Creating Moves to Opportunity, 36. Many families have to choose their next home under conditions of extreme urgency and stress. Stefanie DeLuca, Holly Wood, and Peter Rosenblatt, "Why Poor Families Move (and Where TTey Go): Reactive Mobility and Residential Decisions," *City & Community* 18, no. 2 (June 2019): 556—593.
31. 引自Jessica McCrory Calarco, *Negotiating Opportunities: How the Middle Class Secures Advantages in School* (New York: Oxford University Press, 2018), 36. See also Learning Heroes, *Parents 2018: Going beyond Good Grades* (Arlington, VA: Learning Heroes, December 2018)。
32. User, "What Do I Do When I Don't Understand My Child's Homework?," Care.com, May 23, 2015, https://www.care.com/c/questions/3032/what-do-i-do-when-i-dont-understand-my-childs-home/.
33. 引自Karl Taro Greenfeld, "My Daughter's Homework Is Killing Me," *Atlantic*, September

19, 2013。

34. Ipsos Mori, *Global Parents' Survey* (London: Varkey Foundation, 2018), https://www.varkeyfoundation.org/media/4340/vf-parents-survey-18-single-pages-for-flipbook.pdf。

35. 作者基于Chetty, Friedman, and Rockoff, "Measuring the Impacts of Teachers II; Philip J. Cook, Kenneth Dodge, George Farkas, Roland G. Fryer Jr., Jonathan Guryan, Jens Ludwig, Susan Mayer, Harold Pollack, and Laurence Steinberg, *Not Too Late: Improving Academic Outcomes for Disadvantaged Youth*, Working Paper no. WP-15-01 (Evanston, IL: Institute for Policy Research, Northwestern University, 2015)。

    许多研究都证实了家庭辅导的重大影响。请参阅Andre Nickow, Philip Oreopoulos, and Vincent Quan, *The Impressive Effects of Tutoring on PreK–12 Learning: A Systematic Review and Meta-analysis of the Experimental Evidence*, NBER Working Paper no. 27476 (Cambridge, MA: National Bureau of Economic Research, 2020); Michela Carlana and Eliana La Ferrara, "Apart but Connected: Online Tutoring and Student Outcomes during the COVID-19 Pandemic," HKS Working Paper no. RWP21- 001, *SSRN Electronic Journal*, February 1, 021,https://ssrn.com/abstract=3777556 or http://dx.doi.org/10.2139/ssrn.3777556。

36. George Bulman, "The Effect of Access to College Assessments on Enrollment and Attainment,"*American Economic Journal: Applied Economics* 7, no. 4 (2015): 1—36; Michael Hurwitz, Jonathan Smith, Sunny Niu, and Jessica Howell, "The Maine Question: How Is 4-Year College Enrollment Affected by Mandatory College Entrance Exams?," *Educational Evaluation and Policy Analysis* 37, no. 1 (2015): 138—159.

37. Joshua Goodman, Oded Gurantz, and Jonathan Smith, "Take Two! SAT Retaking and College Enrollment Gaps," *American Economic Journal: Economic Policy* 12, no. 2 (May 1, 2020): 115—158; Amanda Pallais, "Small Differences That Matter: Mistakes in Applying to College," *Journal of Labor Economics* 33, no. 2 (2015): 28.

38. 在新冠疫情的推动下，越来越多的大学开始将入学考试设为可选项。请参阅FairTest, "1,400+ U.S. Four- Year Colleges and Universities Will Not Require ACT/SAT Scores for Fall 2022 Entry," April 27, 2021, https://www.fairtest.org/1400-us-fouryear-colleges-and-universities-will-no。关于选择性考试新政策导致的复杂战略性决策，请参阅Laura Berlinsky-Schine,"Should You Apply Test- Optional for the 2020—2021 Cycle?," *CollegeVine* (blog), September 3, 2020, https://blog.collegevine.com/test-optional-coronavirus-policies/。

39. Caroline Hoxby and Sarah Turner, *What High-A chieving Low-Income Students Know about College*, NBER Working Paper no. 20861 (Cambridge, MA: National Bureau of Economic Research, 2015); Stephanie Riegg Cellini and Nicholas Turner, "Gainfully Employed? Assessing the Employment and Earnings of For-Profit College Students Using Administrative Data," *Journal of Human Resources* 54, no. 2 (March 31, 2019): 342—370; Stephanie Riegg Cellini and Claudia Goldin, "Does Federal Student Aid Raise Tuition? New Evidence on For-Profit Colleges," *American Economic Journal: Economic Policy* 6, no. 4 (2014): 174—206; David J. Deming, Claudia Goldin, and

Lawrence F. Katz, "The For-Profit Postsecondary School Sector: Nimble Critters or Agile Predators?," *Journal of Economic Perspectives* 26, no. 1 (2012): 139—164.

40. Eric P. Bettinger, Bridget Terry Long, Philip Oreopoulos, and Lisa Sanbonmatsu, "The Role of Application Assistance and Information in College Decisions: Results from the H&R Block FAFSA Experiment," *Quarterly Journal of Economics* 127, no. 3 (August 2012): 1205—1242.
41. Caroline Hoxby and Sarah Turner, *Expanding College Opportunities for High-Achieving, Low Income Students*, SIEPR Discussion Paper no. 12-014 (Stanford, CA: Stanford Institute for Economic Policy Research, 2012); Susan Dynarski, C. J. Libassi, Katherine Michelmore, and Stephanie Owen, "Closing the Gap: The Effect of Reducing Complexity and Uncertainty in College Pricing on the Choices of Low-Income Students," *American Economic Review* 111, no. 6 (June 1, 2021): 1721—1756.
42. 克里斯汀·马尔赫恩发现，较好的指导顾问会对孩子的大学成绩产生较大的影响。请参阅Christine Mulhern, "Beyond Teachers: Estimating Individual Guidance Counselors' Effects on Educational Attainment," working paper, Harvard University, 2020, 76。
43. 有钱人家小孩的一份大学申请书和SAT高分含金量差不多。请参阅A. J. Alvero, Sonia Giebel, and Ben Gebre-Medhin, *Essay Content Is Strongly Related to Household Income and SAT Scores: Evidence from 60,000 Undergraduate Applications*, Working Paper no. 21-03 (Palo Alto, CA: Stanford Center for Education Policy Analysis, 2021)。
44. 请参阅Zimmerman, "The Returns to College Admission for Academically Marginal Students"; Smith, Goodman, and Hurwitz, "The Economic Impact of Access to Public Four-Year Colleges"。另请参阅第六章中关于上大学的经济收益的讨论。
45. 引自Robin Marantz Henig, "Asthma Kills," *New York Times Magazine*, March 28, 1993。另请参阅Kristen Stewart, "Nancy Sander, Founder of the AANMA, Retires after 28 Years," Allergy Advocacy Association, November 19, 2013, https://www.allergyadvocacyassociation.org/index.php/118-newsletters/november-2013-newsletters/111-nancy-sander-founder-of-the-aanma-retires-after-28-years; Allergy & Asthma Network, "About AANMA," accessed June 7, 2020, https://web.archive.org/web/20131022152315/http://www.aanma.org/about-aanma/; Asthma and Allergy Foundation of America, "Asthma Treatment," accessed June 7, 2020, https://www.aafa.org/asthma-treatment/。
46. 引自Henig, "Asthma Kills"。
47. 比如，请参阅Jean Hanson, "Parental Self- Efficacy and Asthma Self-Management Skills," *Journal for Specialists in Pediatric Nursing* 3, no. 4 (October 1998): 146—154。
48. Anna Aizer and Laura Stroud, *Education, Knowledge, and the Evolution of Disparities in Health*, NBER Working Paper no. 15840 (Cambridge, MA: National Bureau of Economic Research, 2010); Irene Mahon, "Caregivers' Knowledge and Perceptions of Preventing Childhood Lead Poisoning," *Public Health Nursing* 14, no. 3 (June 1997):

169—182; Deborah M. Reed, "Parental Awareness and Lead Poisoning: A Suburban Analysis," master's thesis, Seton Hall University, 1999; Disha Kumar, Lee Sanders, Eliana M. Perrin, Nicole Lokker, Baron Patterson, Veronica Gunn, Joanne Finkle, Vivian Franco, Leena Choi, and Russell L. Rothman, "Parental Understanding of Infant Health Information: Health Literacy, Numeracy, and the Parental Health Literacy Activities Test (PHLAT)," *Academic Pediatrics* 10, no. 5 (September–October 2010): 309—316; Andrea K. Morrison, Matthew P. Myrvik, David C. Brousseau, Raymond G. Hoffmann, and Rachel M. Stanley, "The Relationship between Parent Health Literacy and Pediatric Emergency Department Utilization: A Systematic Review," *Academic Pediatrics* 13, no. 5 (September-October 2013): 421—429; Andrea K. Morrison, Marilyn M. Schapira, Marc H. Gorelick, Raymond G. Hoffmann, and David C. Brousseau, "Low Caregiver Health Literacy Is Associated with Higher Pediatric Emergency Department Use and Nonurgent Visits," *Academic Pediatrics* 14, no. 3 (May–June 2014): 309—314.

49. Anne Case, Darren Lubotsky, and Christina Paxson, "Economic Status and Health in Childhood: The Origins of the Gradient," *American Economic Review* 92, no. 5 (2002): 1308—1334; Daniel Prinz, Mike Chernew, David Cutler, and Austin Frakt, *Health and Economic Activity over the Lifecycle: Literature Review*, NBER Working Paper no. 24865 (Cambridge, MA: National Bureau of Economic Research, 2018); David M. Cutler and Adriana Lleras-Muney, "Understanding Differences in Health Behaviors by Education,"*Journal of Health Economics* 29, no. 1 (January 2010): 1—28.

50. Carlos Dobkin, Amy Finkelstein, Raymond Kluender, and Matthew J. Notowidigdo, "The Economic Consequences of Hospital Admissions," *American Economic Review* 108, no. 2 (February 2018): 308—352; Petter Lundborg, Martin Nilsson, and Johan Vikström, "Heterogeneity in the Impact of Health Shocks on Labour Outcomes: Evidence from Swedish Workers," *Oxford Economic Papers* 67, no. 3 (July 2015): 715—739.

51. John Cawley, "An Economy of Scales: A Selective Review of Obesity's Economic Causes, Consequences, and Solutions," *Journal of Health Economics* 43 (September 2015): 244—268.

52. Gopal K. Singh, Mohammad Siahpush, and Michael D. Kogan, "Rising Social Inequalities in US Childhood Obesity, 2003—2007," *Annals of Epidemiology* 20, no. 1 (2010): 40—52.

53. Hunt Allcott, Rebecca Diamond, Jean-Pierre Dubé, Jessie Handbury, Ilya Rahkovsky, and Molly Schnell, "Food Deserts and the Causes of Nutritional Inequality," *Quarterly Journal of Economics* 134, no. 4 (November 1, 2019): 1793—1844.

54. Cawley, "An Economy of Scales" ; Justine Hastings, Ryan Kessler, and Jesse M. Shapiro, "The Effect of SNAP on the Composition of Purchased Foods: Evidence and Implications,"*American Economic Journal: Economic Policy* 13, no. 3 (2021): 277—315.

55. Melanie Pescud, Simone Pettigrew, and Nadine Henley, "Nutrition Beliefs of Disadvantaged Parents of Overweight Children," *Health Education Journal* 73, no. 2 (2014): 201—208; Melanie Pescud, Simone Pettigrew, Lisa Wood, and Nadine Henley, "Insights and Recommendations for Recruitment and Retention of Low Socio-economic Parents with Overweight Children," *International Journal of Social Research Methodology* 18, no. 6 (2015): 617—633; Melanie Pescud and Simone Pettigrew, "'I Know It's Wrong, but ...': A Qualitative Investigation of Low-Income Parents' Feelings of Guilt about Their Child-Feeding Practices," *Maternal & Child Nutrition* 10, no. 3 (2014): 422—435; Alissa Smethers, Liane S. Roe, Christine E. Sanchez, Faris Zuraikat, Kathleen Keller, Samantha Kling, and Barbara Jean Rolls, "Portion Size Has Sustained Effects over 5 Days in Preschool Children: A Randomized Trial," *American Journal of Clinical Nutrition* 109, no. 5 (April 2019): 1361—1372; Alissa D. Smethers, Liane S. Roe, Christine E. Sanchez, Faris M. Zuraikat, Kathleen L. Keller, and Barbara J. Rolls, "Both Increases and Decreases in Energy Density Lead to Sustained Changes in Preschool Children's Energy Intake over 5 Days," *Physiology & Behavior* 204 (May 15, 2019): 210—218.
56. Nicholas Bloom, Benn Eifert, Aprajit Mahajan, David Mckenzie, and John Roberts, "Does Management Matter? Evidence from India," *Quarterly Journal of Economics* 128 (February 2013): 1—51.
57. Bloom et al. "Does Management Matter?," 37.
58. 作者于2019年2月22日给尼古拉斯·布罗姆做了采访。
59. Nicholas Bloom and John Van Reenen, "Measuring and Explaining Management Practices across Firms and Countries," *Quarterly Journal of Economics* 122, no. 4 (November 2007): 1351—1408; Nicholas Bloom and John Van Reenen, "Why Do Management Practices Differ across Firms and Countries?," *Journal of Economic Perspectives* 24, no. 1 (Winter 2010): 203—224.
60. Zero to Three, *Tuning In: Parents of Young Children Speak Up about What They Think, Know and Need*, Tuning In: National Parent Survey Report (Washington, DC: Zero to Three, 2016); Ellen Galinsky, *Ask the Children: What America's Children Really Think about Working Parents* (New York: Morrow, 1999), 134—135.

第三章

1. Smuts, *Science in the Service of Children*, 150.1929年，洛克菲勒基金会完成合并，由弗兰克担任洛克菲勒基金会儿童发展项目董事。关于劳拉·斯佩尔曼·洛克菲勒基金会的合并，请参阅Rockefeller Archive Center, "Laura Spelman Rockefeller Memorial," Rockefeller Foundation: A Digital History, accessed September 13, 2021, https://rockfound.rockarch.org/laura-spelman-rockefeller-memorial。
2. Cravens, *Before Head Start*, 154.
3. Weikart, *How High/Scope Grew*, 102—103；另请参阅Craig T. Ramey, Donna M. Bryant, Joseph J. Sparling, and Barbara H. Wasik, "Project CARE: A Comparison of

Two Early Intervention Strategies to Prevent Retarded Development," *Topics in Early Childhood Special Education* 5, no. 2 (July 1985): 12—25。

4. Ariel Kalil and Rebecca Ryan, "Parenting Practices and Socioeconomic Gaps in Childhood Outcomes," *Future of Children* 30, no. 1 (Spring 2020): 26.

关于《平价医疗法案》下获得资助的儿童前15个月家访项目的完整评估报告，请参阅 Charles Michalopoulos, Kristen Faucetta, Carolyn J. Hill, Zimena A. Portilla, Lori Burrell, Helen Lee, Anne Duggan, and Virginia Knox, *Impacts on Family Outcomes of Evidence-Based Early Childhood Home Visiting: Results from the Mother and Infant Home Visiting Program Evaluation (MIHOPE)* (Washington, DC: Office of Planning, Research, and Evaluation, Administration for Children and Families, US Department of Health and Human Services, 2019)。

初学者计划和家访计划影响的对比基于我采用已公布结果进行的计算，即"阅读接受度"作为认知技能的衡量标准，标准差为0.02；行为技能判定的标准差为0.05。坎贝尔和雷米在《早期干预对智力和学术成就的影响》中，取12个月和18个月影响的均值，对认知技能进行了评估，发现对智商影响的标准差在0.75左右，我将这些数据进行了对比。关怀计划和IHDP等项目的影响大致相同。我参考了初学者计划对行为技能标准差为0.66的影响，以及克雷格·T·雷米和弗朗西斯·A·坎贝尔在书中提到的，12个月和18个月的时长对"目标导向行为"和"社交自信"的平均影响。Craig T. Ramey and Frances A. Campbell, "Compensatory Education for Disadvantaged Children," *School Review* 87, no. 2 (1979): 171—189。

一些非实验证据也表明，作为专业保育中心的补充项，家访确实有助于孩子的发展。请参阅 Christopher R. Walters, "Inputs in the Production of Early Childhood Human Capital: Evidence from Head Start," *American Economic Journal: Applied Economics* 7, no. 4 (2015): 76—102; John M. Love, Ellen Eliason Kisker, Christine Ross, Helen Raikes, Jill Constantine, Kimberly Boller, Jeanne Brooks-Gunn, et al., "The Effectiveness of Early Head Start for 3-Year-Old Children and Their Parents: Lessons for Policy and Programs,"*Developmental Psychology* 41, no. 6 (2005): 885—901。

不过，关怀计划的实验结果表明，在有保育中心的前提下，家访并不能带来什么额外的好处；请参阅Ramey et al., "Project CARE: A Comparison"。研究人员还发现，在大多数（并非全部）情况下，其他形式的正规保育中心可能都不会提供家访等全面化的服务，但与之相比，先行教育计划也没有什么明显的益处；请参阅Patrick Kline and Christopher R. Walters, "Evaluating Public Programs with Close Substitutes: The Case of Head Start," *Quarterly Journal of Economics* 131, no. 4 (November 2016): 1795—1848; Avi Feller, Todd Grindal, Luke Miratrix, and Lindsay C. Page, "Compared to What? Variation in the Impacts of Early Childhood Education by Alternative Care Type," *Annals of Applied Statistics* 10, no.3 (2016): 1245—1285。这些发现表明，关于昂贵的全面化服务价值的额外实验证据也是有用的。

5. 大卫·奥尔兹的这段经历主要参考了安迪·古德曼在《大卫·奥尔兹和护士家访计划的故事，资助成果特别报告》中的描述，https://www.rwjf.org/en/library/

research/2006/07/the-story-of-david-olds-and-the-nurse-home-visiting-program.html。

6. Meckel, *Save the Babies; Baker, Fighting for Life*.
7. 关于NFP培训要求，请参阅护士家庭合作计划，《护士家庭合作计划教育概览》（丹佛，护士家庭合作计划，2019年），https://www.nursefamilypartnership.org/wp-content/uploads/2019/04/NFP-Education-Overview_2019_EXTERNAL.pdf。

   要获得大学学位，需经过4—5年（相当于1 800小时）的学习。请参阅“What Are Credit Hours in College?,” College Raptor, updated June 18, 2020, https://www.collegeraptor.com/find-colleges/articles/questions-answers/what-are-credit-hours-in-college/。

   要成为一名高级商务直升机飞行员，通常需要大约两年（相当于约900小时）的学习和实践。请参阅Jaidyn Crookston, “How Long Does It Take to Get a Helicopter Pilot’s License?,” *T-Bird Nation Blog*, March 2, 2020, https://www.suu.edu/blog/2020/03/aviation-how-long-to-get-helicopter-pilot-license.html。
8. 关于埃尔迈拉，请参阅John Eckenrode, Mary Campa, Dennis W. Luckey, Charles R. Henderson Jr., Robert Cole, Harriet Kitzman, Elizabeth Anson, et al., “Long-Term Effects of Prenatal and Infancy Nurse Home Visitation on the Life Course of Youths: 19-Year Follow-Up of a Randomized Trial,” *Archives of Pediatrics and Adolescent Medicine* 164, no. 1 (January 2010): 9—15。关于孟菲斯，请参阅Harriet Kitzman, David L. Olds, Michael D. Knudtson, Robert Cole, Elizabeth Anson, Joyce A. Smith, Diana Fishbein, et al., “Prenatal and Infancy Nurse Home Visiting and 18-Year Outcomes of a Randomized Trial,” *Pediatrics* 144, no. 6 (December 2019)。关于丹佛，请参阅David L. Olds, JoAnn Robinson, Lisa Pettitt, Dennis W. Luckey, John Holmberg, Rosanna K. Ng, Kathy Isacks, et al., “Effects of Home Visits by Paraprofessionals and by Nurses on Children: Follow-u p of a Randomized Trial at Ages 6 and 9 Years,” *JAMA Pediatrics* 168, no. 2 (February 1, 2014): 114。

   多年来，尽管奥尔兹为研究作出了超凡的贡献，NFP仍面临着巨大的阻力。奥尔兹本人（而非独立的研究人员）在对自己项目的评估中扮演了相当关键的角色，人们不由得担心，他会为了“证明”自己的成功有意或无意地失了偏颇。多项研究发现，NFP对不同亚组的多对母婴的人生轨迹存在影响，但却对另一些亚组更广泛实验对象的人生轨迹没有任何影响，这也是一道危险信号。如果研究人员在核对考试成绩、健康状况、出生体重、犯罪记录等方面的大量数据时，特意挑选出偶然发生率极高的积极成果，就会呈现出这样分散的状态。2017年，詹姆斯·赫克曼及同事针对孟菲斯的实验数据进行了一项重要的独立分析，打消了人们的许多担忧。作为获得过诺贝尔奖的经济学家兼统计学家，赫克曼也曾重新分析过佩里学前教育计划和初学者计划的数据，并在调整过预想中成果数量的前提下，仍然证实了NFP对儿童和父母的显著积极影响。请参阅James J. Heckman, Margaret L. Holland, Kevin K. Makino, Rodrigo Pinto, and Maria Rosales-Rueda, *An Analysis of the Memphis Nurse-Family Partnership Program*, NBER Working Paper no. 23610 (Cambridge, MA: National Bureau of Economic Research, 2017)。
9. 温迪·奥谢，作者分别于2019年6月12日和7月10日给她做了采访。除另有说明，本书中所有对奥谢观点的引用皆出自于此。
10. Nurse-Family Partnership, *Annual Report* 2019 (Denver: Nurse-Family Partnership, 2019), 5, https://www.nursefamilypartnership.org/wp-content/uploads/2020/07/annual-report-2019.pdf。
11. 作者的计算。大约有20%的美国儿童过着贫困的生活。请参阅安妮·E·凯西基金会儿童统计数据中心，https://datacenter.kidscount.org/data#USA/1/0/char/0，尤其是表格“美国贫困儿童（100%贫困）”，https://datacenter.kidscount.org/data/tables/43-children-in-poverty-100-percent-poverty?loc=1&loct=1#detailed/1/any/false/1729,37,871,870,573,869,36,868,867,133/any/321,322。育有婴幼儿的家庭贫困率更高。请参阅儿童保护基金会，《2020年美国儿童现状》，https://www.childrensdefense.org/wp-content/uploads/2020/02/The-State-Of-Americas-Children-2020.pdf。这表明，每年至少有100万的儿童降生于贫困家庭。近年来，美国女性平均会生育两个孩子，也就是说，其中约有一半为初产妇。因此，每年会新增50万名符合NFP标准的儿童，相当于NFP为12%的目标群体提供了服务。
12. Alan E. Kazdin, *Parent Management Training: Treatment for Oppositional, Aggressive, and Antisocial Behavior in Children and Adolescents* (New York: Oxford University Press, 2005), 8.
13. 我在此提到的行为障碍心理治疗旧例着重参考了Leonard P. Ullman and Leonard Krasner, *Case Studies in Behavior Modification* (New York: Holt, Rinehart and Winston, 1965)。
14. H. J. Eysenck, “The Effects of Psychotherapy: An Evaluation,” *Journal of Consulting and Clinical Psychology* 16, no. 5 (October 1952): 319—324; E. E. Levitt, “The Results of Psychotherapy with Children: An Evaluation,” *Journal of Consulting and Clinical Psychology* 21, no. 3 (June 1957): 189—196.
15. H. J. Eysenck, “Learning Theory and Behaviour Therapy,” *British Journal of Psychiatry* 105, no. 438 (January 1959): 61—75.
16. See Ullman and Krasner, *Case Studies in Behavior Modiffcation*; and Warren W. Tryon, “Whatever Happened to Symptom Substitution?,” *Clinical Psychology Review* 28, no. 6 (July 2008): 963—968; Alan Peterson, Joseph McGuire, Sabine Wilhelm, John Piacentini, Douglas Woods, John Walkup, John Hatch, et al., “An Empirical Examination of Symptom Substitution Associated with Behavior Therapy for Tourette's Disorder,” *Behavior Therapy* 47, no. 1 (January 2016): 29—41.
17. 作为那个时代的产物，其中一些研究人员对种族、性别和其他政治问题的态度确实有悖于道德。我之所以提到他们，单纯是因为他们在行为矫正技术方面的贡献，并非表示我支持他们的其他观点。
18. Carl D. Williams, “The Elimination of Tantrum Behavior by Extinction Procedures,” *Journal of Abnormal and Social Psychology* 59, no. 2 (1959): 269.
19. 关于概述，请参阅 Kazdin, *Parent Management Training*。
20. Marion Forgatch and Gerald Patterson, “Parent Management Training–Oregon Model: An Intervention for Antisocial Behavior in Children and Adolescents,” in *Evidence-*

Based Psychotherapies for Children and Adolescents, 3rd ed., ed. John R. Weisz and Alan E. Kazdin (New York: Guilford Press, 2014), 159—178, 167.

21. 引自 Olga Khazan, "No Spanking, No Time-Out, No Problems," *Atlantic*, March 28, 2016。
22. Isaiah Andrews and Maximilian Kasy, "Identification of and Correction for Publication Bias," *American Economic Review* 109, no. 8 (August 2019): 2766—2794.
23. 诸如"惊奇岁月"、"亲子互动疗法"和"俄勒冈模型"等一众参考了维兹和卡兹丁编辑的《儿童和青少年的循证心理治疗》一书（有多个版本）的研究都得出了相当模棱两可，甚至颇为令人沮丧的结论，由独立研究人员进行的研究最甚。菲利普·威尔森及其同事对"积极育儿计划"的证据基础提出了质疑：请参阅Philip Michael John Wilson, Robert Rush, Susan Hussey, Christine Puckering, Fiona Sim, Clare S. Allely, Paul Narh Doku, et al., "How Evidence- Based Is an 'Evidence-Based Parenting Program'? A PRISMA Systematic Review and Meta-analysis of Triple P," *BMC Medicine* 10, no. 1 (November 2012): 130。

    Mairead Furlong, Sinead McGilloway, Tracey Bywater, Judy Hutchings, Susan M. Smith, and Michael Donnelly, "Behavioural and Cognitive-Behavioural Group-Based Parenting Programmes for Early-Onset Conduct Problems in Children Aged 3 to 12 Years," Cochrane Database of Systematic Reviews, February 15, 2012, https://doi.org/10.1002/14651858.CD008225.pub2; Daniel Michelson, Clare Davenport, Janine Dretzke, Jane Barlow, and Crispin Day, "Do Evidence-Based Interventions Work When Tested in the 'Real World'? A Systematic Review and Meta-analysis of Parent Management Training for the Treatment of Child Disruptive Behavior," *Clinical Child and Family Psychology Review* 16, no. 1 (March 2013): 18—34; Nicholas Long, Mark C. Edwards, and Jayne Bellando, "Parent Training Interventions," in *Handbook of Childhood Psychopathology and Developmental Disabilities Treatment*, ed. Johnny L. Matson, Autism and Child Psychopathology series (N.p.: Springer Nature, 2017), 63—86。
24. Kalil and Ryan, "Parenting Practices and Socioeconomic Gaps in Childhood Outcomes," 43.
25. Diana Hernández, Alice Topping, Carole L. Hutchinson, Anne Martin, Jeanne Brooks-Gunn, and Amélie Petitclerc, "Client Attrition in the Nurse-Family Partnership: Revisiting Metrics of Impact in a Home Visitation Program in the United States," *Health and Social Care* 27, no. 4 (July 2019): e483—e493; Ruth A. O'Brien, Patricia Moritz, Dennis W. Luckey, Maureen W. McClatchey, Erin M. Ingoldsby, and David L. Olds, "Mixed Methods Analysis of Participant Attrition in the Nurse-Family Partnership," *Prevention Science* 13 (2012): 219—228. 母亲的情况引自Margaret L. Holland, Julie J. Christensen, Laura P. Shone, Margaret H. Kearney, and Harriet J. Kitzman, "Women's Reasons for Attrition from a Nurse Home Visiting Program," *Journal of Obstetric, Gynecologic, & Neonatal Nursing* 43, no. 1 (January–February 2014): 64。

26. 关于我基于“惊奇岁月”的计算，请参阅Invest in Kids, Annual Report, 2017—2018 (Denver, CO: Invest in Kids, 2018), https://www.iik.org/media/1678/2018iikannualreport.pdf。另请参阅Carolyn Webster-Stratton, *Bringing the Incredible Years Programs to Scale* (N.p.: Incredible Years, n.d.), 20, http://www.incredibleyears.com/wp-content/uploads/Bringing-IY-Programs-to-Scale.pdf。
27. 在“父母管理培训”计划中，卡兹丁看过证据后发现，参与者的社会经济地位越低，中途退出项目的概率就越高。引自Michelson, et al., “Do Evidence-Based Interventions Work?,” 23。
28. 除另有说明，否则本部分对罗杰·摩根和弗莱老哥的所有引用均来自：作者于2018年3月24日给罗杰·摩根做了采访，与2020年7月23日给拉尔夫·弗莱“老哥”做了采访。
29. 为了保护相关父母的隐私，我不会提及该“父母计划”课程的具体地址，以及所有老师和参与者的真实姓名和个人身份信息。2018年，我在某种族和经济多元化的大都市地区的一所公立学校里参与了共12周的课程。我并未隐瞒观察研究员的身份，且我（当时）也没有孩子，但为了体验这门课程对为人父母者的作用，我还是听从罗杰·摩根的建议参加了小组练习。当被问及时，我也向其他人说明了，我自己并没有孩子，参加这门课只是因为研究需要。
30. 就法律而言，美国的动物和儿童走过了很长一段相似的道路。1874年，爱护动物协会的创始人亨利·伯格发声，请求法院将一个孩子从虐待她的养父母手中解救出来。与此同时，一名记者发现，“儿童权利法案的第一章参考了保护狗的法案”（引自Eric A. Shelman and Stephen Lazoritz, *The Mary Ellen Wilson Child Abuse Case and the Beginning of Children's Rights in 19th Century America* [Jefferson, NC: McFarland, 2005], 9）。
31. 关于“均值回归”对计划效果的严重负面影响，请参阅Amy Finkelstein, Annetta Zhou, Sarah Taubman, and Joseph Doyle, “Health Care Hotspotting-a Randomized, Controlled Trial,” *New England Journal of Medicine* 382, no. 2 (January 9, 2020): 152—162。
32. 最近从拜欧拉大学退休的心理学教授、首席研究员基思·爱德华斯慷慨地提供了父母计划研究的初步方案。他们原本还想在第24周时评估项目结束后这几个月显现的影响力，但由于基线样本量锐减，评估结果太不精确，所以没能获得有用的信息。关于法官随机分配案件，请参阅Anna Aizer and Joseph J. Doyle, “Juvenile Incarceration, Human Capital, and Future Crime: Evidence from Randomly Assigned Judges,” *Quarterly Journal of Economics* 130, no. 2 (May 1, 2015): 759—803。
33. “Parenting in America,” Pew Social Trends, December 17, 2015, https://www.pewsocial trends.org/2015/12/17/parenting-in-america/.

第四章

1. Andrea Prado Tuma, Laura S. Hamilton, and Tiffany Berglund, *How Do Teachers Perceive Feedback and Evaluation Systems? Findings from the American Teacher Panel* (Santa Monica, CA: RAND, 2018).

2. John P. Papay and Matthew A. Kraft, "Productivity Returns to Experience in the Teacher Labor Market: Methodological Challenges and New Evidence on Long-Term Career Improvement," *Journal of Public Economics* 130 (October 2015): 105—119.
3. Learning Heroes, *Parents 2016: Hearts & Minds of Parents in an Uncertain World* (Arlington, VA: Learning Heroes, 2016); Learning Heroes, *Parents 2017: Unleashing Their Power and Potential* (Arlington, VA: Learning Heroes, 2017); Learning Heroes, *Parents 2018: Going Beyond Good Grades*; Peter Bergman, "Parent–Child Information Frictions and Human Capital Investment: Evidence from a Field Experiment," *Journal of Political Economy* 129, no. 1 (January 1, 2021): 286—322; Sheila Bonilla, Sarah Kehl, Kenny Y. C. Kwong, Tricia Morphew, Rital Kachru, and Craig A. Jones, "School Absenteeism in Children with Asthma in a Los Angeles Inner City School," *Journal of Pediatrics* 147, no. 6 (December 1, 2005): 802—806.
4. Learning Heroes, *Parents 2016, Parents 2017, and Parents 2018*; Josh Kinsler and Ronni Pavan, "Local Distortions in Parental Beliefs over Child Skill," *Journal of Political Economy* 129, no. 1 (August 20, 2020): 81—100.
5. 引自Sharon Hays, *The Cultural Contradictions of Motherhood* (New Haven, CT: Yale University Press, 1998), 75。
6. Justin Kruger and David Dunning, "Unskilled and Unaware of It: How Difficulties in Recognizing One's Own Incompetence Lead to Inflated Self-Assessments," *Journal of Personality and Social Psychology* 77, no. 6 (January 2000): 1121—1134; David Dunning, "Chapter Five–the Dunning-Kruger Effect: On Being Ignorant of One's Own Ignorance," *Advances in Experimental Social Psychology* 44 (2011): 247—296. 关于邓宁–克鲁格效应在许多情况下可能并非统计事实的证据，请参阅Matthew Motta, Timothy Callaghan, and Steven Sylvester, "Knowing Less but Presuming More: Dunning-Kruger Effects and the Endorsement of Anti-vaccine Policy Attitudes," *Social Science & Medicine* 211 (2018): 274—281; Bergman, "Paren–Child Information Frictions"; Kinsler and Pavan, "Local Distortions in Parental Beliefs。
7. Learning Heroes, *Parents 2018*.
8. 打不开市场的另一个关键原因在于"道德风险"，意思是有了保险之后，人们的行为表现可能会发生改变（比如，变得更鲁莽或更随意）。George A. Akerlof, "The Market for 'Lemons' : Quality Uncertainty and the Market Mechanism," *Quarterly Journal of Economics* 84, no. 3 (August 1970): 488—500; Michael Rothschild and Joseph Stiglitz, "Equilibrium in Competitive Insurance Markets: An Essay on the Economics of Imperfect Information," *Quarterly Journal of Economics* 90, no. 4 (November 1976): 629—649; Raj Chetty and Amy Finkelstein, "Social Insurance: Connecting Theory to Data," in *Handbook of Public Economics*, vol. 5, ed. Alan J. Auerbach, Raj Chetty, Martin Feldstein, and Emmanuel Saez (Amsterdam: Elsevier, 2013), 111—193; Nathaniel Hendren, "Knowledge of Future Job Loss and Implications for Unemployment Insurance," *American Economic Review* 107, no. 7 (July 1, 2017): 1778—1823.

9. Emily Oster, “Does Disease Cause Vaccination? Disease Outbreaks and Vaccination Response,” *Journal of Health Economics* 57 (January 1, 2018): 90—101; Jorge L. Ortiz, “Anti-vaxxers Open Door for Measles, Mumps, Other Old-Time Diseases Back from Near Extinction,” *USA Today*, March 28, 2019.
10. Seth Mnookin, *The Panic Virus: A True Story of Medicine, Science, and Fear* (New York: Simon & Schuster, 2011); Brian Deer, *The Doctor Who Fooled the World: Science, Deception, and the War on Vaccines* (Baltimore: Johns Hopkins University Press, 2020).
11. Motta, Callaghan, and Sylvester, “Knowing Less but Presuming More.”
12. 比如，请参阅James G. Hodge Jr. and Lawrence O. Gostin, “School Vaccination Requirements: Historical, Social, and Legal Perspectives,” *Kentucky Law Journal* 90 (2001): 831—890; Oster, “Does Disease Cause Vaccination?”
13. 19世纪对天花疫苗的抵触不同于现代的“反疫苗”运动，因为天花是一种更严重、更普遍也更直接的威胁。不是其他家庭接种了疫苗就万事大吉，可以顺带着受惠的事；是恐惧和困惑在作祟。关于疫苗和学校要求，请参阅约John Duffy, “School Vaccination: The Precursor to School Medical Inspection,” in “George Rosen Memorial Issue,” special issue of *Journal of the History of Medicine and Allied Sciences* 33, no. 3 (July 1978): 344—355; W. A. Orenstein and A. R. Hinman, “The Immunization System in the United States—the Role of School Immunization Laws,” *Vaccine* 17, suppl. 3 (October 29, 1999): S19—S24。关于天花疫苗的危险因素，请参阅 Edward A. Belongia and Allison L. Naleway, “Smallpox Vaccine: The Good, the Bad, and the Ugly,” *Clinical Medicine and Research* 1, no. 2 (April 2003): 87—92。
14. 经济学家认为，借贷限制会导致用于儿童技能发展的投资缩水。此观点非常契合加里·斯坦利·贝克尔在《人力资本：特指教育相关理论和实证分析》一书中的看法。关于圭亚那近海的石油储量，请参阅David Blackmon, “World’s Largest Recent Offshore Oil Discovery Progresses amid Political Tensions, Disputes,” *Forbes*, July 29, 2019, https://www.forbes.com/sites/davidblackmon/2019/07/29/worlds-largest-recent-offshore-oil-discovery-progresses-amid-political-tensions-disputes/#5213341f672f。为了有更直观的感受，我假设石油价格为50美元一桶。
15. 引自Smuts, *Science in the Service of Children*, 97。
16. Betty Smith, *A Tree Grows in Brooklyn*, 75th Anniversary Edition (New York: Harper Perennial Modern Classics, 2018), 355，一定要是原版。
17. 这篇开创新的文章：Louis S. Jacobson, Robert J. Lalonde, and Daniel G. Sullivan, “Earnings Losses of Displaced Workers,” *American Economic Review* 83, no. 4 (1993): 685—709。
18. Nathaniel G. Hilger, “Parental Job Loss and Children’s Long-Term Outcomes: Evidence from 7 Million Fathers’ Layoffs,” *American Economic Journal: Applied Economics* 8, no. 3 (2016): 247—283. 我最初的研究对象是母亲，发现存在同样令人费解的影响，只是相对较小；后来我将目标转向了父亲，发现会对家庭收入造成更大影响。

19. 关于学费，请参阅Adam Looney and Michael Greenstone, "Where Is the Best Place to Invest $102,000—in Stocks, Bonds, or a College Degree?," *Brookings* (blog), June 25, 2011, https://www.brookings.edu/research/where-is-the-best-place-to-invest-102000-in-stocks-bonds-or-a-college-degree/。注意，该费用不包括先前收益的机会成本。
20. 有孩子在上大学的父母开销：Hilger, "Parental Job Loss and Children's Long- Term Outcomes"。有孩子在接受早教的父母开销：Urban Institute, and Child Trends, "National Survey of America's Families (NSAF), 2002," Inter-university Consortium for Political and Social Research [distributor], 2007-10-03, https://doi.org/10.3886/ICPSR04582.v1。请注意，父母的收入是否会影响获取其他公共或私人福利，这一点都不重要；重要的是，父母平均只会将很小一部分有权支配的新资源用于儿童技能发展的直接投资。衰减偏误可能会对父母供孩子上大学或参加儿童保育产生制约，但其他偏误会产生反作用，且这些偏误不太可能呈数量级消失。
21. Annette Lareau, *Unequal Childhoods: Class, Race, and Family Life*, 2nd ed.，10年后推出的第2版(Berkeley: University of California Press, 2011), 411。
22. George Bulman, Robert Fairlie, Sarena Goodman, and Adam Isen, "Parental Resources and College Attendance: Evidence from Lottery Wins," *American Economic Review* 111, no. 4 (April 2021): 1201—1240.
23. Susan Dynarski and Judith Scott-clayton, "Financial Aid Policy: Lessons from Research," *Future of Children* 23, no. 1 (2013): 67—91.
24. 兰德尔·亚奇及同事发现，父母的收入对青少年的学业情况存在极大影响，这与希尔格在《父母失业和孩子的长期发展结果》和布尔曼等人在《父母资源和大学入学率》中公布的研究结果形成了鲜明的对比。不过，他们研究的情况是，孩子（而非他们的父母）也可以自己申请补助，此类补贴会通过直接或改变当地劳动力市场的方式为高中毕业生提供奖励。因此，最好将这项研究看做是在评估父母收入增加和大笔物质、专项奖金对完成高中学业的影响。请参阅 Randall K. Q. Akee, William E. Copeland, Gordon Keeler, Adrian Angold, and E. Jane Costello, "Parents' Incomes and Children's Outcomes: A Quasi-experiment Using Transfer Payments from Casino Profits," *American Economic Journal: Applied Economics* 2, no. 1 (2010): 86—115。
25. 已有证据表明，SNAP（原称为食物券计划）有益于孩子的长期发展，但前提是父母需在孩子满5岁前领取该福利。尽管经济学家习惯将SNAP视为一种收入转移，但最近的研究证明，因为具有极其惊人的"标签"效应，促使家庭预算向食品支出倾斜，所以更应该将其视为一项营养支持计划。请参阅Martha Bailey, Hilary Hoynes, Maya Rossin-Slater, and Reed Walker, *Is the Social Safety Net a Long-Term Investment? Large-Scale Evidence from the Food Stamps Program*, NBER Working Paper no. 26942 (Cambridge, MA: National Bureau of Economic Research, 2020); Justine Hastings and Jesse M. Shapiro, "How Are SNAP Benefits Spent? Evidence from a Retail Panel,"*American Economic Review* 108, no. 12 (December 2018): 3493—3540; Hastings, Kessler, and Shapiro, "The Effect of SNAP on the

Composition of Purchased Foods"; Allcott et al., "Food Deserts and the Causes of Nutritional Inequality"。

已有证据表明，劳动所得税减免计划（EITC）能有效提高极弱势家庭小学生的学业成绩。与收入转移相比，EITC福利也可能受到标签效应的影响，促使家庭预算向孩子倾斜，因为获取EITC福利的资格和具体金额在很大程度上取决于家里是否有孩子需要照养。请参阅Gordon B. Dahl and Lance Lochner, "The Impact of Family Income on Child Achievement: Evidence from the Earned Income Tax Credit," *American Economic Review* 102, no. 5 (August 2012): 1927—1956; Hilary Hoynes, Doug Miller, and David Simon, "Income, the Earned Income Tax Credit, and Infant Health," *American Economic Journal: Economic Policy* 7, no. 1 (February 2015): 172—211。

福利实验集合了收入补助、基于中心的儿童保育和父母就业等多种因素。这些研究发现，父母收入的益处只对不满5岁、未进入公立学校的孩子有效。在某些情况下，福利项目的影响似乎主要依靠基于中心的儿童保育服务，而非父母的收入本身。请参阅 Pamela A. Morris, Lisa A. Gennetian, and Greg J. Duncan, "Effects of Welfare and Employment Policies on Young Children: New Findings on Policy Experiments Conducted in the Early 1990s," *Social Policy Report* 19, no. 2 (June 2005): 1—20; Pamela A. Morris, Greg J. Duncan, and Elizabeth Clark-Kauffman, "Child Well-Being in an Era of Welfare Reform: The Sensitivity of Transition in Development to Policy Change," *Developmental Psychology* 41, no. 6 (2005): 919—932; Greg J. Duncan, Pamela A. Morris, and Chris Rodrigues, "Does Money Really Matter? Estimating Impacts of Family Income on Young Children's Achievement with Data from Random-Assignment Experiments," *Developmental Psychology* 47, no. 5 (September 2011): 1263—1279。

26. 作者的计算。EITC的影响通常以发放的每千美元为单位计，且通常只看全体参与的影响，而非每千美元的影响。约纳坦·本-沙洛姆及其同事表示，按2007年的美元价值计算，参加WIC一年相当于收入648美元。WIC和EITC通常都会提供三到四年的服务。按同一通胀调整标准的美元价值估算，同样是1 000美元的公共支出，WIC可以让幼儿的平均学业成绩提高约0.33个标准差，而EITC和福利实验只能提高约0.06个标准差；WIC可以让低体重儿减少10%以上，而EITC和福利实验只能减少1.5%—3%。

关于WIC的开支，请参阅Yonatan Ben-Shalom, Robert A. Moffitt, and John Karl Scholz, *An Assessment of the Effectiveness of Anti- poverty Programs in the United States*, NBER Working Paper no. 17042 (Cambridge, MA: National Bureau of Economic Research, May 2011)。

关于低体重儿，请参阅Brent Kreider, John V. Pepper, and Manan Roy, "Does the Women, Infants, and Children Program Improve Infant Health Outcomes?," *Economic Inquiry 58*, no. 4 (2020): 1731—1756; Maya Rossin-Slater, "WIC in Your Neighborhood: New Evidence on the Impacts of Geographic Access to Clinics," *Journal of Public Economics* 102 (June 2013): 51—69; Hilary Hoynes, Doug Miller, and David Simon, “Income, the Earned Income Tax Credit, and Infant Health,” *American Economic Journal: Economic Policy* 7, no. 1 (February 2015): 172—211。

关于学业成绩，请参阅Margot I. Jackson, “Early Childhood WIC Participation, Cognitive Development, and Academic Achievement,” *Social Science & Medicine* 126 (February 2015): 145—153; Dahl and Lochner, “The Impact of Family Income on Child Achievement” ; Duncan, Morris, and Rodrigues, “Does Money Really Matter?”。

27. Public Agenda, *Teaching Interrupted: Do Discipline Policies in Today's Public Schools Foster the Common Good?* (New York: Public Agenda, with support from Common Good, 2004), https://eric.ed.gov/?id=ED485312; NPR, “The National Public Radio / Kaiser Family Foundation / Kennedy School of Government Education Survey,” August 1999, https://kaiserfamilyfoundation.ffles.wordpress.com/1999/08/npr003-release-topline.pdf; both cited in Scott E. Carrell and Mark L. Hoekstra, “Externalities in the Classroom: How Children Exposed to Domestic Violence Affect Everyone's Kids,” *American Economic Journal: Applied Economics* 2, no. 1 (2010): 211—228, 211.
28. Bonnie E. Carlson, “Children Exposed to Intimate Partner Violence: Research Findings and Implications for Intervention,” *Trauma, Violence, & Abuse* 1, no. 4 (2000): 325. 另请参见 Scott E. Carrell, Mark Hoekstra, and Elira Kuka, “The Long-Run Effects of Disruptive Peers,” *American Economic Review* 108, no. 11 (November 2018): 3377—3415。
29. Carrell and Hoekstra, “Externalities in the Classroom” ; Scott E. Carrell and Mark Hoekstra,“Family Business or Social Problem? The Cost of Unreported Domestic Violence,” *Journal of Policy Analysis and Management* 31, no. 4 (Fall 2012): 861—875; Carrell and Hoekstra, “Long-Run Effects of Disruptive Peers.” In “Family Business or Social Problem?,” 卡雷尔和胡克斯特拉表示，父母们通常在忍受多年的家庭暴力后，才会向法庭申请限制令。这表明，父母可能收到限制令的孩子有更大几率在家庭中受到巨大的压力。关于接触注意缺陷障碍同学的类似研究发现，请参阅 Anna Aizer, *Peer Effects and Human Capital Accumulation: The Externalities of ADD*, NBER Working Paper no. 14354 (Cambridge, MA: National Bureau of Economic Research, 2008)。
30. “Idylwild Elementary School: Teachers and Staff,” GreatSchools, accessed July 3, 2020, https://www.greatschools.org/fforida/gainesville/24-Idylwild-Elementary-School/#Teachers_staff.
31. 作者于2018年7月18日给斯蒂芬·卡雷尔做了采访；Simone Balestra, Beatrix Eugster, and Helge Liebert, “Peers with Special Needs: Effects and Policies,” *Review of Economics and Statistics*, August 10, 2020, 1—42。
32. 比如，在《遭受亲密伴侣暴力的孩子》(第323页)一书中，卡尔森指出，大约三分之一的孩子在童年时期都有过父母一方对另一方施暴的经历。这比阿拉楚阿申请限制令家庭的孩子数量还要高出5倍。
33. 北卡罗来纳州夏洛特市的斯蒂芬·比林斯及其同事，以及西雅图市的杰森·库克揭露了低收入家庭学生人数增加对其他学生的负面影响。他们发现，低收入家庭学生占比每增加10个百分点，总体考试成绩就会下降约0.02—0.05个标准差。比林斯及同事发现，少数群体和低收入群体占比的变化产生的影响十分相似。请参阅Stephen B. Billings, David J. Deming, and Jonah Rockoff, "School Segregation, Educational Attainment, and Crime: Evidence from the End of Busing in Charlotte-Mecklenburg," *Quarterly Journal of Economics* 129, no. 1 (2014): 435—476; Jason B. Cook, *Race-Blind Admissions, School Segregation, and Student Outcomes: Evidence from Race-Blind Magnet School Lotteries*, SSRN Working Paper, April 2, 2021, https://papers.ssrn.com/sol3/papers.cfm?abstract_id=3818304。

我根据切迪、弗里德曼和罗考夫在《评估教师的影响 II》一书中的表述将考试成绩的影响转化成了具体的收入。研究表明，每名学生一年的考试成绩每提高0.1个标准差，其未来的收入总额就能增加7 000美元。保守点估计，如果对考试成绩的影响在0.02个标准差，那么从低收入学生占比0%的班级转入低收入学生占比100%的班级，其影响就相当于10*（0.02个标准差/10个百分点）*（7 000美元/0.01个标准差）*20个孩子/班=28万美元。

早期研究表明，取消学校种族隔离对黑人学生有益，对白人学生也不会产生负面影响。然而，正如洛克·约翰逊所述，取消学校种族隔离还包含向学区提供额外的资助和支持，以保护白人家庭不受溢出效应的威胁，并防止白人大规模逃离公立学区。因此，对白人家庭不会产生负面影响的事实与比林斯及同事的研究发现一致，额外的学校资源和支持确实可以减轻与劣势伙伴相处的一些负面影响。波士顿大都会教育机会委员会项目也证明，和成绩较差的少数族裔学生一起学习，受到的负面影响很小。但这项研究表明，一小部分的少数族裔家庭会积极寻找机会，将自己的孩子送出波士顿，进入以白人为主的郊区公立学校就读。请参阅Rucker Johnson, *Long-Run Impacts of School Desegregation & School Quality on Adult Attainments*, NBER Working Paper no. 16664 (Cambridge, MA: National Bureau of Economic Research, 2011, rev. 2015); Jonathan Guryan, "Desegregation and Black Dropout Rates," *American Economic Review* 94, no. 4 (2004): 919—943; Joshua D. Angrist and Kevin Lang, "Does School Integration Generate Peer Effects? Evidence from Boston's Metco Program," *American Economic Review* 94, no. 5 (2004): 1613—1634。

低收入家庭和少数族裔同学的影响大约只有学习成绩极差的同学的一半。研究发现，成绩差的同学每多出10个百分点，总体成绩就会下降0.1个标准差。这也验证了许多低收入家庭和少数族裔学生成绩都不差的事实，因此他们并不会给同学带来负面影响。请参阅Scott A. Imberman, Adriana D. Kugler, and Bruce I. Sacerdote, "Katrina's Children: Evidence on the Structure of Peer Effects from Hurricane Evacuees," *American Economic Review* 102, no. 5 (2012): 2048—2082; Victor Lavy, M. Daniele Paserman, and Analia Schlosser, "Inside the Black Box of Ability Peer Effects: Evidence from Variation in the Proportion of Low Achievers in the Classroom," *Economic Journal* 122, no. 559 (March 1, 2012): 208—237。

关于"家庭贫困或相对贫困的孩子要多九倍"，请参阅Kevin Drum, "Half of

All Public School Kids in Poverty? Be Careful," *Mother Jones*, January 17, 2015。

34. 请参阅引言、第30条注释和Johnston, "Preferences, Selection, and the Structure of Teacher Compensation。
35. 对条件更优越的孩子而言，经济多样性的好处虽然不太明显，但在其成年后，确实可能因此而具备更高水平的同理心、同情心和亲社会行为。请参阅Gautam Rao, "Familiarity Does Not Breed Contempt: Generosity, Discrimination, and Diversity in Delhi Schools," *American Economic Review* 109, no. 3 (March 2019): 774—809。

第五章

1. Dionissi Aliprantis, Daniel R. Carroll, and Eric R. Young, *The Dynamics of the Racial Wealth Gap*, Working Paper no. 19—18 (Cleveland: Federal Reserve Bank of Cleveland, 2020), 33; Robert Barsky, John Bound, Kerwin Ko' Charles, and Joseph P. Lupton, "Accounting for the Black-White Wealth Gap," *Journal of the American Statistical Association* 97, no. 459 (September 1, 2002): 663—673; Hero Ashman and Seth Neumuller, "Can Income Differences Explain the Racial Wealth Gap? A Quantitative Analysis," *Review of Economic Dynamics* 35 (January 1, 2020): 220—2 39. 注意，尽管阿什曼和诺伊穆勒的研究结果表明，遗产会产生重要影响，但他们也同意阿里普朗迪斯、卡罗尔和杨的观点，即缩小收入差异也将缩小贫富差异。
2. 这部分主要参考了Heather Andrea Williams, *Self-Taught: African American Education in Slavery and Freedom* (Chapel Hill: University of North Carolina Press, 2007)。
3. Williams, *Self-Taught*, 13.
4. Williams, *Self-Taught*, 18.
5. Williams, *Self-Taught*, 20—21.
6. Williams, *Self-Taught*, 23, 11.
7. Williams, *Self-Taught*, 51.
8. 在南方，对联邦军士兵和非裔美国人的非法处决、其他形式的奴隶制，以及邦联社会的全面复苏盖过了内战"结束"的势头。没过多久，北方就不再要求南方领导人宣誓效忠于美国了。请参阅Richard White, *The Republic for Which It Stands: The United States during Reconstruction and the Gilded Age, 1865—1896* (New York: Oxford University Press, 2017); Douglas A. Blackmon, *Slavery by Another Name: The Re-enslavement of Black Americans from the Civil War to World War II* (New York: Anchor, 2009)。
9. Booker T. Washington, *Up from Slavery: An Autobiography* (Garden City, New York: Doubleday, 1901), 12.
10. 引自Robert A. Margo, *Race and Schooling in the South, 1880—1950: An Economic History* (Chicago: University of Chicago Press, 1990)。
11. Margo, *Race and Schooling in the South*; David Card and Alan B Krueger, "School Quality and Black-White Relative Earnings: A Direct Assessment," *Quarterly Journal of Economics* 107, no. 1 (1992): 151—200.关于1880年黑人和白人的监禁差异，请

参阅Katherine Eriksson, “Education and Incarceration in the Jim Crow South: Evidence from Rosenwald Schools,” *Journal of Human Resources* 55, no. 1 (2020): 43—75。关于黑人和白人单亲家庭差异的长期根源，请参阅 Steve Ruggles, “The Origins of African-American Family Structure,” *American Sociological Review* 59, no. 1 (February 1994): 136—151。

12. James Edward Blackwell, Mainstreaming Outsiders: *The Production of Black Professionals*, 2nd ed. (Dix Hills, NY: General Hall, 1987); Catherine J. Weinberger, *Engineering Educational Opportunity: Impacts of 1970s and 1980s Policies to Increase the Share of Black College Graduates with Major in Engineering or Computer Science*, NBER Working Paper no. 23703 (Cambridge, MA: National Bureau of Economic Research, August 2017).

13. Mark V. Tushnet, *The NAACP's Legal Strategy against Segregated Education: 1925—1950* (Chapel Hill: University of North Carolina Press, 2004); Card and Krueger, “School Quality and Black-White Relative Earnings.”

14. 我在这里只谈男性的收入，因为他们更容易被视为经济机会的指标。考虑到关于儿童保育和工作的普遍社会规范，女性较高的收入反映了社会机会增加、获得经济支持的伴侣机会减少的复杂综合因素。请参阅Patrick Bayer and Kerwin Koff Charles, “Divergent Paths: A New Perspective on Earnings Differences between Black and White Men since 1940,” *Quarterly Journal of Economics* 133, no. 3 (2018): 1459—1501; Chetty et al., “Race and Economic Opportunity in the United States”; Neal, “The Measured Black-White Wage Gap among Women”。

15. Bayer and Charles, “Divergent Paths”; David H. Autor, Lawrence F. Katz, and Melissa S. Kearney, “Trends in U.S. Wage Inequality: Revising the Revisionists,” *Review of Economics and Statistics* 90, no. 2 (May 2008): 300—323; Ellora Derenoncourt and Claire Montialoux, “Minimum Wages and Racial Inequality,” *Quarterly Journal of Economics* 136, no. 1 (2021): 169—228.

16. 关于不断上升的监禁率，请参阅Bruce Western and Christopher Wildeman, “The Black Family and Mass Incarceration,” *ANNALS of the American Academy of Political and Social Science* 621, no. 1 (2009): 221—242; Derek Neal and Armin Rick, *The Prison Boom and the Lack of Black Progress after Smith and Welch*, NBER Working Paper no. 20283 (Cambridge, MA: National Bureau of Economic Research, 2014)。关于大规模监禁之前，刑事司法系统延续奴隶制作风的案例，请参阅 Blackmon, *Slavery by Another Name*。关于大规模监禁的广义背景和原因，请参阅Western and Wildeman, “The Black Family and Mass Incarceration,” and Michelle Alexander, *The New Jim Crow: Mass Incarceration in the Age of Colorblindness* (New York: New Press, 2010)。关于按种族区分的监禁率，请参阅Thomas P. Bonczar and Allen J. Beck, *Lifetime Likelihood of Going to State or Federal Prison*, US Bureau of Justice Statistics Special Report (Washington, DC: US Department of Justice, Office of Justice Programs, March 1997)。关于按种族和父母收入区分的就业率和当前监禁率，请参阅 Chetty et al., “Race and Economic Opportunity in the United States”。关于按

年龄区分的黑人制度化（其实就是监禁）长期趋势，请参阅Neal and Rick, *The Prison Boom*, table 1。

17. 关于治安官，请参阅George Bulman, “Law Enforcement Leaders and the Racial Composition of Arrests,” *Economic Inquiry* 57, no. 4 (2019): 1842—1858。关于警察使用武力，请参阅Roland G. Fryer Jr., “An Empirical Analysis of Racial Differences in Police Use of Force,”*Journal of Political Economy* 127, no. 3 (June 2019): 52; Bocar A. Ba, Dean Knox, Jonathan Mummolo, and Roman Rivera, “The Role of Officer Race and Gender in Police–Civilian Interactions in Chicago,” *Science* 371, no. 6530 (February 12, 2021): 696—702。关于搜查，请参阅Kate Antonovics and Brian G. Knight, “A New Look at Racial Proffling: Evidence from the Boston Police Department,” *Review of Economics and Statistics* 91, no. 1 (February 2009): 163—177。关于罚款，请参阅Felipe Goncalves and Steven Mello, “A Few Bad Apples? Racial Bias in Policing,” *American Economic Review* 111, no. 5 (May 2021): 1406—1441。关于指控和量刑，请参阅Crystal S. Yang, “Free at Last? Judicial Discretion and Racial Disparities in Federal Sentencing,” *Journal of Legal Studies* 44, no. 1 (January 2015): 75—111; M. Marit Rehavi and Sonja B. Starr, “Racial Disparity in Federal Criminal Sentences,” *Journal of Political Economy* 122, no. 6 (December 2014): 1320—1354。关于保释判决，请参阅David Arnold, Will Dobbie, and Crystal S. Yang, “Racial Bias in Bail Decisions,”*Quarterly Journal of Economics 133*, no. 4 (November 1, 2018): 1885—1932。关于死刑判决，请参阅 Alberto Alesina and Eliana La Ferrara, “A Test of Racial Bias in Capital Sentencing,” *American Economic Review* 104, no. 11 (November 2014): 3397—3433。关于定罪，请参阅Shamena Anwar, Patrick Bayer, and Randi Hjalmarsson, “The Impact of Jury Race in Criminal Trials,” *Quarterly Journal of Economics* 127, no. 2 (May 2012): 1017—1055。关于监禁，请参阅David S. Abrams, Marianne Bertrand, and Sendhil Mullainathan, “Do Judges Vary in TTeir Treatment of Race?,” *Journal of Legal Studies* 41, no. 2 (June 2012): 347—383。

18. Price V. Fishback, Jessica LaVoice, Allison Shertzer, and Randall Walsh, *Race, Risk, and the Emergence of Federal Redlining*, NBER Working Paper no. 28146 (Cambridge, MA: National Bureau of Economic Research, November 30, 2020). 关于区划，请参阅 Allison Shertzer, Tate Twinam, and Randall P. Walsh, “Race, Ethnicity, and Discriminatory Zoning,”*American Economic Journal: Applied Economics* 8, no. 3 (2016): 217—246; Prottoy Akbar, Sijie Li, Allison Shertzer, and Randall P. Walsh, *Racial Segregation in Housing Markets and the Erosion of Black Wealth*, NBER Working Paper no. 25805 (Cambridge, MA: National Bureau of Economic Research, May 2019); Patrick Bayer, Fernando Ferreira, and Stephen L. Ross, “What Drives Racial and Ethnic Differences in High-Cost Mortgages? The Role of High-Risk Lenders,” *Review of Financial Studies* 31, no. 1 (January 1, 2018): 175—205; Peter Christensen and Christopher Timmins, *Sorting or Steering: Experimental Evidence on the Economic Effects of Housing Discrimination*, NBER Working Paper no. 24826

(Cambridge, MA: National Bureau of Economic Research, 2018); Margo, *Race and Schooling in the South, 1880—1950*; Robert D. Bullard and Glenn Johnson, eds., *Highway Robbery: Transportation Racism & New Routes to Equity* (Boston: South End Press, 2004); Robert D. Bullard, Dumping on Dixie: Race, Class, and Environmental Quality, 3rd ed. (Boulder, CO: Routledge, 2000).

19. 关于现如今黑人和白人小孩生活的社区的差异，请参阅Chetty et al., "Race and Economic Opportunity in the United States"。

20. Melinda C. Miller, "'The Righteous and Reasonable Ambition to Become a Landholder': Land and Racial Inequality in the Postbellum South," *Review of Economics and Statistics* 102, no. 2 (June 26, 2019): 381—394; Walter L. Fleming, "The Freedmen's Savings Bank,"*Yale Review*, May–August 1906, 48; Marcella Alsan and Marianne Wanamaker, "Tuskegee and the Health of Black Men," *Quarterly Journal of Economics* 133, no. 1 (February 2018): 407—455; Alex Albright, Jeremy Cook, James Feigenbaum, Laura Kincaide, Jason Long, and Nathan Nunn, "After the Burning: The Economic Effects of the 1921 Tulsa Race Massacre," working paper, Harvard University, 2021, 63, https://scholar.harvard.edu/ffles/nunn/ffles/tulsa.pdf; Orley Ashenfelter, "Racial Discrimination and Trade Unionism,"*Journal of Political Economy* 80, no. 3, part 1 (May 1, 1972): 435—464; Ira Katznelson, *Fear Itself: The New Deal and the Origins of Our Time* (New York: Liveright, 2013).

21. Michelle Singletary, "Stop Telling Black People We Could Close the Wealth Gap If We Valued Education More," *Washington Post*, September 25, 2020.关于对"按合同"购房的描述，请参阅Ta-Nehisi Coates, "The Case for Reparations," Atlantic, June 2014。关于以"继承人财产"的形式继承土地的漏洞，请参阅Lizzie Presser, "Their Family Bought Land One Generation after Slavery: The Reels Brothers Spent Eight Years in Jail for Refusing to Leave It," ProPublica with the *New Yorker*, July 15, 2019, https://features.propublica.org/black-land-loss/heirs-property-rights-why-black-families-lose-land-south/。

22. Damon Young, "Racism Makes Me Question Everything. I Got the Vaccine Anyway," *New York Times*, April 9, 2021.

23. Peter Ganong, Damon Jones, Pascal Noel, Diana Farrell, Fiona Greig, and Chris *Wheat, Wealth, Race, and Consumption Smoothing of Typical Income Shocks*, NBER Working Paper 27552 (Cambridge, MA: National Bureau of Economic Research, 2020).

24. Ronald F. Ferguson, "Why America's Black–White School Achievement Gap Persists," in *Ethnicity, Social Mobility, and Public Policy*, ed. Glenn C. Loury, Tariq Modood, and Steven M. Teles (Cambridge: Cambridge University Press, 2005), 309—341, 316.

25. Jeanne Brooks-Gunn and Lisa B. Markman, "The Contribution of Parenting to Ethnic and Racial Gaps in School Readiness," *Future of Children* 15, no. 1 (2005): 139—168.

26. 在学习成绩上黑人和白人的早期差异至少有三分之二都跟更广泛的父母技能培养资源和行为举措分不开关系。请参阅Meredith Phillips, Jeanne Brooks-Gunn, Greg J. Duncan, Pamela Klebanov, and Jonathan Crane, "Family Background, Parenting

Practices, and the Black–White Test Score Gap," in *The Black–White Test Score Gap*, ed. Jencks and Phillips, 103—145; Owen Thompson, "The Determinants of Racial Differences in Parenting Practices," *Journal of Political Economy* 126, no. 1 (February 2018): 438—449; Petra E. Todd and Kenneth I. Wolpin, "The Production of Cognitive Achievement in Children: Home, School, and Racial Test Score Gaps," *Journal of Human Capital* 1, no. 1 (2007): 91—136; Ferguson, "Why America's Black–White School Achievement Gap Persists"; Brooks-Gunn and Markman, "The Contribution of Parenting to Ethnic and Racial Gaps in School Readiness" 。这些差异类似于富裕和贫困家庭父母之间普遍存在的差异：请参阅 Kalil and Ryan, "Parenting Practices and Socioeconomic Gaps"。

我采用两种粗略的方式预估了父母技能培养上0.5个标准差的差异对孩子未来收入的影响。一种考虑的是养父母的影响，正如萨塞尔多特在《家庭环境变化的影响能有多大？》的表7中讨论的那样，并根据限制范畴进行了调整。另一种考虑的是老师的影响，正如切迪、弗里德曼和罗考夫在《评估老师的影响 II》中描述的那样，假设父母对儿童技能发展的影响是单个老师的两倍，且老师的影响会随着时间推移呈线性累积。这两种方式均证实，在父母技能培养方面能观察到的差异是造成种族收入差异的主要原因。这都是推测性计算，只能证明其合理性。

27. 比如，请参阅Kerwin Koff Charles and Jonathan Guryan, "Prejudice and Wages: An Empirical Assessment of Becker's *The Economics of Discrimination*," *Journal of Political Economy* 116, no. 5 (2008): 773—809。不过，在这些系统中，歧视所导致的种族差异程度仍在存在很大的不确定性。请参阅Kevin Lang and Ariella Kahn-Lang Spitzer, "Race Discrimination: An Economic Perspective," *Journal of Economic Perspectives* 34, no. 2 (May 1, 2020): 68—89。

28. Charles and Guryan, "Prejudice and Wages"; Derek A. Neal and William R. Johnson, "The Role of Premarket Factors in Black–White Wage Differences," *Journal of Political Economy* 104, no. 5 (1996): 869—895; Johnson and Neal, "Basic Skills and the Black–White Earnings Gap"; Marianne Bertrand and Sendhil Mullainathan, "Are Emily and Greg More Employable Than Lakisha and Jamal? A Field Experiment on Labor Market Discrimination," *American Economic Review* 94, no. 4 (2004): 991—1013; Devah Pager, Bruce Western, and Bart Bonikowski, "Discrimination in a Low-Wage Labor Market: A Field Experiment," *American Sociological Review* 74, no. 5 (October 2009): 777—799; Patrick Kline and Christopher Walters, "Reasonable Doubt: Experimental Detection of Job-Level Employment Discrimination," *Econometrica* 89, no. 2 (2021): 765—792; Laura Giuliano, David I. Levine, and Jonathan Leonard, "Racial Bias in the Manager–Employee Relationship," *Journal of Human Resources* 46, no. 1 (Winter 2011): 26—52; Dylan Glover, Amanda Pallais, and William Pariente, "Discrimination as a Self-Fulfilling Prophecy: Evidence from French Grocery Stores," *Quarterly Journal of Economics* 132, no. 3 (August 1, 2017): 1219—1260.

29. 关于四分之一的黑人职工拥有大学学位，请参阅US Census Bureau, "Educational Attainment in the United States," table 1.4, last rev. April 17, 2020, https://www.

census.gov/data/tables/2018/demo/education-attainment/cps-detailed-tables.html。随机向雇主发简历，通过回复率看歧视情况，不难发现，黑人大学毕业生所处的劣势大概只有非大学毕业生的四分之一；对比Bertrand and Mullainathan, "Are Emily and Greg More Employable," with John M. Nunley, Adam Pugh, Nicholas Romero, and R. Alan Seals, "Racial Discrimination in the Labor Market for Recent College Graduates: Evidence from a Field Experiment," *B.E. Journal of Economic Analysis & Policy* 15, no. 3 (July 1, 2015): 1093—1125。对黑人和白人大学毕业生的众多比较都得出了具有误导性的结论，因为它们没有考虑到大学质量和其他技能决定因素的巨大差异。关于这一点，请参阅 C. J. Libassi, *The Neglected College Race Gap: Racial Disparities among College Completers* (Washington, DC: Center for American Progress, 2018)。关于黑人大学毕业生比同样技能水平的白人大学毕业生收入更高，请参阅Peter Arcidiacono, Patrick Bayer, and Aurel Hizmo, "Beyond Signaling and Human Capital: Education and the Revelation of Ability," *American Economic Journal: Applied Economics* 2, no. 4 (2010): 76—104，以及其中的引用内容；Derek Neal, "Why Has Black-White Skill Convergence Stopped?," in *Handbook of the Economics of Education*, vol. 1, ed. Eric A. Hanushek and Finis Welch (Amsterdam: Elsevier, 2006), 511—576。尽管对时薪的关注可能会导致对就业和收入方面歧视的忽略，但没有接受过大学教育的职工会更在意这件事，因为他们的基准失业率相对高得多。比如，对比约翰逊和尼尔在《基本技能和黑人与白人的收入差距》中关于收入的叙述，以及尼尔和约翰逊在《上市前因素在黑人与白人薪资差异上的作用》中关于薪资的叙述。

关于文中提到特定职业为零或较小的黑人与白人收入差异，请参阅Dan P. Ly, Seth A. Seabury, and Anupam B. Jena, "Differences in Incomes of Physicians in the United States by Race and Sex: Observational Study," *BMJ 353* (2016): 1—7；Heather Antecol, Deborah A. Cobb-C lark, and Eric Helland, "Bias in the Legal Profession: Self-Assessed versus Statistical Measures of Discrimination," *Journal of Legal Studies* 43, no. 2 (June 2014): 323—357; Jean Moore and Tracey Continelli, "Racial/Ethnic Pay Disparities among Registered Nurses (RNs) in U.S. Hospitals: An Econometric Regression Decomposition,"*Health Services Research* 51, no. 2 (2016): 511—529; Seong Soo Oh and regory B. Lewis, "Stemming Inequality? Employment and Pay of Female and Minority Scientists and Engineers," *Social Science Journal 48*, no. 2 (2011): 397—403。

30. 关于在不存在种族收入差异的情况下都能感知到偏见，请参阅Antecol, Cobb-Clark, and Helland, "Bias in the Legal Profession"。关于黑人有更高的教育目标，请参阅Angel L. Harris, *Kids Don't Want to Fail: Oppositional Culture and the Black-White Achievement Gap* (Cambridge, MA: Harvard University Press, 2011); Barbara Schneider and Guan Saw, "Racial and Ethnic Gaps in Postsecondary Aspirations and Enrollment,"*RSF: The Russell Sage Foundation Journal of the Social Sciences* 2, no. 5 (September 2016), https://muse.jhu.edu/article/633737。关于黑人比同等技能水平的白人接受过更多教育，请参阅Arcidiacono, Bayer, and Hizmo, "Beyond Signaling

and Human Capital"。

31. 这一理论在加里·贝克尔的《歧视经济学》第二版（芝加哥，芝加哥大学出版社，1957年）中得到了极好的阐述。截至目前，国内现状已经以最直接的方式验证了查尔斯和古良在《偏见和薪资》中的观点。

32. Christopher L. Foote, Warren C. Whatley, and Gavin Wright, "Arbitraging a Discriminatory Labor Market: Black Workers at the Ford Motor Company, 1918—1947," *Journal of Labor Economics* 21, no. 3 (2003): 493—532.

33. Robert Higgs, "Did Southern Farmers Discriminate?," *Agricultural History* 46, no. 2 (April 1972): 325—328; Robert Higgs, "Firm-Speciffc Evidence on Racial Wage Differentials and Workforce Segregation," *American Economic Review* 67, no. 2 (March 1977): 236—245; Robert Higgs, "Racial Wage Differentials in Agriculture: Evidence from North Carolina in 1887," *Agricultural History* 52, no. 2 (April 1978): 308—311; Celeste K. Carruthers and Marianne H. Wanamaker, "Separate and Unequal in the Labor Market: Human Capital and the Jim Crow Wage Gap," *Journal of Labor Economics* 35, no. 3 (July 2017): 655—696.

34. 黑人艺术家及民权活动家詹姆斯·威尔登·约翰逊曾在一艘船上无意中听到有人戏谑说"工程师、机械师、水管工、电气工和帮工等职业的白人属于工匠阶层。他们常把一句话挂在嘴边，让我最真切地感觉到了黑人所面临的经济和工业困境……那句我听了不下一百次话是：'绝对不要让黑x捡工具'，'绝对不要让黑x捡工具'，'绝对不要让黑x捡工具'。"（*Along This Way: The Autobiography of James Weldon Johnson* [New York: Viking, 1933], 335）。

35. 1886年，弗雷德里克·道格拉斯提出了类似的观点，他写道，白人的"恶意因为（黑人种族）接近白人种族所占据的层级而滋长，但我认为，这份抵触将逐渐屈服于财富、教育和高尚品格的压力"（*The Portable Frederick Douglass*, ed. John Stauffer and Henry Louis Gates [New York: Penguin Books, 2016], 514）。刻板印象的消融体现在被称为"统计性歧视"的经济学理论上，也体现在关于刻板印象如何反映、放大和误解潜在群体差异的最新行为理论中。请参阅Pedro Bordalo, Katherine Coffman, Nicola Gennaioli, and Andrei Shleifer, "Stereotypes," *Quarterly Journal of Economics* 131, no. 4 (2016): 1753—1794; J. Aislinn Bohren, Kareem Haggag, Alex Imas, and Devin G. Pope, "Inaccurate Statistical Discrimination," Working Paper no. 2019-86, Becker Friedman Institute for Economics, University of Chicago, 2019。

关于大学室友的多样性对宽容度和未来社会网络多样性的积极影响，请参 阅Johanne Boisjoly, Greg J. Duncan, Michael Kremer, Dan M. Levy, and Jacque Eccles, "Empathy or Antipathy? The Impact of Diversity,"*American Economic Review* 96, no. 5 (December 2006): 1890—1905; Scott E. Carrell, Mark Hoekstra, and James E. West, "The Impact of College Diversity on Behavior toward Minorities," *American Economic Journal: Economic Policy* 11, no. 4 (November 2019): 159—182。另请参阅Seth K. Goldman and Daniel J. Hopkins, "Past Place, Present Prejudice: The Impact of Adolescent Racial Context on White Racial Attitudes," *Journal of Politics* 82, no.

2 (September 27, 2019): 529—542。关于更普遍的“接触假说”，请参阅Elizabeth Levy Paluck, Seth A. Green, and Donald P. Green, “The Contact Hypothesis Re-evaluated,”*Behavioural Public Policy* 3, no. 2 (November 2019): 129—158。

关于歧视的其他源头和缓和剂，请参阅M. Bertrand and E. Duffo, “Field Experiments on Discrimination,” in *Handbook of Economic Field Experiments*, ed. Abhijit Vinayak Banerjee and Esther Duffo, vol. 1 of *Handbook of Field Experiments* (Amsterdam: North-Holland, 2017), 309—393。关于领袖作用被媒体放大，请参阅Karsten Muller and Carlo Schwarz, “From Hashtag to Hate Crime: Twitter and Anti-minority Sentiment,” SSRN Working Paper, July 24, 2020,https://ssrn.com/abstract=3149103, 93。关于法律改革，请参阅Brian Wheaton, “Laws, Beliefs, and Backlash,” working paper, Harvard University, 2020。

36. 布莱恩·雷引用Douglas S. Massey and Nancy A. Denton, “Review of American Apartheid: Segregation and the Making of the Underclass,” *Canadian Journal of Urban Research* 4, no. 2 (1995): 340—342。洛克·约翰逊在《梦想中的孩子：学校取消种族隔离为什么有用》中描述了刻意融合的策略失败的过程。关于分散的市场力量延续种族隔离的作用，请参阅David M. Cutler, Edward L. Glaeser, and Jacob L. Vigdor, “The Rise and Decline of the American Ghetto,” *Journal of Political Economy* 107, no. 3 (1999): 455—506。
37. “High Schools in New York City Public Schools District,” *US News & World Report*, accessed December 1, 2020, https://www.usnews.com/education/best-high-schools/new-york/districts/new-york-city-public-schools-100001。
38. Thomas S. Dee, “Teachers, Race, and Student Achievement in a Randomized Experiment,”*Review of Economics and Statistics* 86, no. 1 (2004): 195—210; Thomas S. Dee, “A Teacher Like Me: Does Race, Ethnicity, or Gender Matter?,” *American Economic Review* 95, no. 2 (2005): 158—165; Amine Ouazad, “Assessed by a Teacher Like Me: Race and Teacher Assessments,” Education *Finance and Policy* 9, no. 3 (July 1, 2014): 334—372; Seth Gershenson, Cassandra M. D. Hart, Joshua Hyman, Constance Lindsay, and Nicholas W. Papageorge, *The Long-Run Impacts of Same-Race Teachers*, NBER Working Paper no. 25254 (Cambridge, MA: National Bureau of Economic Research, November 2018); Alsan and Wanamaker, “Tuskegee and the Health of Black Men”; Brad N. Greenwood, Rachel R. Hardeman, Laura Huang, and Aaron Sojourner, “Physician–Patient Racial Concordance and Disparities in Birthing Mortality for Newborns,” *Proceedings of the National Academy of Sciences* 117, no. 35 (September 1, 2020): 21194—21200.
39. Demaree Bess, “California’s Amazing Japanese,” *Saturday Evening Post* 227 (1955), cited in Jaime Arellano-Bover, “Displacement, Diversity, and Mobility: Career Impacts of Japanese American Internment,” working paper, Yale University, 2020, 66; Naomi Hirahara and Heather C. Lindquist, *Life after Manzanar* (Berkeley, CA: Heyday, 2018), 147; Christopher Su, “An Ambitious Social Experiment: Education in Japanese-A merican Internment Camps, 1942—1945,” undergraduate thesis,

MIT, 2011, https://dspace.mit.edu/bitstream/handle/1721.1/65525/746805717-MIT.pdf?sequence=2&isAllowed=y.

40. 老师们引自 Pamela Grundy, *Color and Character: West Charlotte High and the American Struggle over Educational Equality* (Chapel Hill: University of North Carolina Press, 2017), as quoted in Johnson, *Children of the Dream*, 175。
41. Taylor Branch, *Parting the Waters: America in the King Years, 1954—1963* (New York: Simon & Schuster, 1989), 52.
42. 本部分大量引用了 Nathaniel Hilger, "Upward Mobility and Discrimination: The Case of Asian Americans," NBER Working Paper no. 22748 (Cambridge, MA: National Bureau of Economic Research, October 2016), https://doi.org/10.3386/w22748。
43. James Robert Flynn, *Asian Americans: Achievement beyond IQ* (London: Psychology Press, 1991); Malcolm Gladwell, *Outliers: The Story of Success* (New York: Back Bay Books, 2011).
44. Patricia Cloud and David W. Galenson, "Chinese Immigration and Contract Labor in the Late Nineteenth Century," *Explorations in Economic History* 24, no. 1 (January 1987): 22—42; Patricia Cloud and David W. Galenson, "Chinese Immigration: Reply to Charles McClain," *Explorations in Economic History* 28, no. 2 (April 1991): 239—247.
45. 我并非暗指华裔美国人等同于日裔美国人，也并非暗指他们等同于此后来自越南、韩国或菲律宾等国家的亚裔美国移民。就像我在使用"白人"或"黑人"一词时，也不意味着来自欧洲和非洲不同地区、承袭不同传统的子群体相互等同。
46. 比如，凯文·肯尼指出，对爱尔兰裔美国人的偏见"从来都不是名副其实的种族征服，而是一种法律规定的歧视制度，就像对非裔美国人或亚裔美国人的歧视一样"("Diaspora and Irish Migration History," *Irish Economic and Social History* 33, no. 1 [September 1, 2006]: 50)。哈西亚·迪纳也指出，"凭借白人的身份，（犹太人）享有特权，得到了相对宽容的对待"，从18世纪末开始，一直掌握着"相对全面的政治和公民权利"（*The Jews of the United States, 1654 to 2000* [Berkeley: University of California Press, 2006], 3, 25—26）。
47. US Census Bureau, "The '72-Year Rule,'" accessed September 13, 2021, https://www.census.gov/history/www/genealogy/decennial_census_records/the_72_year_rule_1.html。
48. Newell G. Bringhurst, "The Ku Klux Klan in a Central California Community: Tulare County during the 1920s and 1930s," *Southern California Quarterly* 82, no. 4 (Winter 2000): 365—396.
49. 当然，人们通常都不会明晃晃地实行种族隔离，所以法律也不能代表全部。绝大多数亚裔美国人小孩其实都就读于种族融合的学校。此外，有限的数据也表明，在黑人、西班牙裔和亚裔美国人小孩数量较多的学校，此类学生获得的资金投入通常与大多数白人学生相等。加州的大部分地区都从未像南方那样，发展出严格实行种族隔离制度的双阶层公共教育系统。请参阅 Hilger, "Upward Mobility and Discrimination"。

50. 据我了解，最早一批具有较高向上流动性的人就出生在1922—1940年。
51. 请参阅希尔格对这些数据的论述，《向上流动与歧视》，数据附录；以及约瑟夫・P・费列、凯伦・罗尔夫和维尔纳・特勒斯肯最早的论述，Prior Exposure to Water-Borne Lead and Intelligence Test Scores among World War Two U.S. Army Enlistees, *Economics & Human Biology* 10, no. 1 (January 2012): 98—111。
52. 我们从对小企业主、家政工雇主和富人相关逃税行为的研究中了解到，若是违法的惩罚力度轻微，大多数人都愿意为了个人利益铤而走险。请参阅Erik Hurst and Benjamin Wild Pugsley, "What Do Small Businesses Do?," *Brookings Papers on Economic Activity* 2011, no. 2 (April 28, 2012): 73—118; Catherine B. Haskins, "Household Employer Payroll Tax Evasion: An Exploration Based on IRS Data and on Interviews with Employers and Domestic Workers," PhD diss., University of Massachusetts, Amherst, 2010; Annette Alstadsæter, Niels Johannesen, and Gabriel Zucman, "Tax Evasion and Inequality," *American Economic Review* 109, no. 6 (June 2019): 2073—2103。
53. 北美项目中的中国铁路职工，"Oral History Interviews," Stanford University, accessed September 13, 2021, https://web.stanford.edu/group/chineserailroad/cgi-bin/website/oral-history/。
54. Dennis Abrams, *Maxine Hong Kingston* (New York: Chelsea House, 2009).
55. James J. Heckman and Brook S. Payner, "Determining the Impact of Federal Antidiscrimination Policy on the Economic Status of Blacks: A Study of South Carolina," *American Economic Review* 79, no. 1 (March 1, 1989): 138—177.
56. 请参阅See Andrés Reséndez, *The Other Slavery: The Uncovered Story of Indian Enslavement in America* (Boston: Mariner Books, 2016)，关于对印第安人（已与如今被认定为拉丁裔或西班牙裔的群体混合）的奴役，请参阅如Simon Romero, "Indian Slavery Once Thrived in New Mexico: Latinos Are Finding Family Ties to It," *New York Times*, January 28, 2018。
57. Lewis Meriam, *The Problem of Indian Administration* (Washington, DC: Institute for Government Research; New York: Rockefeller Foundation, 1928)；美国参议院、劳工和公共福利委员会、印第安人教育特别小组委员会，Indian Education: A National Tragedy—a National Challenge (The Kennedy Report) (Washington, DC: US Government Printing Offfce, 1969), https://eric.ed.gov/?id=ED034625；Donald Warne and Linda Bane Frizzell, "American Indian Health Policy: Historical Trends and Contemporary Issues," *American Journal of Public Health* 104, no. S3 (April 22, 2014): S263—S267。
58. Paul Schuster Taylor, *Mexican Labor in the United States Imperial Valley* (Berkeley: University of California Press, 1928); Charles Wollenberg, *All Deliberate Speed: Segregation and Exclusion in California Schools, 1855—1975* (Berkeley: University of California Press, 1978); David Torres-Rouff, "Becoming Mexican: Segregated Schools and Social Scientists in Southern California, 1913—1946," *Southern California Quarterly* 94, no. 1 (2012): 91—127.

59. Michael Hurst, "The Determinants of Earnings Differentials for Indigenous Americans: Human Capital, Location, or Discrimination?," *Quarterly Review of Economics and Finance* 37, no. 4 (1997): 787—807; Stephen J. Trejo, "Why Do Mexican Americans Earn Low Wages?," *Journal of Political Economy* 105, no. 6 (1997): 1235—1268.

第六章

1. J. Bradford Delong and Konstantin Magin, "The U.S. Equity Return Premium: Past, Present, and Future," *Journal of Economic Perspectives* 23, no. 1 (2009): 193—208; Paul Gomme, B. Ravikumar, and Peter Rupert, "The Return to Capital and the Business Cycle," *Review of Economic Dynamics* 14, no. 2 (April 1, 2011): 262—278; Francesco Caselli and James Feyrer, "The Marginal Product of Capital," *Quarterly Journal of Economics* 122, no. 2 (May 2007): 535—568; Andrea Frazzini, David Kabiller, and Lasse Heje Pedersen, "Buffett's Alpha," *Financial Analysts Journal* 74, no. 4 (2018): 35—55.
2. Eugene F. Fama and Kenneth R. French, "Luck versus Skill in the Cross-Section of Mutual Fund Returns," *Journal of Finance* 65, no. 5 (2010): 1915—1947; Jonathan B. Berk and Jules H. van Binsbergen, "Measuring Skill in the Mutual Fund Industry," *Journal of Financial Economics* 118, no. 1 (October 2015): 1—20.
3. Robert E. Hall and Susan E. Woodward, "The Burden of the Nondiversifiable Risk of Entrepreneurship," *American Economic Review* 100, no. 3 (2010): 1163—1194; William R. Kerr, Ramana Nanda, and Matthew Rhodes-Kropf, "Entrepreneurship as Experimentation,"*Journal of Economic Perspectives* 28, no. 3 (2014): 25—48.
4. 有些研究探讨了量化政策净效益的其他方法。我之所以还是讨论收益率，因为这样更方便与其他类型的金融投资作比较。比如，请参阅Nathaniel Hendren and Ben Sprung-Keyser, "A Uniffed Welfare Analysis of Government Policies," *Quarterly Journal of Economics* 135, no. 3 (August 1, 2020): 1209—1318; Amy Finkelstein and Nathaniel Hendren, "Welfare Analysis Meets Causal Inference," *Journal of Economic Perspectives* 34, no. 4 (November 1, 2020): 146—167。
5. 主流政客们已经提出了这种方法。请参阅Sarah Kliff, "An Exclusive Look at Cory Booker's Plan to Fight Wealth Inequality: Give Poor Kids Money," *Vox*, October 22, 2018, https://www.vox.com/policy-and-politics/2018/10/22/17999558/cory-booker-baby-bonds； Steve Holt, "Can Baby Bonds Help Shrink the Wealth Gap?," Bloomberg CityLab, July 11, 2017, https://www.bloomberg.com/news/articles/2017-07-11/can-baby-bonds-help-shrink-the-wealth-gap。
6. 亚当・鲁尼和迈克尔・格林斯通在《10.2万美元的投资最好用在哪里》一书中，仅从收入影响的角度评估了大学投资的收益。并且迈克尔・格林斯通和亚当・鲁尼在《上了大学但没能毕业真有那么糟糕吗？》中得出的结论是，即便没有拿到学位，多上几年大学也能收获相当高的投资收益。关于大学专业选择，请参阅Cristobal de Brey, Thomas L. Snyder, Anlan Zhang, and Sally A. Dillow, *Digest of Education Statistics*, 2019 (Washington, DC: National Center for Education Statistics,

2019), table 322.10, "Bachelor's degrees Conferred by Postsecondary Institutions, by Field of Study: Selected Years, 1970—1971 through 2017—2018," https://nces.ed.gov/programs/digest/d19/tables/dt19_322.10.asp。

7. David Card, "Estimating the Return to Schooling: Progress on Some Persistent Econometric Problems," *Econometrica* 69, no. 5 (2001): 1127—1160; Zimmerman, "The Returns to College Admission"; Manudeep Bhuller, Magne Mogstad, and Kjell G. Salvanes, "Life-Cycle Earnings, Education Premiums, and Internal Rates of Return," *Journal of Labor Economics* 35, no. 4 (April 6, 2017): 993—1030; Philip Oreopoulos and Kjell G. Salvanes, "Priceless: The Nonpecuniary Beneffts of Schooling," *Journal of Economic Perspectives* 25, no. 1 (January 1, 2011): 159—184; Enrico Moretti, "Chapter 51—Human Capital Externalities in Cities," in *Handbook of Regional and Urban Economics*, vol. 4: *Cities and Geography*, ed. J. Vernon Henderson and Jacques-François TTisse, (Amsterdam: Elsevier, 2004), 2243—2291; "Chapter 8 The Social Value of Education and Human Capital," in *Handbook of the Economics of Education*, ed. Hanushek and Welch, 1:459—509.
8. Zimmerman, "The Returns to College Admission for Academically Marginal Students"; Smith, Goodman, and Hurwitz, *The Economic Impact of Access to Public Four-Year Colleges*，以及其中引用的研究。
9. Bettinger et al., "Role of Application Assistance and Information in College Decisions." 大学投资助力因素的社会投资收益率与上大学本身的投资收益率大致相当，因为与之促成的额外大学投资的成本和收益相比，助力因素耗费的成本简直微不足道。
10. Scott Carrell and Bruce Sacerdote, "Why Do College-Going Interventions Work?," *American Economic Journal: Applied Economics* 9, no. 3 (2017): 124—151.
11. Dynarski et al., "Closing the Gap"; Bulman, "The Effect of Access to College Assessments on Enrollment and Attainment"; Caroline Hoxby and Sarah Turner, "Expanding College Opportunities for High-Achieving, Low Income Students," SIEPR Discussion Paper no. 12-014, 2012; Michael Hurwitz, Jonathan Smith, Sunny Niu, and Jessica Howell, "The Maine Question: How Is 4-Year College Enrollment Affected by Mandatory College Entrance Exams?," *Educational Evaluation and Policy Analysis* 37, no. 1 (March 1, 2015): 138—159; Joshua Hyman, "ACT for All: The Effect of Mandatory College Entrance Exams on Postsecondary Attainment and Choice," *Education Finance and Policy* 12, no. 3 (July 1, 2017): 281—311; Amanda Pallais, "Small Differences That Matter: Mistakes in Applying to College," *Journal of Labor Economics* 33, no. 2 (2015): 28.
12. Robert Lerman, *Expanding Apprenticeship Opportunities in the United States* (Washington, DC: Brookings Institution, 2014); Robert I. Lerman, "Expanding Apprenticeship in the United States: Barriers and Opportunities," in *Contemporary Apprenticeship: International Perspectives on an Evolving Model of Learning*, ed. Alison Fuller and Lorna Unwin (New York: Routledge, 2013), 105—124. 另请参

阅《注册学徒全国性成果年度报告》中关于新学徒数量的统计，美国劳工部“数据与统计”一栏，https://www.dol.gov/agencies/eta/apprenticeship/about/statistics/2020。

13. Frances A. Campbell, Elizabeth P. Pungello, Margaret Burchinal, Kirsten Kainz, Yi Pan, Barbara H. Wasik, Oscar A. Barbarin, et al., “Adult Outcomes as a Function of an Early Childhood Educational Program: An Abecedarian Project Follow-Up,” *Developmental Psychology* 48, no. 4 (2012): 1033—1043. 对于20世纪70年代出生的孩子来说，大学通常需要读5年，能让收入增加60%。请参阅Claudia Goldin and Lawrence F. Katz, *The Race between Education and Technology: The Evolution of US Educational Wage Differentials, 1890 to 2005*, NBER Working Paper no. 12984 (Cambridge, MA: National Bureau of Economic Research, 2007)。
14. 本例中投资收益率的计算公式为：成本*（投资收益率^延迟年限）=收益，即投资收益率=（收益/成本）^（1/延迟年限）。引述研究中的实际计算就是这样确切的客观事实，但考量的是在很长一段时间内收益的逐渐累积。
15. James J. Heckman, Seong Hyeok Moon, Rodrigo Pinto, Peter A. Savelyev, and Adam Yavitz, “The Rate of Return to the HighScope Perry Preschool Program,” Journal of Public Economics 94, no. 1—2 (February 2010): 114—128; Jorge Luis García, James J. Heckman, Duncan Ermini Leaf, and María José Prados, “Quantifying the Life-C ycle Benefits of an Inffuential Early-Childhood Program,” Journal of Political Economy 128, no. 7 (July 2020): 2502—2541. 在《从学前教育到繁荣：幼儿期教育的经济收益》一书中，蒂莫西・鲍尔蒂克对大量相关公共学前教育项目做了估算。
16. “超过90万美元”的说法源自8万美元*1.13^20=92.2万美元的计算。
17. 请参阅第一张注释9，关于对劣势儿童的更大影响。关于低收入家庭儿童参加中心早教项目的低比率，请参阅Lynda Laughlin, *Who's Minding the Kids? Child Care Arrangements: Spring 2011* (Washington, DC: US Census Bureau, 2013), https://www.census.gov/prod/2013pubs/p70-135.pdf。至于婴幼儿，请参阅“Percentage of All Infants and Toddlers by Primary Care Arrangement in the Past Week (2012),” Child Trends, September 4, 2019, https://www.childtrends.org/blog/nearly-30-percent-of-infants-and-toddlers-attend-home-based-child-care-as-their-primary-arrangement#:~:text=11.9%20percent%20of%20infants%20and,care%20and%20parental%20care%20overall。
18. 90%的先行教育计划发起方都是正式的活动中心。请参阅Office of Head Start, “Services Snapshot: National All Programs (2017—2018),” https://eclkc.ohs.acf.hhs.gov/sites/default/files/pdf/no-search/service-snapshot-all-programs-2017-2018.pdf。关于资格和资格的有效时间，请参阅Head Start, “1302.12 Determining, Verifying, and Documenting Eligibility,” in *Head Start Policy & Regulations*, accessed September 13, 2021, https://eclkc.ohs.acf.hhs.gov/policy/45-cfr-chap-xiii/1302-12-determining-verifying-documenting-eligibility。
19. David Bank and Jenny Griffin, “For- Profit Head Start Programs Pay Off for Children, but Investors Have to Wait,” Aspen Institute, January 29, 2015, https://www.

aspeninstitute.org/blog-posts/profit-head-start-programs-pay-children-investors-have-wait/. 关于营利性学校在大学环境中的有效性，请参阅Stephanie Riegg Cellini and Nicholas Turner, “Gainfully Employed? Assessing the Employment and Earnings of For-Profit College Students Using Administrative Data,” *Journal of Human Resources* 54, no. 2 (March 31, 2019): 342—370。

20. 关于参与率、时长和质量，请参阅W. Steven Barnett and Allison H. Friedman-Krauss,“State(s) of Head Start,” National Institute for Early Education Research, 2016。关于时长，另请参阅先行教育计划办公室，《服务快照：所有全国性项目（2017—2018年）》。项目执行标准可在https://eclkc.ohs.acf.hhs.gov/policy/45-cfr-chap-xiii上查阅。至于表明与其他中心式保育相比，全方位服务可能不具有优化效果的证据，请参阅Kline and Walters, “Evaluating Public Programs with Close Substitutes”; Feller et al., “Compared to What?” 。至于优化先行教育计划的成熟提议，请参阅Sara Mead and Ashley LiBetti Mitchel, “Reforming Head Start for the 21st Century: A Policy Prescription,” in *Challenging Assumptions about Behavioral Policy*, vol. 1, no. 1, ed. Craig R. Fox and Sim B. Sitkin (Washington, DC: Brookings Institution, 2016), 19—28。
21. 先行教育计划在每个孩子身上的资金投入大概是佩里学前教育研究计划等示范项目的60%。请参阅Janet Currie, “Early Childhood Education Programs,” *Journal of Economic Perspectives* 15, no. 2 (2001): 213—238。至于先行教育计划和佩里学前教育研究计划对比情况的深入探究，请参阅Zigler and Styfco, “Is the Perry Preschool Better than Head Start?”。关于州级学前教育项目的成本，请参阅Mariana Zerpa, “Short and Medium Run Impacts of Preschool Education” 。关于先行教育计划的成本，请参阅W. Steven Barnett, Pew Charitable Trusts, and National Institute for Early Education Research, *The State of Preschool 2006: State Preschool Yearbook* (New Brunswick, NJ: National Institute for Early Education Research, 2006)。因为这份资料没有把20%的非联邦项目成本额度计算在先行教育计划成本内，所以我加上了这20%。
22. 我把投资收益率的计算重点放在先行教育计划而非早期先行教育计划的成果上，是因为先行教育计划的规模更大、存在时间更久，已经得到了相对透彻的分析。Mike Puma, Stephen Bell, Ronna Cook, Camilla Heid, Pam Broene, Frank Jenkins, Andrew Mashburn, and Jason Downer, *Third Grade Follow-Up to the Head Start Impact Study: Final Report*, OPRE Report 2012-45 (Washington, DC: Administration for Children & Families, US Department of Health and uman Services, 2012),https://eric.ed.gov/?id=ED539264。关于根据测试成绩预估的收入，请参阅Kline and Walters,“Evaluating Public Programs with Close Substitutes”。关于健康和遵纪守法，请参阅 Carneiro and Ginja, “Long-Term Impacts of Compensatory Preschool”。关于长期投资收益率可能接近或超过20%，请参阅 Bailey, Timpe, and Sun, “Prep School for Poor Kids”。先前许多学者都错误地解读了先行教育计划影响研究，认为该项目收效甚微。此处引用的论文可以解释为什么会存在这样的误导性。关于早期先行教育计划的巨大积极影响，请参阅 Love et al., “The Effectiveness of Early

Head Start”。

23. 作为一种教育补助金券计划，CCDF对发起方质量的管控明显异常薄弱。关于K12教育补助金券计划的规定，请参阅苏Yujie Sude, Corey A. DeAngelis, and Patrick J. Wolf, “Supplying Choice: An Analysis of School Participation Decisions in Voucher Programs in Washington, DC, Indiana, and Louisiana,” *Journal of School Choice* 12, no. 1 (January 2, 2018): 8—33; Atila Abdulkadiroğlu, Parag A. Pathak, and Christopher R. Walters, “Free to Choose: Can School Choice Reduce Student Achievement?,” *American Economic Journal: Applied Economics* 10, no. 1 (2018): 175—206, sec. 4。

虽然大多数先行教育中心每天都能提供6小时以上的托管，但其日均、周均及年均托管时长都低于CCDF参与者所选择的保育中心，后者每天的托管时长基本能达到8小时，每周工作5天。至于先行教育计划负责方规定的时长，请参阅先行教育计划办公室，《服务快照：所有全国性项目（2017—2018年）》。至于CCDF参与者的一般托管时长，我的计算基于每月约21.75个工作日，以及儿童保育办公室记录的每月托管总小时数，“2018年初步数据表14——按年龄分组和托管类型划分的儿童月均托管小时数”，2019年12月3日，https://www.acf.hhs.gov/occ/data/fy-2018-preliminary-data-table-14-average-monthly-hours-children-care-age-group-and-care。

先行教育计划和CCDF的服务对象主要都是有工作的父母。参与先行教育计划的家庭63%都有工作，CCDF约74%的参与者表示该项目对他们的就业有帮助。关于先行教育计划，请参阅Schmit, *Head Start Participants, Programs, Families, and Staff in 2011* (Washington, DC: Center for Law and Social Policy, November 2012), https://nieer.org/wp-content/uploads/2013/06/HSpreschool-PIR-2011-Fact-Sheet.pdf。关于CCDF的参与者，请参阅Office of Child Care, “FY 2018 Preliminary Data Table 10—Reasons for Receiving Care, Average Monthly Percentage of Families” (December 3, 2019), https://www.acf.hhs.gov/occ/data/fy-2018-preliminary-data-table-10-reasons-receiving-care-average-monthly-percentage。

部分研究人员拒绝将先行教育计划和CCDF放在一起比较，因为他们认为，CCDF的目标始终是帮助父母就业，而非为孩子提供早期教育。然而，自成立之初，CCDF就拨了一部分补助金，用于改善儿童保育质量；请参阅《绿皮书》第九章关于美国众议院筹款委员会的儿童保育立法史。20世纪90年代末，为CCDF补贴受助人设立的质量评级和优化制度也体现了这种对更高质量的追求。请参阅国家幼儿期质量保证中心，“History of QRIS Growth over Time,” QRIS Compendium 2016 Fact Sheets, 2017。

部分研究人员还指出，CCDF受助人通常还会申请妇幼营养补助。然而，CCDF和先行教育计划的参与者之所以会在妇幼营养补助申请上存在巨大差异，很大一部分原因可能在于，参加先行教育计划的孩子年龄都比较大。有90%的CCDF参与者申请了妇幼营养补助（Chris M. Herbst and Erdal Tekin, *Child Care Subsidies and Child Development*, IZA Discussion Paper no. 3836 [Bonn: Institute of Labor Economics, n.d.], 52），相比而言，只有50%的先行教育计划参与者申请了妇幼营养补助（Schmit, *Head Start Participants, Programs, Families, and Staff in 2011*）。然而，参与儿童之间的年龄差异并非是这两个项目具有不同影响的原因。早期先行教育计划也产生了很大的积极影响：请参阅Love et al., “The Effectiveness of Early Head Start”。

24. 关于CCDF的繁琐程序，请参阅Gina Adams and Hannah Matthews, “Confronting the Child Care Eligibility Maze: Simplifying and Aligning with Other Work Supports,” Work Support Strategies: Streamlining Access, Strengthening Families, Urban Institute, 2013。关于造成繁琐程序的政策，请参阅城市研究所CCDF政策数据库，比如“Key Cross-State Variations in CCDF Policies as of October 1, 2018,” November 2019, https://www.urban.org/sites/default/files/publication/101629/key_cross-state_variations_in_ccdf_policies_as_of_october_1_2018_1.pdf。关于符合条件的家庭获得补助的比例，请参阅US Government Accountability Office (GAO), *Child Care and Development Fund: Subsidy Receipt and Plans for New Funds*, GAO-19-222R, GAO@100 (Washington, DC: US GAO, 2019), https://www.gao.gov/products/GAO-19-222R。关于对补助的了解，请参阅Anne B. Shlay, Marsha Weinraub, Michelle Harmon, and Henry Tran, “Barriers to Subsidies: Why Low-Income Families Do Not Use Child Care Subsidies,” *Social Science Research* 33, no. 1 (2004): 134—157; Chris M. Herbst, “Who Are the Eligible Non-recipients of Child Care Subsidies?,” *Children and Youth Services Review* 30, no. 9 (2008): 1037—1054。

    各州一直在简化CCDF的繁琐程序，但还需要很长一段时间。请参阅Gina Adams and Julia R. Henly, “Child Care Subsidies: Supporting Work and Child Development for Healthy Families,” Health Policy Brief, HealthAffairs, April 13, 2020。在一场采访中，旧金山儿童委员会的桑迪·布莱克曼和查西·吴解释了许多保育机构拒绝CCDF补助的原因（作者采访，2017年6月1日）。

25. T·J·萨伯尔及同事揭示了质量评估改进系统提供的信息通常都不能体现保育质量的事实。请参阅T. J. Sabol, S. L. Soliday Hong, R. C. Pianta, and M.R. Burchinal, “Can Rating Pre-K Programs Predict Children’s Learning? Supplementary Materials,” *Science* 341, no. 6148 (2013): 845—846。

26. 比如，请参阅James Gordon, Chris Herbst, and Erdal Tekin, *Who’s Minding the Kids? Experimental Evidence on the Demand for Child Care Quality*, NBER Working Paper no. 25335 (Cambridge, MA: National Bureau of Economic Research, 2018, rev. 2020)，及其中的参考文献。

27. Chris M. Herbst and Erdal Tekin, “The Impact of Child-Care Subsidies on Child Development: Evidence from Geographic Variation in the Distance to Social Service Agencies,”*Journal of Policy Analysis and Management* 35, no. 1 (2016): 94—116。关于学校教育补助金券计划让父母面对低质量选择的不利影响，请参阅Abdulkadiroğlu, Pathak, and Walters, “Free to Choose”。人们在俄亥俄州和印第安纳州也发现了学校教育补助金券计划对学习成绩的负面影响。请David Figlio and Krzysztof Karbownik, *Evaluation of Ohio’s EdChoice Scholarship Program: Selection, Competition, and Performance Effects* (Columbus, OH: Thomas B. Fordham Institute,

2016); R. Joseph Waddington and Mark Berends, "Impact of the Indiana Choice Scholarship Program: Achievement Effects for Students in Upper Elementary and Middle School," *Journal of Policy Analysis and Management* 37, no. 4 (2018): 783—808。关于其他国家低质量早教项目的负面影响，请参阅第一章注释9中提到的魁北克和博洛尼亚的研究。

28. Momoko Hayakawa and Arthur Reynolds, "Strategies for Scaling Up: Promoting Parent Involvement through Family-School-Community Partnerships," *Voices in Urban Education* 44 (2016): 45, 51; see also Arthur J. Reynolds, Judy A. Temple, Suh-Ruu Ou, Irma A. Arteaga, and Barry A. B. White, "School-Based Early Childhood Education and Age-28 Well-Being: Effects by Timing, Dosage, and Subgroups," *Science* 333, no. 6040 (July 15, 2011): 360—364.
29. Rob Waters, "A Conversation with Tony D: How 'Becoming a Man' Got to the White House," *Forbes*, March 9, 2016, https://www.forbes.com/sites/robwaters/2016/03/09/a-conversation-with-tony-d-how-becoming-a-man-got-to-the-white-house。
30. Sara B. Heller, "Summer Jobs Reduce Violence among Disadvantaged Youth," *Science* 346, no. 6214 (December 5, 2014): 1219—1223; Sara B. Heller, Anuj K. Shah, Jonathan Guryan, Jens Ludwig, Sendhil Mullainathan, and Harold A. Pollack, "Thinking, Fast and Slow? Some Field Experiments to Reduce Crime and Dropout in Chicago," *Quarterly Journal of Economics* 132, no. 1 (2017): 1—54.
31. 引自 Margaret K. Nelson, *Parenting out of Control: Anxious Parents in Uncertain Times* (New York: New York University Press, 2012), 32。
32. Melissa S. Kearney and Phillip B. Levine, "Why Is the Teen Birth Rate in the United States so High and Why Does It Matter?," *Journal of Economic Perspectives* 26, no. 2 (2012): 141—166.
33. 一项由联邦政府资助的大规模随机对照实验发现，四项备受推崇的纯禁欲性教育项目完全没有起效。请参阅 Melissa S. Kearney, "Teen Pregnancy Prevention," in *Targeting Investments in Children: Fighting Poverty When Resources Are Limited*, ed. Phillip B. Levine and David J. Zimmerman, a National Bureau of Economic Research Conference Report (Chicago: University of Chicago Press, 2010); Melissa S. Kearney and Phillip B. Levine, "Media Influences on Social Outcomes: The Impact of MTV's 16 and Pregnant on Teen Childbearing," *American Economic Review* 105, no. 12 (December 2015): 3597—3632。
34. Kathryn Edit and Maria Kelafas, *Promises I Can Keep: Why Poor Women Put Motherhood before Marriage* (Berkeley: University of California Press, 2005), 10.
35. David S. Lee and Justin McCrary, "The Deterrence Effect of Prison: Dynamic Theory and Evidence," working paper, 2016, figure A.1, https://eml.berkeley.edu/~jmccrary/lee_and_mccrary2009.pdf.
36. Neal Hazel, *Cross-National Comparison of Youth Justice* (London: Youth Justice Board/Bwrdd Cyffawnder Ieuenctid, 2008), 59, table 8.1.
37. Table 8: "Per Pupil Amounts for Current Spending of Public Elementary-Secondary

School Systems by State: Fiscal Year 2018," in "Summary Tables" in US Census Bureau, "2018 Public Elementary-Secondary Education Finance Data," last rev. April 14, 2020, https://www.census.gov/data/tables/2018/econ/school-finances/secondary-education-finance.html。

38. Alexander, *The New Jim Crow*.
39. Justin McCrary and David S. Lee, "The Deterrence Effect of Prison: Dynamic Theory and Evidence," working paper, Berkeley Program in Law and Economics, 2009.
40. Michael Mueller-Smith, "The Criminal and Labor Market Consequences of Incarceration," working paper, Department of Economics, University of Michigan, August 18, 2015, https://sites.lsa.umich.edu/mgms/wp-content/uploads/sites/283/2015/09/incar.pdf; Jeffrey R. Kling, "Incarceration Length, Employment, and Earnings," *American Economic Review* 96, no. 3 (2006): 863—876; Jeffrey Grogger, "The Effect of Arrests on the Employment and Earnings of Young Men," *Quarterly Journal of Economics* (February 1995): 51—71; Harry J. Holzer, "Collateral Costs: The Effects of Incarceration on the Employment and Earnings of Young Workers," in *Do Prisons Make Us Safer? The Benefits and Costs of the Prison Boom*, ed. Steven Raphael and Michael A. Stoll (New York: Russell Sage Foundation, 2009), 239—268; Magnus Lofstrom and Steven Raphael, "Crime, the Criminal Justice System, and Socioeconomic Inequality," *Journal of Economic Perspectives* 30, no. 2 (May 2016): 103—126.
41. Dobkin et al., "The Economic Consequences of Hospital Admissions"; Til von Wachter, Jae Song, and Joyce Manchester, "Long-Term Earnings Losses due to Mass Layoffs during the 1982 Recession: An Analysis Using U.S. Administrative Data from 1974 to 2004," working paper, 2009, http://www.econ.ucla.edu/tvwachter/papers/mass_layoffs_1982.pdf。
42. Patrick Bayer, Randi Hjalmarsson, and David Pozen, "Building Criminal Capital behind Bars: Peer Effects in Juvenile Corrections," *Quarterly Journal of Economics* 124, no. 1 (2009): 105—147; Aizer and Doyle, "Juvenile Incarceration, Human Capital, and Future Crime."
43. 大卫·西姆斯提供了一个很好的例子，说明资金不足对由小规模实验引发的改革具有多么巨大的破坏力。请参阅 David Sims, "A Strategic Response to Class Size Reduction: Combination Classes and Student Achievement Abstract," *Journal of Policy Analysis and Management* 27, no. 3 (2008): 457—478; David P. Sims, "Crowding Peter to Educate Paul: Lessons from a Class Size Reduction Externality," *Economics of Education Review* 28, no. 4 (August 2009): 465—473。
44. White House, "The American Families Plan," April 2021, https://www.whitehouse.gov/wp-content/uploads/2021/04/American-Families-Plan-Fact-Sheet-FINAL.pdf。
45. 顶尖的研究证明，在假期的前12—18周，仅是对孩子未来收入的积极影响，其价值就超过了该项目收取的费用。请参阅 Maya Rossin-Slater, "Easing the Burden: Why Paid Family Leave Policies Are Gaining Steam," SIEPR Policy Brief, 2018,

https://siepr.stanford.edu/research/publications/paid-family-leave-policies。

妇幼营养补助特别计划可以复制竞标婴儿配方奶粉的成功经验，代父母们以超高优惠价购买尿不湿。请参阅Steven Carlson, Robert Greenstein, and Zoë Neuberger, *WIC's Competitive Bidding Process for Infant Formula Is Highly Cost-Effective* (Washington, DC: Center for Budget and Policy Priorities, 2017)。

高质量儿童保育服务能够有效帮助中产阶层父母，躲避低质量儿童保育系统的负面影响。请参阅Baker, Gruber, and Milligan, "Universal Child Care, Maternal Labor Supply, and Family Well-Being"; Baker, Gruber, and Milligan, "The Long-Run Impacts of a Universal Child Care Program"。

46. 关于精心设计的暑期项目对学生有益的证据，请参阅Andrew McEachin, Catherine Augustine, and Jennifer McCombs, "Best Practices in Summer Programming," in *The Summer Slide*, ed. Alexander et al., Kindle Edition, location 4294—4639。至于近期对延长上课日对读写教育作用的评估表明可能有效，请参阅David Figlio, Kristian L. Holden, and Umut Ozek, "Do Students Benefit from Longer School Days? Regression Discontinuity Evidence from Florida's Additional Hour of Literacy Instruction," *Economics of Education Review* 67 (December 1, 2018): 171—183。至于学校对延长时间的利用多少都有效果的例子，请参阅Andrés Barrios-Fernández and Giulia Bovini, "It's Time to Learn: School Institutions and Returns to Instruction Time," *Economics of Education Review* 80 (February 1, 2021): 102068。至于低质量课后项目产生负面影响的警示，请参阅Ailin He and Nagham Sayour, "After-School Care, Child Care Arrangements, and Child Development," *Journal of Human Capital* 14, no. 4 (October 29, 2020): 617—652, https://doi.org/10.1086/711950。另请参阅记录田纳西州某一延长教育项目中疲劳度和疏离感的研究结果：Robyn J. Beard, "Extended-Time and Its Influence on Academic Achievement and Growth for African American Students in High-Minority, High-Poverty Schools: A Case Study," PhD diss., Union University, 2020。

关于社区教育，请参阅John Rogers, *Community Schools: Lessons from the Past and Present* (Los Angeles: University of California Institute for Democracy, Education, and Access, 1998), https://sedn.senate.ca.gov/sites/sedn.senate.ca.gov/files/rogers_community_schools_lessons_1998.pdf；William R. Johnston, John Engberg, Isaac M. Opper, Lisa Sontag-Padilla, and Lea Xenakis, *Illustrating the Promise of Community Schools: An Assessment of the Impact of the New York City Community Schools Initiative* (New York: RAND, New York City Mayor's Office for Economic Opportunity, 2020)。

47. 关于助学金的数额和结构，请参阅Dynarski et al., "Closing the Gap"。关于大学支持项目，请参阅Rachel Fulcher Dawson, Melissa S. Kearney, and James X. Sullivan, *Comprehensive Approaches to Increasing Student Completion in Higher Education: A Survey of the Landscape*, NBER Working Paper no. 28046 (Cambridge, MA: National Bureau of Economic Research, 2020)。关于职业培训项目，请参阅如 David Fein and Jill Hamadyk, *Bridging the Opportunity Divide for Low-Income*

Youth: Implementation and Early Impacts of the Year Up Program, OPRE Report (Washington, DC: Office of Planning, Research, and Evaluation, Administration for Children and Families, US Department of Health and Human Services, May 1, 2018); Heller, "Summer Jobs Reduce Violence"; Debbie Reed, Albert Yung-Hsu Liu, Rebecca Kleinman, Annalisa Mastri, Davin Reed, Samina Sattar, and Jessica Ziegler, *An Effectiveness Assessment and Cost–Benefit Analysis of Registered Apprenticeship in 10 States* (Oakland, CA: Mathematica Policy Research, 2012)。

48. "State Health Facts: Medicaid-to-Medicare Fee Index, Timeframe: 2016," Kaiser Family Foundation, https://www.kff.org/medicaid/state-indicator/medicaid-to-medicare-fee-index. 另请参阅 Stephen Zuckerman, Laura Skopec, and Marni Epstein, *Medicaid Physician Fees after the ACA Primary Care Fee Bump* (Washington, DC: Urban Institute, March 2017), http://www.urban.org/sites/default/files/publication/88836/2001180-medicaid-physician-fees-after-the-aca-primary-care-fee-bump_0.pdf; Kayla Holgash and Martha Heberlein, "Physician Acceptance of New Medicaid Patients: What Matters and What Doesn't," *Health Affairs Blog*, April 10, 2019, https://www.healthaffairs.org/do/10.1377/hblog20190401.678690/full/。

第七章

1. Neal Lane and Harold Varmus, *Investing in Our Future: A National Research Initiative for America's Children for the 21st Century* (Washington, DC: National Science and Technology Council Committee on Fundamental Science, Committee on Health, Safety, and Food, 1997). 关于公共和私人资金在研发中的作用，请参阅 Jonathan Gruber and Simon Johnson, *Jump-Starting America: How Breakthrough Science Can Revive Economic Growth and the American Dream* (New York: PublicAffairs, 2019) and Mariana Mazzucato, *The Entrepreneurial State: Debunking Public vs. Private Sector Myths* (New York: PublicAffairs, 2015)。
2. Lane and Varmus, *Investing in Our Future*.
3. Thomas A. Husted and Lawrence W. Kenny, "The Effect of the Expansion of the Voting Franchise on the Size of Government," *Journal of Political Economy* 105, no. 1 (February 1997): 54—82; Grant Miller, "Women's Suffrage, Political Responsiveness, and Child Survival in American History," *Quarterly Journal of Economics* 123, no. 3 (August 2008):1287—1327; Margo, *Race and Schooling in the South*; Elizabeth U. Cascio and Ebonya Washington, "Valuing the Vote: The Redistribution of Voting Rights and State Funds Following the Voting Rights Act of 1965," *Quarterly Journal of Economics* 129, no. 1 (February 2014): 379—433; Graziella Bertocchi, Arcangelo Dimico, Francesco Lancia, and Alessia Russo, "Youth Enfranchisement, Political Responsiveness, and Education Expenditure: Evidence from the US," *American Economic Journal: Economic Policy* 12, no. 3 (August 2020): 76—106.
4. Michael P. McDonald, "Voter Turnout Demographics," United States Elections Project, accessed May 18, 2021, http://www.electproject.org/home/voter-turnout/

demographics。

5. 作者的计算基于OpenSecrets.org上响应性政治中心公布的数据，总结了与孩子和老年人相关组织的游说支出（老年人方面，几乎全部源自AARP）。

6. 作者的计算参照了Julia B. Isaacs, Cary Lou, Heather Hahn, Ashley Hong, Caleb Quakenbush, and C. Eugene Steuerle, *Kids' Share 2018: Report on Federal Expenditures on Children through 2017 and Future Projections* (Washington, DC: Urban Institute, 2018); Lino et al., *Expenditures on Children by Families, 2015*；以及其他了解私人支出情况的来源。在比较孩子和老人的人均总支出时，我会避免重复计算私人支出中的公共收入转移部分。这一点非常重要，主要是因为社会保障是一项关键的联邦支出，也是私人层面对老年群体支出的主要项目。据我估算，2018年，孩子的人均总支出为24 772美元，老人的人均总支出为36 989美元。

7. "Major Payment Reform Program for Cancer Drugs Falls Short," *Penn Medicine News*, May 6, 2019, https://www.pennmedicine.org/news/news-releases/2019/may/major-payment-reform-program-for-cancer-drugs-falls-short。

8. Martha J. Bailey and Andrew Goodman-Bacon, "The War on Poverty's Experiment in Public Medicine: Community Health Centers and the Mortality of Older Americans," *American Economic Review* 105, no. 3 (March 2015): 1067—1104.

9. First Five Years Fund, "2021 Policy Poll: Fact Sheet," January 29, 2021, https://www.ffyf.org/2021-policy-poll-fact-sheet/.

10. Thomas Piketty, Emmanuel Saez, and Gabriel Zucman, "Distributional National Accounts: Methods and Estimates for the United States," *Quarterly Journal of Economics* 133, no. 2 (May 1, 2018): 553—609.

11. 对岗位的估算参考了总GDP/就业比率。

12. Amy Joyce and Caitlin Gibson, "Consumed by Competition, Parents Fuel a College Admissions Game That Few Can Play," *Washington Post*, March 13, 2019.

13. Stacy B. Dale and Alan B. Krueger, "Estimating the Effects of College Characteristics over the Career Using Administrative Earnings Data," *Journal of Human Resources* 49, no. 2 (Spring 2014): 323—358; Stacy Berg Dale and Alan B. Krueger, "Estimating the Payoff to Attending a More Selective College: An Application of Selection on Observables and Unobservables," *Quarterly Journal of Economics* 117, no. 4 (November 2002): 1491—1527; Jack Mountjoy and Brent Hickman, The Returns to College(s): *Estimating Value-Added and Match Effects in Higher Education*, Becker Friedman Institute for Economics Working Paper no. 2020-08 (Chicago: University of Chicago, 2020).

14. Gruber and Johnson, *Jump-Starting America; Mazzucato, The Entrepreneurial State*.

15. Marie Jahoda, Paul Lazarsfeld, and Hans Zeisel, Marienthal: *The Sociography of an Unemployed Community* (1933; reprint, New York: Aldine-Atherton, 1971); Daniel Nelson, *Unemployment Insurance: The American Experience, 1915—1935* (Madison: University of Wisconsin Press, 1969); John Bound, "The Health and Earnings of Rejected Disability Insurance Applicants," *American Economic Review* 79, no. 3

(1989): 482—503; Gary V. Engelhardt and Jonathan Gruber, "Social Security and the Evolution of Elderly Poverty," in *Public Policy and the Income Distribution*, ed. Alan Auerbach, David Card, and John Quigley (New York: Russell Sage Foundation, 2006), 259—287; Chetty and Finkelstein, "Social Insurance."

16. Martha J. Bailey and Nicolas J. Duquette, "How Johnson Fought the War on Poverty: The Economics and Politics of Funding at the Office of Economic Opportunity," *Journal of Economic History* 74, no. 2 (2014): 351—388. 请参阅"Federal Receipts as Percent of Gross Domestic Product (FYFRGDA188S)," FRED Economic Data, accessed May 18, 2021, https://fred.stlouisfed.org/series/FYFRGDA188S。
17. 共和党贫困、机会和向上流动特别小组，*A Better Way: Our Vision for a Confident America: Poverty, Opportunity, and Upward Mobility* (Washington, DC: Republican Party, June 7, 2016), https://www.ncsha.org/wp-content/uploads/Paul-Ryan-A-Better-Way-Our-Vision-for-a-Confident-America-June-2016.pdf。
18. 关于贫困率的讨论参考了Bruce D. Meyer and James X. Sullivan, *Winning the War: Poverty from the Great Society to the Great Recession*, NBER Working Paper no. 18718 (Cambridge, MA: National Bureau of Economic Research, January 2013)。
19. 实际情况没有这么明显，但道理就是如此。请参阅Jerry Hausman,"Sources of Bias and Solutions to Bias in the Consumer Price Index," *Journal of Economic Perspectives* 17, no. 1 (Winter 2003): 23—44。
20. 已经有人提出了对极端贫困人口增加的担忧，请参阅如Robert Haveman, Rebecca Blank, Robert Moffitt, Timothy Smeeding, and Geoffrey Wallace, "The War on Poverty: Measurement, Trends, and Policy," *Journal of Policy Analysis and Management* 34, no. 3 (2015): 593—638; H. Luke Shaefer and Kathryn Edin, "Rising Extreme Poverty in the United States and the Response of Federal Means-Tested Transfer Programs," *Social Service Review* 87, no. 2 (June 2013): 250—268。 已有证据证明，这些担忧都是统计问题的产物。请参阅Bruce D. Meyer, Derek Wu, Victoria Mooers, and Carla Medalia, "The Use and Misuse of Income Data and Extreme Poverty in the United States," *Journal of Labor Economics* 39, no. S1 (2021): S5—S58，以及其中对布鲁斯·迈耶、詹姆斯·苏利文等人长期研究的引用。这些研究人员记录了调查数据中巨大且仍在扩充的错误，这些错误对极端贫困的程度和趋势评估造成了极大的歪曲。
21. Timothy Smeeding, "Poor People in Rich Nations: The United States in Comparative Perspective,"*Journal of Economic Perspectives* 20, no. 1 (2006): 69—90.
22. David W. Brown, Amanda E. Kowalski, and Ithai Z. Lurie, "Long-Term Impacts of Childhood Medicaid Expansions on Outcomes in Adulthood," *Review of Economic Studies* 87, no. 2 (March 1, 2020): 792—821; Janet Currie and Jonathan Gruber, "Saving Babies: The Efficacy and Cost of Recent Changes in the Medicaid Eligibility of Pregnant Women,"*Journal of Political Economy* 104, no. 6 (December 1, 1996): 1263—1296; Janet Currie and Jonathan Gruber, "Health Insurance Eligibility, Utilization of Medical Care, and Child Health," *Quarterly Journal of Economics* 111,

no. 2 (May 1996): 431—466.

Hilary Hoynes, Diane Whitmore Schanzenbach, and Douglas Almond, "Long-Run Impacts of Childhood Access to the Safety Net," *American Economic Review* 106, no. 4 (2016): 903—934; Bailey et al., *Is the Social Safety Net a Long-Term Investment?*

Jens Ludwig and Douglas L. Miller, "Does Head Start Improve Children's Life Chances? Evidence from a Regression Discontinuity Design," *Quarterly Journal of Economics* 122, no. 1 (2007): 159—208; David Deming, "Early Childhood Intervention and Life-Cycle Skill Development: Evidence from Head Start," *American Economic Journal: Applied Economics* 1, no. 3 (2009) 111—134; Kline and Walters, "Evaluating Public Programs with Close Substitutes"; Rucker C. Johnson and C. Kirabo Jackson, *Reducing Inequality through Dynamic Complementarity: Evidence from Head Start and Public School Spending*, NBER Working Paper no. 23489 (Cambridge, MA: National Bureau of Economic Research, 2017, rev. February 2018).

23. Katznelson, Fear Itself; Ira Katznelson, *When Affirmative Action Was White: An Untold History of Racial Inequality in Twentieth-Century America* (New York: Norton, 2006).
24. Doris Kearns Goodwin, *No Ordinary Time: Franklin & Eleanor Roosevelt, the Home Front in World War II* (New York: Touchstone, 1996).
25. Ilyana Kuziemko and Ebonya Washington, "Why Did the Democrats Lose the South? Bringing New Data to an Old Debate," *American Economic Review* 108, no. 10 (October 2018): 2830—2867.
26. 罗伯特·卡罗记录了约翰逊复杂且非凡的人生中的这段经历，记忆其他一些传奇的故事。
27. Bailey and Duquette, "How Johnson Fought the War on Poverty."
28. 介绍这部分内容及引用其他史料时，我会用"黑x"表示那个词。Nadine Cohodas, "Thurmond, James Strom," *South Carolina Encyclopedia*, June 28, 2016, updated August 16, 2016, https://www.scencyclopedia.org/sce/entries/thurmond-james-strom/。
29. Alexander P. Lamis, ed., *Southern Politics in the 1990s* (Baton Rouge: Louisiana State University Press, 1999), 8.
30. 教育先锋埃塞尔·珀西·安德鲁斯因身边的朋友和同事为社区奉献了一生，却在年迈时备受贫困所扰，于是采取行动，创立了AARP。Christine L. Day, *AARP: America's Largest Interest Group and Its Impact (American Interest Group Politics)* (Santa Barbara, CA: Praeger, 2017).
31. 1966年，PTA有1 200万会员，美国总人口为2亿；2020年，PTA有380万会员，美国总人口为3.2亿。"1 200万"这一数值源自Thomas Toch, "The Plight of the PTA," *Brookings (blog)*, January 7, 2001, https://www.brookings.edu/articles/the-plight-of-the-pta/；"350万"这一数值源自PTA执行董事内森·莫奈尔在PTA网站上的个人页面，accessed August 17, 2021, https://www.pta.org/home/About-National-Parent-Teacher-Association/PTA-Leadership/Board-Officers-Members/Nathan-R-Monell-CAE，说的是"PTA的2.2万个地方分支机构和近350万名会员"。

32. 关于PTA的政策立场，请参阅National PTA, “National PTA’s 2021—2023 Public Policy Platform,” accessed June 20, 2021, https://www.pta.org/home/advocacy/federal-legislation/Public-Policy-Agenda。免费STEM项目资源的示例：“The Ultimate STEM Guide for Kids: 239 Cool Sites about Science, Technology, Engineering and Math,” Master’s in Data Science, 2U, November 22, 2019, https://www.mastersindatascience.org/resources/the-ultimate-stem-guide-for-kids-239-cool-sites-about-science-technology-engineering-and-math/。

33. AARP, “Is an AARP Membership Worth It?,” accessed May 18, 2021, https://www.aarp.org/beneffts-discounts/is-aarp-membership-worth-it.html#:~:text=How%20Much%20Does%20an%20AARP,by%20choosing%20a%20multiyear%20membership.

34. Davis Guggenheim, dir., *An Inconvenient Truth* (Hollywood: Paramount Classics, 2006).

35. US Census Bureau, “America’s Families and Living Arrangements: 2020.”